高等学校应用技术型经济管理系列教材（会计系列）

高等学校应用型经济管理规划教材

总主编／李　雪　主审／徐国君

纳税会计

Tax Accounting

高杉◎主编

刘艳　王庆◎副主编

立信会计出版社
LIXIN ACCOUNTING PUBLISHING HOUSE

图书在版编目(CIP)数据

纳税会计 / 高杉主编. 一上海：立信会计出版社，2020.7

高等学校应用技术型经济管理系列教材. 会计系列

ISBN 978 - 7 - 5429 - 6527 - 1

Ⅰ.①纳… Ⅱ.①高… Ⅲ.①税收会计一高等学校一教材 Ⅳ.①F810.42

中国版本图书馆 CIP 数据核字(2020)第 115530 号

策划编辑　方士华
责任编辑　方士华
封面设计　南房间

纳税会计
Nashui Kuaiji

出版发行	立信会计出版社		
地　　址	上海市中山西路 2230 号	邮政编码	200235
电　　话	(021)64411389	传　　真	(021)64411325
网　　址	www.lixinaph.com	电子邮箱	lixinaph2019@126.com
网上书店	http://lixin.jd.com		http://lxkjcbs.tmall.com
经　　销	各地新华书店		

印　　刷	浙江临安曙光印务有限公司		
开　　本	787 毫米×1092 毫米	1/16	
印　　张	15.75		
字　　数	403 千字		
版　　次	2020 年 7 月第 1 版		
印　　次	2020 年 7 月第 1 次		
印　　数	1—2 100		
书　　号	ISBN 978 - 7 - 5429 - 6527 - 1/F		
定　　价	38.00 元		

总　序

教材是高校实现人才培养目标的重要载体，教材及教材建设对高校发展具有举足轻重的作用。与培养模式相对应的教材是培养合格人才的基本保证，是实现培养目标的重要工具。由于历史的原因，在财经类教材的出版方面，相关出版社出版研究型本科或者高职高专、中等职业等层次的教材较多，也较成熟，而在应用技术型本科教材出版上比较欠缺，虽然近年来也出版了一些这方面的教材，但总体而言，还是缺乏权威性、普适性、实用性和创新性。造成这种状况的原因主要在于：出版社对财经类应用技术型本科教材的出版还不够重视，没有进行有效的组织；财经类应用技术型本科院校多为新建院校，教材建设相对滞后，主观上也较愿意使用研究型本科教材；教材的使用存在比较严重的混用现象，教材的目标读者群不明确，如不少教材既适用于研究型本科又适用于应用技术型本科，或者既适用于本科院校又适用于高职高专院校。

由于目前应用技术型本科教材种类和数量匮乏或质量欠佳，应用技术型本科不得不沿用传统研究型本科教材，比如，东北财经大学会计系列教材（包括《基础会计》《中级财务会计》《管理会计》《高级财务会计》《审计》等），中国人民大学会计系列教材（如《成本会计》），教育部统编教材（如《财务管理》）等国家级规划教材。这些教材本身的质量很好、级别很高，但是并不适用于应用技术型本科院校的教学，教师和学生普遍反映不好用。即使从全国范围来看，我国也还没有相对成套、成熟的适合应用技术型高校使用的教材，不适应教育教学要求。现有教材存在的主要问题包括：①定位和要求较高；②内容多、难度大；③着重于理论解释，相关案例、实训等内容较少，缺乏普适性、实用性。所以，应用技术型本科教学需要有适应学生水平、便于学生接受的应用技术型教材。

我们组织具有多年应用技术型人才培养经验的优秀教师和实务界专家编写了本套系列教材。本套系列教材由《会计基本技能》《基础会计》《中级财务会计》《成本会计》《管理会计》《财务管理》《会计信息系统》《审计学原理》《审计实务》《税法》《经济法》《金融学》《纳税会计》等构成。为了保证教材的质量，我们聘请了著名高校的专家、教授对本套系列教材的编写进行专门指导和审核。每种教材至少有一名本学科的知名专家或学科带头人提出审核指导意见，有一名高等院校教学一线的高级职称教师参与组织编写，有一名行业协会、实务界专家和教学研究机构人员提出编写建议。

本套系列教材的特色如下。

1. 应用性

应用技术型本科教材应坚持培养应用技术型本科人才的定位，充分吸收和借鉴传统的普通本科教材与高职高专类教材建设的优点和经验，以就业为导向，做到在理论上优于高职高专教材、在动手能力的培养上优于传统的本科教材。

本套系列教材体现了应用技术型本科的定位，体现了素质教育和“以学生发展为本”的教育理念，遵循了高等教育教学基本规律，重视知识、能力和素质的协调发展，根据应用技术型人才培养模式对学生的创新精神、实践能力和适应能力的要求，在内容选材、教学方法、学习方法、实验和实训配套等方面突出了应用性的特征。

2. 针对性

本套系列教材的编写符合会计学、财务管理和审计学等专业的培养目标、培养需求、业务规格（知识结构和能力结构）和教学大纲的基本要求，与各专业的课程结构和课程设置相对应，与课程平台和课程模块相对应。本套系列教材在结构的布局、内容重点的选取、示例习题的设计等方面符合教改目标和教学大纲的要求，把教师的备课、试讲、授课、辅导答疑等教学环节有机地结合起来。

3. 先进性

本套系列教材反映了应用技术型会计人才教育教学改革的内容，能够反映学科领域的新发展。本套系列教材的整体规划、每种教材构造等均体现了实用性和创新性。本套系列教材还强调了系列配套，包括了教材、学习指导书、教学课件等。

4. 基础性

本套系列教材打破传统教材自身知识框架的封闭性，尝试多方面知识的融会贯通，注重知识层次的递进，体现每一门科目的基本内容；同时，在具体内容上突出实际的运用知识的能力，达到“教师易教，学生乐学，技能实用”的教学目的。

5. 易于自学性

自学能力的培养是高等教育应该教授给学生的一项基本能力。学生只有具备了自主学习的能力，才能最终建立起终身学习的保障体系，这也是应用技术型本科人才培养的客观要求。应用技术型本科院校的生源素质与其他高校相比存在较大差距，除一部分高考发挥失误的学生外，有相当一部分学生在学习习惯、基础知识等方面存在一定的欠缺，这就要求本套系列教材要能调动这部分学生的学习积极性，在理论方面尽量做到通俗易懂，在实践方面尽量采用案例式教学。为了有利于学生课后自主学习，本套系列教材配套了学习指导书和教学课件。

因此，本套系列教材的定位把握准确，教材的特色明显，适用于应用技术型本科院校教学，容易得到学生和市场的认可，便于学生的自学和教师的教学。

高等学校应用技术型经济管理系列教材（会计系列）凝聚了众多领导、教授和专家多年来的经验和心血。当然，由于我们的经验和人力有限，教材中难免存在不足，我们期待着各位同行、专家和读者的批评指正。我们将随着经济发展和会计环境的变迁不断地修订教材，以便及时反映学科的最新发展和人才培养的最新变化。

本套系列教材出版后，得到学生和市场的认可，深受广大读者的欢迎。为了更好地回馈读者，本套系列教材从2017年起启动改版修订工作，改版的各种教材将陆续出版。我们会一如既往地做好教材修订和相关服务工作，希望广大读者对本套系列教材给予支持。

李　雪

2020年7月

前　言

国家开始征税后，税款的缴纳者必然会像关心自己的生产耗费那样，关心自己的税收负担，自然会产生纳税计量和记录的要求。纳税会计是社会经济发展到一定阶段的产物，是关于税收及其会计处理的方法体系。纳税会计是适应纳税人经营管理的需要，从财务会计、管理会计中分离出来，并将会计的基本理论、基本方法与纳税活动相结合而形成的一门边缘学科，是融税收法令和会计核算为一体的一门专业会计。对工商管理人员而言，纳税会计是一项必须掌握的重要技术，对财经类和经济管理类专业的学生来说也是非常重要的一门课程和一项技能。目前我国税收与税制正处在重大变革时期，针对税法与税制改革的新变化，为了配合加强纳税会计知识技能的学与用，我们特编写了本教材。

本教材是根据教育部颁布的高等学校会计专业课程设置和"纳税会计"课程教学基本要求，为适应和满足高等学校应用技术型人才培养和全面素质教育的需要而编写。本教材按照税收筹划课程教学目标，坚持以培养高素质综合性会计人才为原则，注重学用结合，理论联系实际，关注税收法规、《企业会计准则》的最新变动情况，探求纳税会计的基本原理、基本方法，突出案例教学、情景教学等方法，提高会计学专业等学生的综合管理水平。每章都加入了"内容提要""重点难点""学习目标""知识框架""导入案例""引例解析""税务直通车""相关思考""特别提示""知识拓展""重要概念"等内容，力求体系完整，内容丰富。

本教材具体介绍纳税会计的基本理论、前提和原则、科目与凭证，增值税、消费税、企业所得税、个人所得税、土地增值税及其他税种的会计核算等知识，并通过加强实践、提高应用技能与能力。本教材内容丰富、案例详实、观点科学、贴近实际、突出实用、易于理解和掌握，既可以作为高等院校会计专业课程教材，又可以作为企业财务人员业务培训用书。

本教材的特色如下：

(1) 聚焦最新税收政策。本教材依据我国近2年最新出台的税法及税收征管的相关规定，涉及"营改增"后的税务会计核算、调整后最新的增值税税率、2018年修改的《中华人民共和国个人所得税法》等内容，紧跟政策脉搏，把握最新的税收政策动态。

(2) 内容编排合理，符合高等学校学生的认知。在编写的整体设计思路上，注重教、学、训、练、用的结合；在内容的编排上，着重以培养学生解决问题能力为原则，我们从纳税会计的每个环节入手，教与学结合、学与训一体、练与用衔接，既注重了实际工作中常用纳税会计的介绍，又兼有知识能力的拓展，为培养一专多能的应用型人才奠定基础。

(3) 引经据典、追根溯源。本教材特设"税务直通车"专栏，用于介绍纳税会计的政策依据，从政策源头讲解筹划原理。

(4) 注重趣味性与实务性。本教材使用了大量的例题和案例对所讲税种的会计核算进行了深入分析，使读者能够加深理解，便于掌握相关内容；同时，在案例、例题等的设计选用上重点突出趣味性、实务性，易于引发读者的共鸣。

本教材由高杉主编，刘艳、王庆为副主编，多位优秀教师和实务界专家参与编写。本教材的具体编写分工如下：第 1 章纳税会计概述（闫婷婷），第 2 章增值税的会计核算（王庆），第 3 章消费税的会计核算（刘艳），第 4 章企业所得税的会计核算（高杉），第 5 章个人所得税的会计核算（刘艳），第 6 章土地增值税的会计核算（赵珍珍、刘希莉），第 7 章其他税种的会计核算（张玲）。

本教材在编写过程中参考了大量相关教材和论著，在此向有关作者致以深深的谢意！

在本教材的编写过程中，我们进行了多次讨论研究，力求内容编排合理、避免错误，但难免存在考虑不周、表达不妥当的地方，敬请读者批评指正。

编　者

2020 年 7 月

目　录

第 1 章　纳税会计概述

内容提要

本章系纳税会计概述，主要讲解纳税会计的产生、概念以及与财务会计的联系与区别、目标；基本前提、原则；纳税会计的科目与凭证；纳税申报的要求、税款缴纳的方式与要求；纳税人的权利、义务与法律责任等。

重点难点

本章重点为纳税会计的基本前提与原则；难点为纳税会计和财务会计的联系与区别。

学习目标

通过本章学习，学生应掌握纳税会计的概念、纳税会计与财务会计的联系与区别；纳税会计的基本前提和原则；纳税会计的科目与凭证；纳税申报的有关内容和具体要求以及税款缴纳的方式与要求；了解纳税会计的产生与发展以及纳税人的权利、义务与法律责任。

知识框架

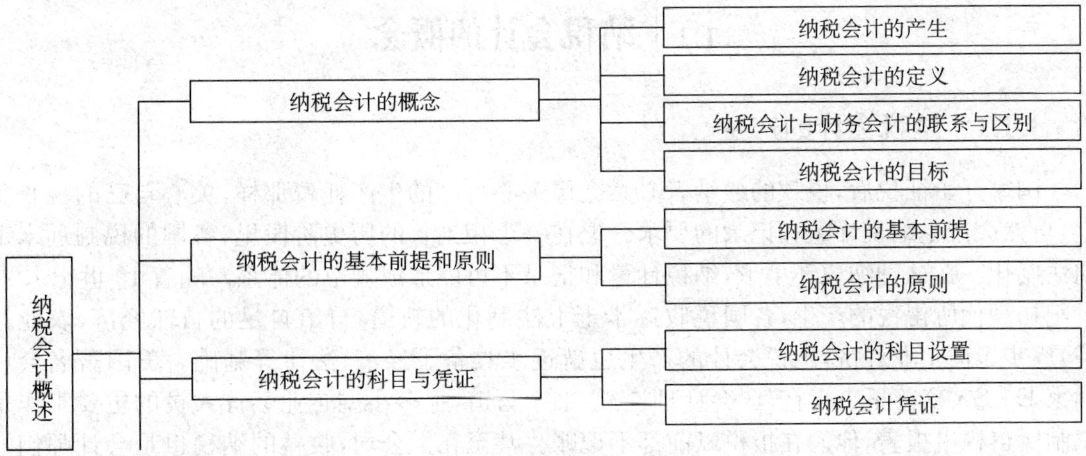

- 纳税申报与税款缴纳
  - 纳税申报
  - 税款缴纳
- 纳税人的权利、义务与法律责任
  - 纳税人的权利
  - 纳税人的义务
  - 纳税人的法律责任

引入案例　税收违法"黑名单",失信惩戒的"利剑"

王某的房地产公司是一家设在广西某县的民营企业,公司发展很快、盈利颇丰。尽管如此,王某还是打起了偷、漏税的歪脑筋。公司的异常纳税情况很快引起税务机关的注意,2016 年 5 月,广西南宁税务部门对该公司开展税务稽查,其违法事实很快被曝光。该公司被税务部门处以补缴税款及滞纳金 158 万多元,并罚款 71 万多元的处理。

然而,接到处罚决定的王某却不以为然。在多次收到税务机关的催缴通知,被税务机关列入欠税公告,甚至被税务部门限制使用发票后,王某仍不缴纳税款。

为了营造资金困难的假象,王某在公司被稽查后,火速将该公司经营的部分收入转移到其名下的桂林公司,企图"瞒天过海",逃避缴税。王某的行为终没逃过税务稽查人员的"火眼金睛"。稽查人员告诉王某,倘若继续拒缴税款,王某的房地产公司将被列入税收违法"黑名单",公司的纳税信用等级将被直接降为 D 级。此外,他本人名下注册登记或负责经营的其他纳税主体都将被采取一系列严厉的监管措施,且在经营、投资融资、取得土地使用权、出入境、注册新公司、工程招投标、政府采购、资质审核等方面受到有关部门的限制或禁止。

但是,王某依旧毫无悔意、心存侥幸,没有按要求缴纳任何税款、滞纳金及罚款。

2016 年 11 月下旬,王某的房地产公司因为违法情节严重被列入税收违法"黑名单"。不久,其名下的桂林公司在竞标桂林市区一块商住地块中,被国土部门现场取消竞标资格;2017 年 1 月上旬,王某的房地产公司因税收违法"黑名单"的情况反馈到银行征信系统,正在审批的一笔贷款被银行暂时冻结。

经历了这两件事,王某决定无论如何先要把税款缴上,修复失去的宝贵"信用"。在 2017 年税务部门组织的一次企业座谈会上,王某现身说法:"削尖脑袋想钻法律的空子,不料却付出更大的代价,还损了声誉丢了诚信,太不值了!"

思考:该案例对纳税人有哪些启示?

1.1 纳税会计的概念

1.1.1 纳税会计的产生

国家开始征税后,税款的缴纳者必然会像关心自己的生产耗费那样,关心自己的税收负担,自然会产生纳税计量和记录的要求。但在一个相当长的历史阶段里,各国的税制远未走向法制化。在这种纳税环境下,纳税计量和记录不可能形成规范的体系。随着 19 世纪末 20 世纪初现代所得税的产生,各国税收逐步走上法制化的轨道,自给自足的自然经济(农业经济)逐步走向工业经济,纳税会计的产生也就逐步具备了经济、法律等基础。美国著名会计学家 E · S · 亨德里克森在其《会计理论》一书中写道,很多小型企业会计人员的主要工作是填制所得税申报表,他们在报税以前都不记账。甚至在大公司,收益的纳税也是会计师们的一个主要工作。因此，所得税法规对建立会计的通用程序具有一定的影响。这些程序同样也会有助于会计理论的形成。

在纳税会计的产生和发展过程中，现代所得税法的诞生和不断完善对其影响最大，因为企业所得税涉及企业经营、投资和筹资等各环节、各方面，涉及收入、收益、成本、费用等会计核算的全过程。增值税的产生和不断完善，也对纳税会计的发展起到了重要的促进作用，因为它对企业会计提出了更高的要求，迫使企业在会计凭证、会计账簿的设置、记载上分别反映收入的形成、物化劳动的转移价值及转移价值中所包含的已纳税金，这样才能正确核算其增值额，进而正确计算企业应纳增值税额。为了适应纳税的需要，纳税会计有必要从财务会计中独立出来，以充分发挥现代会计的多重功能。

1.1.2 纳税会计的定义

纳税会计(taxation accounting)是社会经济发展到一定阶段的产物，是关于税收及其会计处理的方法体系。纳税会计是适应纳税人经营管理的需要，从财务会计、管理会计中分离出来，并将会计的基本理论、基本方法与纳税活动相结合而形成的一门边缘学科，是融税收法令和会计核算为一体的一门专业会计。

纳税会计的概念有狭义和广义之分。

从狭义角度来看，纳税会计是指根据国家税收法律制度，以企业的会计资料为基础，核算、处理企业涉税事项的一门专业会计。

美国著名纳税会计专家吉特曼博士认为："纳税会计主要是处理某项目何时被确认为收入或费用的账务问题的一种专业会计。"

日本著名纳税会计专家武田昌辅认为："纳税会计是为计算法人税法中的课税所得而设立的会计，它不是制度会计，是以企业会计为依据，按税法的要求对既定的盈利进行加工、修正的会计。"

国内著名学者盖地教授认为："纳税会计是以国家现行税收法令为准绳，运用会计学的理论和方法，连续、系统、全面地对税款的形成、计算和缴纳，即对税务活动引起的资金运动进行核算和监督的一门专业会计。"

在纳税会计产生之初，纳税会计的功能比较单一。随着纳税会计制度体系的不断发展和完善，纳税会计承担的功能越来越复杂，除了早期单一的核算功能外，它还承担着企业税收筹划以及纳税风险控制等多种功能，致使纳税会计的内涵得到了拓展和延伸。因此，从广义角度来看，纳税会计是以税收法律制度为依据，以货币为主要计量单位，运用会计学的理论及其专门方法，核算和监督纳税人的纳税事务，参与纳税人的预测、决策，控制纳税风险，达到既依法纳税，又合理减轻税负的一个会计学分支。因此，它既包括纳税人的会计核算，又包括在核算的基础上进行合理的税收筹划和纳税风险控制。

由于篇幅所限，本教材基于狭义的纳税会计概念，对企业所涉及的各个税种的计算、纳税调整以及纳税申报表的填制等涉税事项的会计核算进行了全面、详细和系统的阐述。

特别提示 1-1

税收会计、税务会计与纳税会计是三个极易混淆的概念，三者的内容不同。广义上，税务会计包含税收会计和纳税会计；从狭义上，税务会计即指税务机关的税收会计或者企业的纳税会计。若站在征税人(主要是税务机关)的角度，税务会计称为“税收会计”(即国家税务会计)；若站在纳税人(主要是企业)的角度，税务会计称为“纳税会计”(即企业税务会计)。

1.1.3 纳税会计与财务会计的联系与区别

纳税会计是社会经济发展到一定阶段后从财务会计中分离出来的，与财务会计都属于企业会计体系，两者在会计主体、记账基础、核算前提等方面有着相同之处，但在会计目标、会计对象、会计核算法律依据和会计核算基础方面又存在区别。

1. 纳税会计与财务会计的联系

(1) 纳税会计的信息以财务会计的信息为基础。纳税会计作为一项实质性工作并不是独立存在的，而是企业会计的一个特殊领域，是以财务会计为基础的。企业的财务会计建立了一套较为健全完善的财务数据库，这一数据库是企业对外编制财务会计报告的基本财务资料。当前，从各个国家的会计实践中可以看出，纳税会计资料大多来源于财务会计。

(2) 纳税会计与财务会计之间的协调性同时反映在企业对外制定的财务会计报告上。纳税会计对财务会计处理中与现行税法不相符的会计事项，或出于纳税筹划目的需要调整的事项，都要按纳税会计的方法计算、调整，并作会计分录调整，这样所有的纳税会计处理又都会影响到财务会计状况，并将其影响反映在财务会计账簿或财务会计报告之中。

2. 纳税会计与财务会计的区别

(1) 会计目标不同。财务会计的目标主要是向投资者、债权人、政府部门、企业管理决策者等有关信息使用者提供企业的财务状况、经营成果和现金流量等信息，以供其衡量、预测、评价企业的偿债能力、营运能力和获利能力，并制定相应的政策，作出投资和信贷决策。纳税会计的目标主要是向税务机关及企业管理决策者等有关信息使用者提供纳税活动方面的信息，既可供税务部门审核、检查企业的计税情况，也可供决策者掌握企业的税负情况。同时，纳税会计还肩负着评估纳税风险、设计纳税方案、处理涉税纠纷的责任。

(2) 会计对象不同。财务会计的对象是核算和监督企业生产经营活动所引起的资金运动和变化。纳税会计的对象是核算和监督纳税人的纳税活动所引起的资金运动和变化。纳税会计的对象是独立于会计系统之外的客体，是运用会计的特定程序和方法对客体进行的分类和表述。在企业中，凡是涉税事项都是纳税会计的对象。因此，纳税人因纳税而引起的税款的形成、计算、缴纳、补退、罚款等经济活动就是纳税会计对象。

(3) 会计核算法律依据不同。财务会计核算的法律依据是会计法、会计准则和会计制度等。纳税会计核算除依据会计法、会计准则和会计制度等法律制度外，更侧重于税收法律制度。目前我国的税收法律制度与会计法律制度存在较多差别，主要表现在收益的确认、成本费用的扣减、资产的取得和期末计价等方面。当会计准则、会计制度与税收法律制度不一致时，纳税会计应以税收法律制度为依据来调整财务会计的核算结果。

(4) 提供的信息不同。财务会计通过记录经济业务事项，主要编制资产负债表、利润表和现金流量表，反映企业的财务状况、经营成果和现金流量，为有关信息使用者提供会计方面的资料信息。纳税会计通过对应纳税款进行确认、计算、会计核算、纳税筹划和申报缴纳等工作，主要编制纳税申报表及应交税费明细表，列明应交税款、未交税款、减免税款和应退税款等内容，为有关信息使用者提供纳税方面的资料信息。

(5) 会计核算基础不同。财务会计要遵循会计准则、会计制度，强调提供信息的真实性和可靠性，因此，其核算基础为权责发生制。纳税会计是财务会计在纳税活动中的特殊运用，要兼顾会计法律制度和税收法律制度，综合考虑纳税主体的现实货币支付能力，因此，其核算基础是权责发生制和收付实现制两者的有机结合。

1.1.4 纳税会计的目标

纳税会计目标可以分为基本目标、最终目标和特定目标，以避免单目标的局限性。

1. 基本目标

基本目标是遵守或不违反税法，即达到税收遵从(正确计税、纳税、退税等)，从而降低税法遵从成本。

2. 最终目标

最终目标是向纳税会计信息使用者提供有助于其进行税务决策、实现最大涉税利益的会计信息。

3. 特定目标

特定目标则是根据纳税会计信息使用者的不同，提供具有决策相关性的信息。其具体如下：

首先，各级税务机关可以凭纳税会计信息进行税款征收、监督和检查，并作为税收立法的主要依据。

其次，企业的经营者、投资人、债权人等可以据以从中了解企业纳税义务的履行情况和税收负担，并为其进行经营决策、投融资决策等提供涉税因素的会计信息，最大限度地争取企业的税收利益。

最后，社会公众通过企业提供的纳税会计报告，了解企业纳税义务的履行情况，对社会的贡献额、诚信度和社会责任感等。

对纳税主体来说，纳税会计更看重的是其自身的税收利益。

相关思考1-1

有人认为，会计专业课程设置“财务会计”和“税法”就够了，不需要再单独设置“纳税会计”课程。这种观点对吗？

这种观点是错误的。

第一，“财务会计”和“纳税会计”是不同的学科，虽然有一定的联系，但也有很大的不同。目前我国绝大多数的《财务会计》教材中的例题在涉及一些复杂的税收问题时，往往通过“假设不考虑相关税费”搪塞过去，但实务中企业是要考虑税费处理的。

第二，“纳税会计”中虽有部分税法知识，但税法知识只是“纳税会计”的基础知识。在“纳税会计”中最核心的内容是涉税业务的账务处理，也就是如何对涉税业务作会计分录。

第三，“纳税会计”绝对不是“财务会计”和“税法”的简单相加。“纳税会计”课程中涉税业务的账务处理实例绝大多数是在“财务会计”和“税法”中学不到的，但在纳税会计工作中却是常用的。如果只学习“财务会计”和“税法”，绝大多数学生是不能独立解答涉税业务的账务处理实例的。

1.2 纳税会计的基本前提和原则

1.2.1 纳税会计的基本前提

纳税人错综复杂的涉税业务使会计实务存在种种不确定因素，要进行正确的判断和估计，必须先明确纳税会计的基本前提(基本假设)。由于纳税会计以财务会计为基础，财务会计的基本前提有些也适用于纳税会计，如会计分期、货币计量等，但因纳税会计的法定性等特点，纳税会计的基本前提也有其特殊性。

1. 纳税会计主体

纳税会计主体即税法规定的直接负有纳税义务并享有纳税人权利的实体，包括单位和个人(法人和自然人)。正确界定纳税会计主体，就是要求每个纳税会计主体应与其他纳税会计主体分开，保持符合税法要求的会计记录并填报纳税申报表。在一般情况下，纳税主体就是纳税会计主体；但在特定情况下，纳税主体不一定就是纳税会计主体，如对工资薪金、劳务报酬征收个人所得税时，纳税人就是纳税主体，但并非纳税会计主体，作为扣缴义务人的企业单位才是这一纳税事项的会计主体。

财务会计主体是财务会计为其服务的特定单位或组织，会计处理的数据和提供的财务信息被严格限制在一个特定独立的或相对独立的经营单位之内，典型的财务会计主体是企业。在一般情况下，财务会计主体同时也是纳税会计主体；但在特殊或特定情况下，财务会计主体不一定就是纳税会计主体，或者相反。

2. 持续经营

持续经营这一前提意味着该企业个体将继续存在足够长的时间以实现其现在的承诺，如预期所得税在将来被继续课征。这是所得税款递延、亏损前溯或后转以及暂时性差异能够存在并且能够进行所得税跨期摊配的理论依据。以折旧为例，它意味着在缺乏相反的证据时，人们总是假定该企业将在足够长的时间内为转回暂时性的纳税利益而经营并获得收益。

3. 货币时间价值

货币(资金)在其运行过程中具有增值能力。即使不考虑通货膨胀的因素，今天的1元钱比若干年后收到(或付出)1元钱的价值也要大得多，这说明同一笔资金在不同时间具有不同的价值。随着时间的推移，投入周转使用的资金价值将会发生增值，这种增值的能力或数额就是货币的时间价值。这一基本前提已成为税收立法、税收征管的基点，因此，各个税种都明确规定了纳税义务的确认原则、纳税期限、缴库期限等。它深刻地揭示了纳税人进行税务筹划的目标之一就是纳税最晚，也说明了所得税会计进行纳税调整的必要性。

4. 纳税会计期间

纳税会计期间是指纳税人按照税法规定选定的纳税年度期间，因此，纳税会计期间也称纳税年度。我国税法规定，应纳税年度自公历1月1日起至12月31日止。但是，如果纳税人在一个纳税年度的中间开业，或者由于改组、合并、破产、关闭等原因，使该纳税年度的实际经营期不足12个月的，应当以其实际经营期限为一个纳税年度。纳税人清算时，应当以清算期间作为一个纳税年度。纳税年度不等同于纳税期限，如增值税、消费税的纳税期限一般是1个月，而所得税强调的是年度应税收益，实行的是按月或按季预缴、年度汇算清缴。纳税人可在税法规定的范围内选择、确定纳税年度，但必须符合税法规定的采用和改变应纳税年度的办法，并且遵循税法作出的对于不同企业组织形式、企业类型的各种限制性规定。

5. 年度会计核算

年度会计核算是纳税会计中最基本的前提，各国税制都建立在年度会计核算而不是某一特定业务的基础上，课税只针对某特定纳税期间发生的全部事项的净结果，而不考虑当期事项在后续年度中的可能结果如何，后续事项将在其发生的年度内考虑。比如，在“所得税跨期摊配”中应用递延法时，由于强调原始差异对税额的影响而不强调转回差异对税额的影响，因此，它与未来税率没有关联。当时间性差异后来转回时，递延法按时间性差异产生时递延的同一数额调整所得税费用，从而使纳税会计数据具有更多的可稽核性，以揭示税款分配的影响金额。

1.2.2 纳税会计的原则

在财务会计中，反映会计信息质量特征（要求）原则、会计要素的确认与计量原则、确认与计量的修正原则，其基本精神大多也适用于纳税会计。但是，因纳税会计与税法的特定联系，税收原则理论和税收立法原则会非常明显地影响甚至主导纳税会计原则。此外，还应体现纳税会计主体的税收利益，逐步形成纳税会计原则。纳税会计原则主要应有以下几项。

1. 权责发生制与收付实现制相结合的原则

权责发生制也称应计制，是指在确定某一会计期间的收入或费用时，以权利和义务是否发生为标准，即只要权利已经发生，不论款项是否已收到，都确认为当期收入；只要义务已经发生，不论款项是否已付出，都确认为当期费用。收付实现制与权责发生制刚好相反，收付实现制在确定某一会计期间的收入和费用时，以款项是否实际收到和付出为标准，即只要款项在当期收到，无论是不是当期实现的收入，都确认为当期收入；只要款项在当期支付，无论是不是当期应该承担的费用，都确认为当期费用。

权责发生制以权利和义务的发生来确定收入和费用的实际归属，能够合理、有效地确定不同会计期间的收益和企业的经营成果，即体现了公允性和合理性。因此，企业会计核算坚持以权责发生制为原则。相比之下，按收付实现制来确定收入和费用的实际归属，则欠公允、合理。因此，收付实现制只适用于政府和事业单位等非营利组织的会计核算。

收付实现制具有运用简单、易于审核、使收入与费用的实现具有确定性、在纳税人最有支付能力时上缴税款、税收征管操作性强等特点，因此在税收历史上，我国最初采用的是收付实现制。但后来，由于财务会计广泛采用权责发生制，加之账簿记录转换的不方便，纳税会计也采用了权责发生制。但是，纳税会计的权责发生制与财务会计的权责发生制是有区别的：第一，必须考虑支付能力原则，使得纳税人在最有能力支付时支付税款。第二，确定性的需要，使得收入和费用的实际实现具有确定性。第三，保护政府财政税收收入。例如，在收入的确认上，应计制的纳税会计由于在一定程度上被支付能力原则所覆盖而包含着一定的收付实现制的方法；在费用的扣除上，财务会计采用稳健原则列入的某些估计、预计费用，在纳税会计中则是不能够接受的，后者强调“该经济行为已经发生”（在费用发生时而不是实际支付时确认扣除）的限制条件，从而起到保护政府税收收入的目的。由此可见，纳税会计是有条件地接受应计制原则，体现的是税收实用主义。

2. 配比原则

配比原则是指企业在进行会计核算时，某特定时期的收入应当与取得该收入相关的成本、费用配比的原则。会计核算中的配比原则是以权责发生制为基础的，如果说权责发生制主要是一个确认原则，那么配比原则主要是一个计量和计算原则。当运用权责发生制原则对收入、成本和费用等会计要素进行会计确认后，再进一步运用配比原则将一定时期、特定产品或项目、特定部门的收入与其相关的成本和费用进行比较，以揭示相应的经营成果。

纳税会计在总体上遵循纳税人取得的收入与其相关的成本、费用和损失配比的原则，特别是应用于所得税会计，在确定企业所得税税前扣除项目和金额时，应遵循配比原则，即纳税人发生的费用应当在其应配比的当期申报扣除，纳税人某纳税年度应申报的可扣除费用，不得提前或滞后申报扣除。

3. 划分经营收益与资本收益原则

通常，经营收益（经营所得）与资本收益（资本利得）具有不同的来源，担负着不同的纳税责任。

经营收益是指企业通过其日常性的经营活动而获得的收入。它表现为现金流入或其他资产的增加或负债的减少，包括主营业务收入和其他业务收入两个部分，其税额的课征标准一般按正常税率计征。

资本收益是指在出售或交换税法规定的资本资产时所得的利益（如投资收益、出售或交换有价证券的收益等）。资本收益的课税标准具有许多不同于经营收益的特殊规定。因此，为了正确计算所得税负债和所得税费用，纳税会计应该遵守两类收益的划分原则。

4. 确定性原则

确定性原则是指在所得税会计处理过程中，按所得税法的规定，在应税收入与可扣除费用的实际实现上应具有确定性，即纳税人可扣除的费用不论何时支付，其金额必须是确定的的原则。该原则适用于所得税的税前扣除，凡税前扣除的费用，如财产损失等，必须是真实发生的，且其金额必须是可以确定的。

5. 税款支付能力原则

税款支付能力与纳税能力有所不同。纳税能力是指纳税人应以合理的标准确定计税基数（税基），有同等计税基数的纳税人应负担同税种的同等税款。因此，纳税能力体现的是合理负税原则。与企业的其他费用支出有所不同，税款支付必须全部是现金支出，因此，企业在考虑纳税能力的同时，也应考虑税款的支付能力。纳税会计在确认、计量、记录收入、收益、成本和费用时，应尽可能选择保证税款支付能力的会计处理方法（包括销售方式、结算方式、结算工具的选择等）。

6. 筹划性原则

纳税会计既要保证依法计税、纳税，又要尽可能地争取纳税人的最大税收利益，因此，关于选择什么样的会计政策，采用何种税务筹划方案，事先必须进行周密的谋划。“凡事预则立，不预则废。”因此，纳税会计还具有财务职能，具有预测性。

纳税会计在进行税收实务处理时，要时刻注重税收筹划。税收筹划也称纳税筹划，它是纳税人在其经营决策、筹资决策和投资决策过程中，在税法允许的范围内，以降低税负为目标，运用现代管理理论与方法，对纳税活动进行方案的规划、预测、比较、决策等一系列管理活动的总称。税收筹划是社会主义市场经济条件下经营行为自主化、利益格局独立化的必然产物。

1.3 纳税会计的科目与凭证

1.3.1 纳税会计的科目设置

目前,纳税会计尚未建立完整、独立的会计核算制度,从税法角度分析,建立相对独立的纳税会计制度是必要的,也是可行的。在纳税会计制度尚未出台之前,根据《企业会计准则》,涉及税务资金运动的科目主要有"应交税费""递延所得税资产""递延所得税负债""税金及附加""所得税费用"等。

1. "应交税费"科目

"应交税费"科目属负债类科目。本科目核算企业按照税法规定计算应缴纳的各种税费,包括增值税、消费税、企业所得税、个人所得税、资源税、城镇土地使用税、城市维护建设税、教育费附加、地方教育附加、房产税、土地增值税、车船税等。企业应当或者可以不预先计提的税金(即应当或者可以在发生纳税义务的当期缴纳,而不是以后期间缴纳),如印花税、车辆购置税、契税、耕地占用税等,可以不在本科目核算。

在核算税金时,由于税种较多,所以"应交税费"应按税种设置二级科目"应交增值税""应交消费税"等,进行分税种的明细核算。有时,根据税收管理上的需要,本科目还应设置三级明细科目进行明细核算,如在"应交税费——应交增值税"二级科目下设"进项税额""已交税金""减免税款""转出未交增值税""销项税额""出口退税""进项税额转出""转出多交增值税"等三级科目。

"应交税费"科目的一般核算程序是:期末,纳税人计算应缴纳的税金时,借记"税金及附加"等有关科目,贷记"应交税费"科目及有关明细科目;当纳税人实际缴纳各种税金时,借记"应交税费"科目及有关明细科目,贷记"银行存款"科目。有关各税种"应交税费"科目的具体核算办法详见以后各章。

2. "递延所得税资产"科目

"递延所得税资产"科目属资产类科目。本科目核算企业根据企业会计准则确认的可抵扣暂时性差异产生的所得税资产。根据税法规定可用以后年度税前利润(实际上应为应纳税所得额)弥补的亏损产生的所得税资产,也在本科目核算。本科目产生于可抵扣暂时性差异,反映的是由账面价值与计税基础的差异引起的企业本期的纳税义务。本科目应按照可抵扣暂时性差异项目进行明细核算。

3. "递延所得税负债"科目

"递延所得税负债"科目属负债类科目。本科目核算企业根据企业会计准则确认的应纳税暂时性差异产生的所得税负债。本科目产生于应纳税暂时性差异,反映的是由账面价值与计税基础的差异引起的企业未来期间的纳税义务。本科目应按照应纳税暂时性差异项目进行明细核算。

4. "税金及附加"科目

"税金及附加"科目属损益类科目。本科目核算企业经营活动发生的消费税、城市维护建设税、教育费附加、地方教育附加、资源税、房产税、城镇土地使用税、车船税、印花税等相关税费。期末，应将本科目的余额转入“本年利润”科目，结转后本科目无余额。

税务直通车 1-1

我国现行的税种中多数是通过“税金及附加”科目核算的，还有一些税种不通过该科目核算。举例来说：

(1) 在一般情况下，增值税不构成企业的损益，不通过损益类科目核算。

(2) 企业处置固定资产过程中缴纳的增值税，通过“固定资产清理”科目核算。

(3) 企业处置无形资产过程中缴纳的增值税直接加上该无形资产的账面价值之后的合计金额，与取得处置收入之间的差额，记入“资产处置损益”科目。

(4) 企业所得税通过“所得税费用”科目核算。

(5) 企业作为扣缴义务人代扣代缴的个人所得税，实际上是由个人承担的，也不构成企业的损益，不通过损益类科目核算。

5. “所得税费用”科目

“所得税费用”科目属于损益类科目。本科目核算企业根据企业会计准则确认的应从当期利润总额中扣除的所得税费用。本科目应当按照“当期所得税费用”“递延所得税费用”进行明细核算。期末，应将本科目的余额转入“本年利润”科目，结转后本科目无余额。

1.3.2 纳税会计凭证

纳税会计凭证是记载纳税人有关税务活动，具有法律效力并据以登记账簿的书面文件。纳税会计凭证的种类繁多，是一种具有法律效力的特殊凭证，这是纳税会计凭证区别于其他专业会计凭证的又一个显著特点。纳税会计凭证大致可分为以下几大类。

1. 应征凭证

应征凭证是指税务机关用来确定纳税人、扣缴义务人及代征代售单位(人)应缴税金发生情况的证明，也是核算应征税金的原始凭证。应征凭证主要有以下几种：

(1) 纳税申报表(当纳税申报表中有减免税款时，该纳税申报表同时也是一种减免凭证)。

(2) 代扣代缴、代收代缴税款报告表。

(3) 预缴税款申报表。

(4) 企业纳税定额申请核定表或应纳税款核定书。

(5) 年(季度)纳税营业额申报核定表或定税清册。

(6) 调整定额税款通知书。

(7) 核准停业通知书。

(8) 申报(缴款)错误更正通知书。

(9) 税务处理决定书。

(10) 税务行政处罚决定书。

(11) 税务行政复议决定书。

(12) 审计决定书。

(13) 财政监督检查处理(处罚)决定书。

(14) 法院判决书。

(15) 海关(代征税款)专用缴款书。

(16) 各种临时征收凭证。

各种临时征收凭证是指税务机关在纳税人发生纳税义务的当时,就当即确定其应纳税额,并当即予以征收而填开的各种税收票证。它包括临时征收的税收缴款书、税收完税证和印花税票销售结报单等。

2. 减免凭证

减免凭证是指按税法规定享受减税、免税的纳税人,在减税、免税期间发生纳税义务后,按税务机关确定的纳税申报期限向税务机关填报的,用来确定其实际享受的减征、免征税额的一种凭证。它是记录减免税金实际发生情况的证明,也是减免税金核算的依据。减免凭证的具体种类如下:

(1) 纳税申报表。征前减免的,其减免凭证就是纳税申报表。凡是某个税种全部免征的纳税人,都应按期单独填报纳税申报表;同一税种部分项目免征、部分项目应纳税款的,可以分别单独填报纳税申报表,也可以合填一份纳税申报表,全额申报应纳税款,应当减免的税款填列在纳税申报表的有关专栏中,作为应纳税款的抵减数;属于减征税款的纳税人,必须全额填报纳税申报表,减征税款部分填列在有关专栏中,作为应纳税款的抵减数。所有减免税款都必须在纳税申报表中注明减免性质。

(2) 收入退还书。退库减免的,其减免凭证为办理退库的收入退还书。签发收入退还书时,必须在收入退还书的备注栏注明减免性质。

3. 征缴凭证

征缴凭证是纳税人、扣缴义务人和代征代售单位(人)缴纳税款或办理税款结报及上解时使用的一种凭证,也是核算上解税金、在途税金和待解税金的依据。征缴凭证的种类如下:

(1) 各种税收缴款书报查联及汇总专用缴款书收据联。

(2) 各种税收完税证存根联。

(3) 税收转账专用完税证存根联或汇总划解税款清单。

(4) 罚款收据存根联。

(5) 代扣代收税款凭证报查联。

(6) 票款结报单。

(7) 印花税票销售结报单。

(8) 邮寄汇款收款凭证。

在上述八种征缴凭证中,票款结报单、印花税票销售结报单和用于征收临时税款的各种税收缴款书、税收完税证还是核算应征税金的原始凭证。对于征收呆账税金的,应在上述各种征缴凭证的备注栏注明"征收呆账税金"字样。

4. 入库凭证

入库凭证是证明税款已缴入国库的一种凭证,也是核算入库税金的原始凭证。入库凭证具体有三种:

(1) 各种税收缴款书回执联。

(2) 预算收入日报表。

(3) 更正通知书。

5. 提退凭证

提退凭证是税务机关从已征收或已入库的税款中,办理退税和提成或证明退税和提成时使用的一种凭证。它是记录提退税金发生情况的证明,也是核算提退税金的原始凭证。提退凭证具体有三种:

(1) 收入退还书报查联和付账通知联。

(2) 小额税款退税凭证存根联。

(3) 提退清单。

入库单位办理退库后,应及时向上解单位和混合业务单位填发"提退清单",通知提退情况。

在上述提退凭证中,如果所退税款属于减免退税,则该凭证还是减免税金核算的原始凭证。

1.4 纳税申报与税款缴纳

1.4.1 纳税申报

1. 纳税申报的概念

纳税申报是指纳税人、扣缴义务人按照税法规定的期限和内容向税务机关提交有关纳税事项书面报告的法律行为。它是纳税人履行纳税义务、承担法律责任的主要依据,是税务机关税收管理信息的主要来源和税务管理的一项重要制度。

2. 纳税申报的对象

纳税申报的对象为纳税人和扣缴义务人。纳税人在纳税期内没有应纳税款的,也应当按照规定办理纳税申报。纳税人享受减税、免税待遇的,在减税、免税期间应当按照规定办理纳税申报。

3. 纳税申报的内容

纳税申报的内容主要在各税种的纳税申报表和代扣代缴、代收代缴税款报告表中体现,还可以在随纳税申报表附报的财务报表和有关纳税资料中体现。纳税人和扣缴义务人的纳税申报和代扣代缴、代收代缴税款报告表的主要内容包括:税种、税目,应纳税项目或者应代扣代缴、代收代缴税款项目,计税依据,扣除项目及标准,适用税率或者单位税额,应退税项目及税额、应减免税项目及税额,应纳税额或者应代扣代缴、代收代缴税额,税款所属期限、延期缴纳税款、欠税、滞纳金等。

4. 纳税申报的期限

《中华人民共和国税收征收管理法》(以下简称《税收征管法》)规定纳税人和扣缴义务人都必须按照法定的期限办理纳税申报。申报期限有两种:一种是法律、行政法规明确规定的;另一种是税务机关按照法律、行政法规的原则规定,结合纳税人生产经营的实际情况及其所应缴纳的税种等相关问题予以确定的。两种期限具有同等的法律效力。

5. 纳税申报的要求

纳税人必须依照法律、行政法规规定或者税务机关依照法律、行政法规的规定确定的申报期限、申报内容如实办理纳税申报,报送纳税申报表、财务会计报告以及税务机关根据实际需要要求纳税人报送的其他纳税资料。纳税人办理纳税申报时,应当如实填写纳税申报表,并根据不同的情况相应报送下列有关证件、资料:

(1) 财务会计报告及其说明材料。

(2) 与纳税有关的合同、协议书及凭证。

(3) 税控装置的电子报税资料。

(4) 外出经营活动税收管理证明和异地完税凭证。

(5) 境内或者境外公证机构出具的有关证明文件。

(6) 税务机关规定应当报送的其他有关证件、资料。

扣缴义务人必须依照法律、行政法规规定或者税务机关依照法律、行政法规的规定确定的申报期限、申报内容如实报送代扣代缴、代收代缴税款报告表以及税务机关根据实际需要要求扣缴义务人报送的其他有关资料。

6. 纳税申报的方式

《税收征管法》第二十六条规定:纳税人、扣缴义务人可以直接到税务机关办理纳税申报或者报送代扣代缴、代收代缴税款报告表,也可以按照规定采取邮寄、数据电文或者其他方式办理上述申报、报送事项。

(1) 自行申报。自行申报也称直接申报,是指纳税人、扣缴义务人在规定的申报期限内,自行直接到主管税务机关指定的办税服务场所办理纳税申报手续。这是一种传统的申报方式。

(2) 邮寄申报。邮寄申报是指经税务机关批准的纳税人、扣缴义务人使用统一规定的纳税申报专用信封,通过邮政部门办理交寄手续,并以邮政部门收据作为申报凭证的申报方式。如果纳税人到税务机关办理申报有困难,经税务机关批准,可以邮寄申报。邮寄申报以寄出地的邮戳日期为实际申报日期。凡实行查账征收的纳税人,经主管税务机关批准,可以采取邮寄申报的办法。邮寄申报的内容包括纳税申报表、财务会计报表以及税务机关要求纳税人报送的其他纳税资料。

(3) 数据电文申报。数据电文申报是指经税务机关批准,纳税人、扣缴义务人以税务机关确定的电话语音、电子数据交换和网络传输等电子方式进行纳税申报。纳税人采取电子方式办理纳税申报的,应当按照税务机关规定的期限和要求保存有关资料,并定期书面报送主管税务机关。纳税人、扣缴义务人采取数据电文申报方式办理纳税申报的,其申报日期以税务机关计算机网络系统收到该数据电文的时间为准,与数据电文对应的纸质申报资料的报送期限由税务机关确定。

(4) 其他方式。实行定期定额缴纳税款的纳税人,可以实行简易申报、简并征期等方式申报纳税。

7. 延期申报

纳税人、扣缴义务人不能按期办理纳税申报或者报送代扣代缴、代收代缴税款报告表的,经税务机关核准,可以延期申报。确有困难,需要延期的,应当在规定的期限内向税务机关提出书面延期申请,经税务机关核准,在核准的期限内办理。纳税人、扣缴义务人因不可抗力,不能按期办理纳税申报或者报送代扣代缴、代收代缴税款报告表的,可以延期办理;但是,应当在不可抗力情形消除后立即向税务机关报告。税务机关应当查明事实,予以核准。

延期申报必须预缴税款。经核准延期办理前款规定的申报、报送事项的，应当在纳税期内按照上期实际缴纳的税额或者税务机关核定的税额预缴税款，并在核准的延期内办理税款结算。

特别提示 1-2

不可抗力是指不能预见、不能避免，并不能克服的客观情况，如台风、地震、大火、水灾、泥石流等自然灾害以及社会事件，如战争、社会动乱等。

1.4.2 税款缴纳

1. 税款缴纳的概念

税款缴纳是指纳税人、扣缴义务人依照国家法律、行政法规的规定实现的税款依法通过不同方式缴纳入库的过程。纳税人、扣缴义务人应按税法规定的期限及时足额缴纳应纳税款，以完全彻底地履行应尽的纳税义务。

2. 税款缴纳的方式

纳税人应当按照主管国家税务机关确定的征收方式缴纳税款。

(1) 自核自缴。生产经营规模较大、财务制度健全、会计核算准确、一贯依法纳税的企业，经主管国家税务机关批准，企业依照税法规定，自行计算应纳税款，自行填写、审核纳税申报表，自行填写税收缴款书，到开户银行解缴应纳税款，并按规定向主管国家税务机关办理纳税申报并报送纳税资料和财务会计报表。

(2) 申报核实缴纳。生产经营正常、财务制度基本健全、账册和凭证完整、会计核算较准确的企业依照税法规定计算应纳税款，自行填写纳税申报表，按照规定向主管国家税务机关办理纳税申报，并报送纳税资料和财务会计报表。经主管国家税务机关审核，并填开税收缴款书，纳税人按规定期限到开户银行缴纳税款。

(3) 申报查定缴纳。财务制度不够健全、账簿凭证不完备的固定业户，应当如实向主管国家税务机关办理纳税申报并提供其生产能力、原材料、能源消耗情况及生产经营情况等信息，经主管国家税务机关审查测定或实地查验后，填开税收缴款书或者完税凭证，纳税人按规定期限到开户银行或者税务机关缴纳税款。

(4) 定额申报缴纳。生产经营规模较小、确无建账能力或者账证不健全、不能提供准确纳税资料的固定业户，按照国家税务机关核定的营业(销售)额和征收率，按规定期限向主管国家税务机关申报缴纳税款。纳税人实际营业(销售)额与核定额相比升降幅度在20%以内的，仍按核定营业(销售)额计算申报缴纳税款；对当期实际营业(销售)额上升幅度超过20%的，按当期实际营业(销售)额计算申报缴纳税款；当期实际营业(销售)额下降幅度超过20%的，当期仍按核定营业(销售)额计算申报缴纳税款，经主管国家税务机关调查核实后，其多缴税款可在下期应纳税款中予以抵扣。需要调整定额的，向主管国家税务机关申请调升或调降定额。但是对定额的调整规定不适用实行起点定额或保本定额缴纳税款的个体工商户。

3. 税款的退还与追征

(1) 税款的退还。纳税人超过应纳税额缴纳的税款，税务机关发现后应当立即退还；纳税人自结算缴纳税款之日起3年内发现的，可以向税务机关要求退还，税务机关查实后应当立即退还。

纳税人要求退还多缴的税款，应向国税机关填报《退税（抵缴）申请审批确认书》，经国税机关核实、批准后，属于自收税款的小额退税，即予办理有关退税手续；属于要通过国库办理的退税，由县级以上（含县级）国税机关填发《税收收入退还书》，到指定的国库办理退税手续。

（2）税款的追征。因税务机关的责任，致使纳税人、扣缴义务人未缴或者少缴税款的，税务机关在3年内可以要求纳税人、扣缴义务人补缴税款，但是不得加收滞纳金。

因纳税人、扣缴义务人计算错误等失误，未缴或者少缴税款的，税务机关在3年内可以追征；数额在10万元以上的，有特殊情况的，追征期可以延长到10年。在追征税款的同时，加收滞纳金。补缴和追征税款的期限，自纳税人、扣缴义务人应缴未缴或者少缴税款之日起计算。纳税人、扣缴义务人和其他当事人因偷税未缴或者少缴的税款或者骗取的退税款，税务机关可以无限期追征。

4. 延期纳税

纳税人因有特殊困难，不能按期缴纳税款的，经省、自治区、直辖市国家税务局批准，可以延期缴纳税款，但是最长不得超过3个月。

纳税人未按照规定期限缴纳税款的，扣缴义务人未按照规定期限解缴税款的，税务机关除责令限期缴纳外，从滞纳税款之日起，按日加收滞纳税款5‰的滞纳金。

1.5 纳税人的权利、义务与法律责任

1.5.1 纳税人的权利

纳税人的权利如下：

（1）知情权。纳税人有权向税务机关了解国家税收法律、行政法规的程序有关的情况。

（2）保密权。纳税人有权要求税务机关对自己的商业秘密及个人隐私保密。

（3）税收监督权。纳税人有权控告和检举税务机关、税务人员的违法违纪行为。同时，纳税人也有权检举其他纳税人的税收违法行为。

（4）纳税申报方式选择权。纳税人可以直接到办税服务厅办理纳税申报或者报送代扣代缴、代收代缴税款报告表，也可以按照规定采取邮寄、数据电文或者其他方式办理上述申报、报送事项。但是，采取邮寄或数据电文方式办理上述申报、报送事项的，须经主管税务机关批准。

（5）申请延期申报权。纳税人不能按期办理纳税申报或者报送代扣代缴、代收代缴税款报告表的，应当在规定的期限内向税务机关提出书面延期申请，经核准，可在核准的期限内办理。

（6）申请延期缴纳税款权。纳税人因有特殊困难，不能按期缴纳税款的，经过批准，可以延期缴纳税款，但最长不得超过3个月。

（7）申请退还多缴税款权。纳税人超过应纳税额缴纳的税款，税务机关发现后应当立即退还；纳税人自结算缴纳税款之日起3年内发现的，可以向税务机关要求退还多缴的税款

并加算银行同期存款利息，税务机关及时查实后应当立即退还。

（8）依法享受税收优惠权。纳税人依法享有申请减税、免税、退税的权利，即纳税人有权根据法律、行政法规的规定向税务机关申请享受税收优惠的权利，但必须按照法定程序进行申请、审批。

（9）委托税务代理权。纳税人可以根据国家税务总局规定的有关业务委托税务代理人代为办理，如办理、变更或者注销税务登记，除增值税专用发票外的发票领购手续，纳税人申报或扣缴税款报告等。

（10）陈述与申辩权。纳税人对税务机关作出的行政处罚决定享有陈述权、申辩权。

（11）对未出示税务检查证和税务检查通知书的拒绝检查权。纳税人在接受税务检查时，有权要求检查人员出示税务检查证和税务检查通知书，未出示税务检查证和税务检查通知书的，纳税人有权拒绝检查。

（12）税收法律救济权。纳税人对税务机关作出的决定，依法享有申请行政复议、提起行政诉讼、请求国家赔偿等权利。

（13）依法要求听证的权利。在对纳税人作出规定金额以上罚款的行政处罚之前，税务机关会向纳税人送达《税务行政处罚事项告知书》，告知纳税人已经查明的违法事实、证据、行政处罚的法律依据和拟将给予的行政处罚。对此纳税人有权要求举行听证。

（14）索取税收凭证权。税务机关征收税款时，必须给纳税人开具完税凭证。扣缴义务人代扣代收税款时，如果纳税人要求扣缴义务人开具代扣代收税款凭证，则扣缴义务人应当开具。

1.5.2 纳税人的义务

纳税人的义务如下：

（1）依法进行税务登记的义务。依照税法规定申请办理设立登记、变更登记、停业和复业登记或注销税务登记，并按规定使用税务登记证件，不得转借、涂改、损毁、买卖或者伪造税务登记证件。

（2）依法设置账簿、保管账簿和有关资料以及依法开具、使用、取得和保管发票的义务。纳税人必须按规定设置账簿，进行核算；从事生产、经营的，必须按照国务院财政、税务主管部门规定的保管期限保管账簿、记账凭证、完税凭证及其他有关资料；账簿、记账凭证、完税凭证及其他有关资料不得伪造、变造或者擅自损毁。纳税人在从事经营活动的过程中，应当依法开具、使用、取得和保管发票。

（3）财务会计制度和会计核算软件备案的义务。纳税人应将其财务会计制度或者财务会计处理办法和会计核算软件报送税务机关备案。

（4）按照规定安装、使用税控装置的义务。如果纳税人未按规定安装、使用税控装置，或者损毁或擅自改动税控装置的，税务机关将责令其限期改正，并可根据情节轻重处以规定数额内的罚款。

（5）按时、如实申报的义务。纳税人必须依照法律、行政法规规定的申报期限、申报内容如实办理纳税申报，报送纳税申报表、财务会计报告以及税务机关根据实际需要要求报送的其他纳税资料。

（6）按时缴纳税款的义务。纳税人必须按税法规定的纳税期限缴纳税款。未按照规定期限缴纳税款的，税务机关除责令限期缴纳外，从滞纳税款之日起，按日加收滞纳税款5‱的滞纳金。

(7) 代扣代缴税款的义务。代扣代缴税款义务人必须依照法律、行政法规的规定履行代扣代收税款义务且纳税人不得拒绝。如果纳税人拒绝，代扣代缴税款义务人应当及时报告税务机关处理。

(8) 依法接受检查的义务。纳税人有接受税务机关依法进行税务检查的义务，应主动配合税务机关按法定程序进行的税务检查，如实地反映自己的生产经营情况和执行财务制度的情况，并按有关规定提供报表和资料，不得隐瞒和弄虚作假，不得阻挠、刁难税务机关的检查和监督。

(9) 及时提供信息的义务。纳税人除通过税务登记和纳税申报向税务机关提供与纳税有关的信息外，还应及时提供其他信息。如果有歇业、经营情况变化或遭受各种灾害等特殊情况的，应及时说明，以便税务机关依法妥善处理。

(10) 报告其他涉税信息的义务。为了保障国家税收能够及时、足额征收入库，税收法律还规定了纳税人有义务报告其他相关的涉税信息，如与关联企业之间的业务往来、企业合并和分立情况、全部账号及处分大额财产等。

1.5.3 纳税人的法律责任

1. 违反税务管理基本规定行为的处罚

(1) 纳税人有下列行为之一的，由税务机关责令限期改正，可以处2 000元以下的罚款；情节严重的，可以处2 000元以上10 000元以下的罚款：

① 未按照规定的期限申报办理税务登记、变更或者注销登记的。

② 未按照规定设置、保管账簿或者保管记账凭证和有关资料的。

③ 未按照规定将财务会计制度或者财务会计处理办法和会计核算软件报送税务机关备查的。

④ 未按照规定将其全部银行账号向税务机关报告的。

⑤ 未按照规定安装、使用税控装置，或者损毁或擅自改动税控装置的。

⑥ 未按照规定办理税务登记证件验证或者换证手续的。

(2) 纳税人不办理税务登记的，由税务机关责令限期改正；逾期不改正的，由工商行政管理机关吊销其营业执照。

(3) 纳税人通过提供虚假的证明资料等手段，骗取税务登记证的，处2 000元以下的罚款；情节严重的，可以处2 000元以上10 000元以下的罚款。纳税人涉嫌其他违法行为的，按有关法律、行政法规的规定处理。

(4) 扣缴义务人未按照规定办理扣缴税款登记的，税务机关应当自发现之日起3日内责令其限期改正，并可处以1 000元以下的罚款。

(5) 纳税人未按照规定使用税务登记证件，或者转借、涂改、损毁、买卖、伪造税务登记证件的，处2 000元以上10 000元以下的罚款；情节严重的，处10 000元以上50 000元以下的罚款。

2. 扣缴义务人违反账簿、凭证管理的处罚

扣缴义务人未按照规定设置、保管代扣代缴、代收代缴税款账簿或者保管代扣代缴、代收代缴税款记账凭证及有关资料的，由税务机关责令限期改正，可以处 2 000 元以下的罚款；情节严重的，处 2 000 元以上 5 000 元以下的罚款。

3. 纳税人、扣缴义务人未按规定进行纳税申报的法律责任

纳税人不按照规定的期限办理纳税申报和报送纳税资料的，或者扣缴义务人未按照规定的期限向税务机关报送代扣代缴、代收代缴税款报告表和有关资料的，由税务机关责令限期改正，可以处 2 000 元以下的罚款；情节严重的，可以处 2 000 元以上 10 000 元以下的罚款。

4. 对偷税的认定及其法律责任

偷税是指纳税人采取伪造、变造、隐匿、擅自销毁账簿、记账凭证，或者在账簿上多列支出或者不列、少列收入，或者经税务机关通知申报而拒不申报或者进行虚假的纳税申报的手段，不缴或者少缴应纳税款的行为。

(1) 对纳税人偷税的，由税务机关追缴其不缴或者少缴的税款、滞纳金，并处不缴或者少缴的税款 50%以上 5 倍以下的罚款；构成犯罪的，依法追究刑事责任。

扣缴义务人采取第(1)款所列手段，不缴或者少缴已扣、已收税款，由税务机关追缴其不缴或者少缴的税款、滞纳金，并处不缴或者少缴的税款 50%以上 5 倍以下的罚款；构成犯罪的，依法追究刑事责任。

(2) 纳税人采取欺骗、隐瞒手段进行虚假纳税申报或者不申报、逃避缴纳税款数额较大并且占应纳税额 10%以上的，处 3 年以下有期徒刑或者拘役，并处罚金；数额巨大并且占应纳税额 30%以上的，处 3 年以上 7 年以下有期徒刑，并处罚金。

扣缴义务人采取第(2)款所列手段，不缴或者少缴已扣、已收税款，数额较大的，依照前款的规定处罚。

对多次实施(1)(2)行为，未经处理的，按照累计数额计算。

有第(1)款行为，经税务机关依法下达追缴通知后，补缴应纳税款，缴纳滞纳金，已受行政处罚的，不予追究刑事责任；但是，5 年内因逃避缴纳税款受过刑事处罚或者被税务机关给予两次以上行政处罚的除外。

特别提示 1-3

2009 年 2 月，第十一届全国人大常务委员会第七次会议表决通过了《中华人民共和国刑法修正案(七)》。修订后的《中华人民共和国刑法》(以下简称《刑法》)对第二百零一条关于不履行纳税义务的定罪量刑标准规定中的相关表述方式进行了修改，用“逃避缴纳税款”取代了“偷税”。但目前我国《税收征管法》中还没有作出相应修改。

5. 进行虚假申报或不进行申报行为的法律责任

纳税人、扣缴义务人编造虚假计税依据的，由税务机关责令其限期改正，并处 50 000 元以下的罚款。

纳税人不进行纳税申报，不缴或者少缴税款的，由税务机关追缴其不缴或者少缴的税款、滞纳金，并处不缴或者少缴的税款 50%以上 5 倍以下的罚款。

6. 逃避追缴欠税及其法律责任

(1) 欠税。欠税是指纳税人、扣缴义务人超过税收法律法规规定或税务机关依照税收法律法规规定的纳税期限，未缴或少缴税款的行为。

纳税人欠缴应纳税款，采取转移或者隐匿财产的手段，妨碍税务机关追缴欠缴的税款，由税务机关追缴欠缴的税款、滞纳金，并处欠缴税款50%以上5倍以下的罚款；构成犯罪的，依法追究刑事责任。

(2) 逃避追缴欠税罪。《刑法》第二百零三条规定：纳税人欠缴应纳税款，采取转移或者隐匿财产的手段，致使税务机关无法追缴欠缴的税款，数额在1万元以上不满10万元的，处3年以下有期徒刑或者拘役，并处或者单处欠缴税款1倍以上5倍以下罚金；数额在10万元以上的，处3年以上7年以下有期徒刑，并处欠缴税款1倍以上5倍以下罚金。

7. 骗取出口退税的法律责任

(1) 骗税。骗税是指纳税人以假报出口或者其他欺骗手段，骗取国家出口退税款的行为。

以假报出口或者其他欺骗手段骗取国家出口退税款的，由税务机关追缴其骗取的退税款，并处骗取税款1倍以上5倍以下的罚款；构成犯罪的，依法追究刑事责任。

对骗取国家出口退税款的，税务机关可以在规定期间内停止为其办理出口退税。

(2) 骗取出口退税罪。《刑法》第二百零四条规定，以假报出口或者其他欺骗手段，骗取国家出口退税款，数额较大的，处5年以下有期徒刑或者拘役，并处骗取税款1倍以上5倍以下罚金；数额巨大或者有其他严重情节的，处5年以上10年以下有期徒刑，并处骗取税款1倍以上5倍以下罚金；数额特别巨大或者有其他特别严重情节的，处10年以上有期徒刑或者无期徒刑，并处骗取税款1倍以上5倍以下罚金或者没收财产。

8. 抗税的法律责任

(1) 抗税。抗税是指以暴力、威胁方法拒不缴纳税款。抗税除由税务机关追缴其拒缴的税款、滞纳金外，依法追究刑事责任。情节轻微，未构成犯罪的，由税务机关追缴其拒缴的税款、滞纳金，并处拒缴税款1倍以上5倍以下的罚款。

(2) 抗税罪。《刑法》第二百零二条规定，以暴力、威胁方法拒不缴纳税款的，处3年以下有期徒刑或者拘役，并处拒缴税款1倍以上5倍以下罚金；情节严重的，处3年以上7年以下有期徒刑，并处拒缴税款1倍以上5倍以下罚金。

9. 在规定期限内不缴或者少缴税款的法律责任

纳税人、扣缴义务人在规定期限内不缴或者少缴应纳或者应解缴的税款，经税务机关责令限期缴纳，逾期仍未缴纳的，税务机关除依照《税收征管法》规定采取强制执行措施，追缴其不缴或者少缴的税款外，可以处不缴或者少缴税款50%以上5倍以下的罚款。

10. 扣缴义务人不履行扣缴义务的法律责任

扣缴义务人应扣未扣、应收而不收税款的，由税务机关向纳税人追缴税款，对扣缴义务人处应扣未扣、应收未收税款50%以上3倍以下的罚款。

11. 不配合税务机关依法检查的法律责任

纳税人、扣缴义务人逃避、拒绝或者以其他方式阻挠税务机关检查的，由税务机关责令改正，可以处1万元以下的罚款；情节严重的，处1万元以上5万元以下的罚款。

税务机关依法到车站、码头、机场、邮政企业及其分支机构检查纳税人有关情况时，有关单位拒绝的，由税务机关责令改正，可以处1万元以下的罚款；情节严重的，处1万元以上5万元以下的罚款。

引入案例解析

税收违法“黑名单”，失信惩戒的“利剑”

本案中，当事人对应缴欠税久拖不缴，对税务机关的告知置若罔闻，造成严重的不良影响。联合惩戒一经实施，当事人的经济活动、社会活动受到跨部门联合惩戒。除了当事企业自身受到惩戒，直接责任人名下的其他企业也同样受到惩处。因此，纳税人要树立诚信经营、依法纳税意识，算好纳税信用的经济账、社会账，增强依法纳税意识。

本章小结

本章介绍了纳税会计的基本理论，要求学生掌握纳税会计的概念，与财务会计的区别和联系，纳税会计的目标、科目与凭证、纳税申报的要求、税款缴纳的方式与要求、纳税人的权利、义务与法律责任；结合实务重点掌握纳税会计的基本前提与原则，为后续的业务核算奠定良好的基础。

重要概念

纳税会计　收付实现制　权责发生制　税款支付能力　纳税申报　税款缴纳　骗税　逃税　欠税

本章练习

一、单选题

1. 纳税会计以(　　)为准绳。

A. 会计制度　B. 会计准则　C. 税收法律制度　D. 财务会计

2. 我国税法规定的应纳税年度是(　　)。

A. 公历1月1日起至12月31日　B. 公历4月1日起至3月31日

C. 公历6月1日起至5月31日　D. 公历10月1日起至9月30日

3. 下列关于纳税会计与财务会计的说法中，正确的是(　　)。

A. 纳税会计的资料大多来源于财务会计　B. 两者会计目标一致

C. 财务会计以纳税会计为基础　D. 两者核算依据相同

4. 下列关于延期申报的描述中，不正确的是(　　)。

A. 纳税人、扣缴义务人不能按期办理纳税申报或者报送代扣代缴、代收代缴税款报告表的，经税务机关核准，可以延期申报

B. 在不可抗力情形消除后，纳税人、扣缴义务人应立即向税务机关报告

C. 台风、地震、泥石流、战争、社会动乱等都属于不可抗力

D. 延期申报不需要预缴税款

5. 纳税人、扣缴义务人超过税收法律法规规定或税务机关依照税收法律法规规定的纳税期限，未缴或少缴税款的行为属于(　　)。

A. 偷税　B. 欠税　C. 骗税　D. 逃税

二、多选题

1. 纳税会计的基本前提包括(　　)。

A. 纳税会计主体　　B. 持续经营

C. 货币时间价值　　D. 纳税会计期间

E. 年度会计核算

2. 下列各项中，属于纳税会计原则的是(　　)。

A. 权责发生制与收付实现制相结合　　B. 配比原则

C. 税款支付能力原则　　D. 筹划性原则

E. 确定性原则

3. 下列说法中，正确的是(　　)。

A. 印花税、车辆购置税、契税、耕地占用税等，可以不在“应交税费”科目核算

B. “递延所得税资产”科目核算企业根据企业会计准则确认的可抵扣暂时性差异产生的所得税资产

C. “递延所得税负债”科目核算企业根据企业会计准则确认的应纳税暂时性差异产生的所得税负债

D. “税金及附加”科目属损益类科目，期末余额在贷方

4. 纳税会计凭证主要有(　　)。

A. 应征凭证　　B. 减免凭证　　C. 征缴凭证　　D. 入库凭证

E. 提退凭证

5. 纳税申报的方式有(　　)。

A. 自行申报　　B. 邮寄申报　　C. 数据电文申报　　D. 简易申报

三、判断题

1. 纳税会计就是税务会计。　　(　　)

2. 纳税会计的核算基础是权责发生制。　　(　　)

3. 会计主体一定是纳税主体。　　(　　)

4. 纳税人享受减税、免税待遇的，在减税、免税期间不需要办理纳税申报。　　(　　)

5. 纳税人有权要求税务机关对自己的商业秘密以及个人隐私保密。　　(　　)

四、简答题

1. 纳税会计与财务会计的联系与区别分别是什么?

2. 纳税会计的目标是什么?

五、案例分析题

某企业2019年12月购入一台设备，成本为500万元，会计上采用年限平均法计提折旧，使用年限为10年，净残值为零。因该资产常年处于强振动状态，计税时按照双倍余额递减法计提折旧，使用年限及净残值与会计是相同的。该企业所适用的所得税税率是25%。

请问：在2020年的资产负债日，该企业是否应该确认相关的递延所得税负债?

第 2 章　增值税的会计核算

内容提要

本章主要讲解了增值税的会计核算及纳税申报，包括增值税概述、增值税的会计科目设置、销项税额的会计核算、进项税额及进项税额转出的会计核算、出口退税的会计核算、减免税款的会计核算、一般纳税人应纳税额的会计核算及纳税申报表的填制、小规模纳税人应纳税额的会计核算及纳税申报表的填制等。

重点难点

本章重点为增值税的会计科目设置、销项税额的会计核算、进项税额的会计核算、减免税款的会计核算、一般纳税人应纳税额的会计核算及纳税申报表的填制；难点为销项税额的会计核算、出口退税的会计核算、一般纳税人应纳税额的会计核算及纳税申报表的填制。

学习目标

通过本章学习，学生应掌握一般纳税人关于销项税额、进项税额、应纳税额的会计核算及纳税申报表的填制方法；理解增值税的会计科目设置，出口退税、减免税款的会计核算方法；了解增值税概述、进项税额转出的会计核算、小规模纳税人的会计核算及纳税申报表的填制方法。

知识框架

引入案例　一般纳税人增值税的会计核算及纳税申报

华夏有限责任公司(以下简称“华夏公司”)为增值税一般纳税人,登记注册类型为其他有限责任公司,所属行业为制造业,法定代表人为王国鹏,地址为山东省青岛市城阳区88号,电话为0532-00888888,公司基本存款账户开户银行及账号为中国银行城阳区支行240301238910,缴税用开户银行及账号为中国农业银行城阳区支行38040112345678900,纳税人识别号为913702140123456789。

华夏公司主营生产销售打印机，不含税售价为 8 000 元/台，成本为 5 000 元/台，适用的增值税税率为 13%。2019 年 12 月，该公司发生的部分经济业务如下：

(1) 2 日，销售 10 台打印机给创新科技有限公司（小规模纳税人），开具的增值税普通发票（记账联）上注明的销售额为 80 000 元、增值税额为 10 400 元，商品已发出，货款通过转账支票结算并送存银行。

(2) 9 日，销售 100 台打印机给创盛商场，开具的增值税专用发票（记账联）上注明的销售额为 800 000 元、增值税额为 104 000 元，与购买方约定的现金折扣条件为"2/10,1/20,n/30"，商品已发出，并凭发票等向银行办妥委托收款手续。

(3) 10 日，拨付 2 台打印机给职工福利部门使用，未开具发票。

(4) 10 日，与某事业单位签订经营租赁合同，约定向该事业单位出租 10 台打印机，租期为 3 个月，租金共计 33 900 元（含增值税），租赁开始日为 2019 年 12 月 31 日，双方约定于 12 月 10 日一次性全额收取租金，开具增值税普通发票，款项以银行存款收讫。

(5) 11 日，从能力公司购进原材料一批，取得的增值税专用发票（发票联）上注明的价款为 700 000 元、增值税额为 91 000 元；同时支付运费（含增值税）2 180 元，取得的增值税专用发票（发票联）上注明的运费为 2 000 元、增值税额为 180 元。上述材料已运达并验收入库，货款尚未结算，运费以现金付讫。

(6) 12 日，从某小规模纳税人处购进办公用电脑 1 台，取得的增值税专用发票（发票联）上注明的价款为 10 000 元、增值税额为 300 元，电脑已交付办公室使用，款项以存款付讫。

(7) 15 日，支付电费，取得的增值税专用发票（发票联）上注明的价款为 10 000 元、增值税额为 1 300 元，其中生产用电占总用电量的 90%、职工福利部门用电占总用电量的 10%，款项以银行存款支付。

(8) 27 日，公司职工福利部门领用上月购进的原材料一批，实际成本为 900 元，该批材料的进项税额为 113 元，已于购进当期申报抵扣。

另外，本月取得的增值税专用发票均已认证相符，上月留抵的进项税额为 1 000 元。

要求：

(1) 作出上述经济业务的财务会计分录，并进行月末结转增值税的会计处理。

(2) 试分析该公司在进行增值税纳税申报时，填制纳税申报表所依据的原始资料是否全部来源于财务会计资料？其应依据哪些资料填制纳税申报表？

2.1 增值税概述

2.1.1 增值税的征税范围、纳税人及扣缴义务人

从计税原理上说，增值税是指对商品生产流通、劳务服务中各个环节的新增价值或商品的附加值征收的一种流转税。但因商品新增价值或商品附加值在商品生产和流通过程中难以准确地确认计量，征纳双方容易产生分歧，因此世界各国的增值税一般采用税额抵扣的办法，即根据货物或应税劳务服务的销售额，按规定税率计算出销项税额，再从中扣除上一环节已纳增值税款，其差额即为纳税人应缴纳的增值税额，这体现了按增值额计税的基本原理。根据我国现行税收法律制度，增值税是指对在我国境内销售货物或者提供加工、修理修配劳务，销售服务、无形资产、不动产以及出口货物的单位和个人，就其取得货物、劳务、服务、无形资产、不动产的销售额和进口货物的金额为计税依据计算税款，并实行税款抵扣制度的一种流转税。

知识拓展 2-1

我国增值税的改革历程

我国自 1979 年开始在部分城市试行增值税，1982 年财政部制定了《中华人民共和国增值税暂行办

法》,自1983年1月1日开始在全国试行,并分别于1984年、1993年、2009年和2012年进行了四次重要改革。

1. 增值税的过渡阶段

1984年的第一次改革,属于增值税的过渡阶段。该阶段的增值税是在产品税的基础上进行的,征税范围较窄,税率档次较多,计算方式复杂,留有产品税的痕迹,属变性增值税。

2. 增值税的规范阶段

1993年的第二次改革,属于增值税的规范阶段。参照国际通行做法,结合我国具体情况,扩大了征税范围,简并了税率,规范了计算方法,开始进入国际通行的规范化行列。

3. 增值税的转型阶段

2009年的第三次改革,属于增值税的转型阶段。自2009年1月1日起,符合规定的固定资产进项税额允许抵扣,实现了生产型增值税向消费型增值税的转型。

4. 增值税的营改增阶段

2012年起的第四次改革,属于增值税的营改增阶段。2012年1月1日起,交通运输业和部分现代服务业率先由征收营业税改为征收增值税,在上海等地试点实施,扩大了增值税的征税范围。自2016年5月1日起,营业税全部改征增值税。

1. 增值税的征税范围

1）征税范围的基本规定

增值税征税范围包括货物的生产、批发、零售和进口四个环节。在我国境内销售货物及提供加工、修理修配劳务,销售服务、无形资产或不动产,进口货物,均属于增值税的征税范围。

(1) 销售货物。销售货物是指有偿转让货物的所有权。货物是指有形动产,包括电力、热力、气体在内;有偿是指从购买方取得货币、货物或其他经济利益。

(2) 提供加工、修理修配劳务。加工是指受托加工货物,即委托方提供原材料及主要材料,受托方按照委托方的要求制造货物并收取加工费的业务;修理修配是指受托对损伤和丧失功能的货物进行修复,使其恢复原状和功能的业务。

提供加工、修理修配劳务(以下简称"劳务")是指有偿提供加工、修理修配劳务。但单位或个体经营者聘用的员工为本单位或雇主提供加工、修理修配劳务,不包括在内。

(3) 销售服务、无形资产或不动产。销售服务是指提供交通运输服务、邮政服务、电信服务、建筑服务、金融服务、现代服务、生活服务。

销售无形资产是指转让无形资产所有权或使用权的业务活动。

销售不动产是指转让不动产所有权的业务活动。

(4) 进口货物。进口货物是指申报进入中国海关境内的货物。我国税收法律制度规定,只要是报关进口的应税货物,均属于增值税的征税范围,除享受免税政策外,在进口环节缴纳增值税。

特别提示 2-1

下列非经营活动不属于增值税的纳税范围:非保本投资收益,企业销售预付卡,行政单位收取的同时满足相关条件的政府性基金或行政事业性收费,单位和个体工商户为聘用的员工提供服务、聘用的员工为本单位或雇主提供取得工资的服务,财政部、国家税务总局规定的其他情形。

2）征税范围的特别规定

(1) 视同销售。视同销售行为是指在财务会计中一般不确认销售收入,但按税收法律制度规定属于应税行为，应确认收入并计算缴纳税款的转移行为。站在税制设计和税收征管的角度，将无偿赠送和有偿销售货物，无偿和有偿提供服务，无偿和有偿转让无形资产、不动产同等对待，均纳入征税范围，既可体现税收的公平原则，又可堵塞漏洞，防止纳税人逃避缴纳税款；同时，又将以公益活动为目的或以社会公众为对象的无偿赠送（转让）货物、无偿提供服务排除在视同销售之外，有利于促进社会公益事业的发展。

下列行为视同销售：

① 将货物交付给其他单位或者个人代销。

② 销售代销货物。

③ 设有两个以上机构并实行统一核算的纳税人，将货物从一个机构移送至其他机构用于销售，但相关机构设在同一县（市）的除外。

④ 将自产、委托加工的货物用于集体福利或个人消费。

特别提示 2-2

集体福利或个人消费是指企业内部设置的供职工使用的食堂、浴室、理发室、宿舍、幼儿园等福利设施及设备、物品等，或者以福利、奖励、津贴等形式发放给职工个人的物品。

⑤ 将自产、委托加工或购进的货物作为投资、分配给股东或投资者、无偿赠送给他人。

⑥ 单位或者个体工商户向其他单位或者个人无偿提供服务，单位或者个人向其他单位或者个人无偿转让无形资产、不动产，但用于公益事业或以社会公众为对象的除外。

⑦ 财政部和国家税务总局规定的其他情形。

自产、委托加工、购进的货物是否视同销售如表 2-1 所示。

表 2-1　自产、委托加工、购进的货物是否视同销售一览表

用途	自产、委托加工的货物	购进的货物
集体福利或个人消费	√	×
作为投资	√	√
分配给股东或投资者	√	√
无偿赠送	√	√

（2）兼营。一般纳税人兼营销售货物、劳务、服务、无形资产、不动产适用不同税率或者征收率的，应当分别核算适用不同税率或征收率的销售额，未分别核算销售额的，从高适用税率、征收率。

一般纳税人兼营免税、减税项目的，应当分别核算免税、减税项目的销售额；未分别核算的，不得免税、减税。

（3）混合销售。一项销售行为如果既涉及货物又涉及服务，为混合销售。从事货物生产、批发或零售的单位和个体工商户的混合销售行为，按照销售货物缴纳增值税；其他单位和个体工商户的混合销售行为，按照销售服务缴纳增值税。

（4）不征收增值税的项目。不征收增值税项目是指不属于增值税征收范围的项目，主要包括：

① 根据国家指令无偿提供的铁路运输服务、航空运输服务，属于公益事业的服务。

② 存款利息。

③ 被保险人获得的保险赔付。

④ 房地产主管部门或其指定机构、公积金管理中心、开发企业以及物业管理单位代收的住宅专项维修资金。

⑤ 在资产重组过程中，通过合并、分立、出售、置换等方式，将全部或部分实物资产以及与其相关联的债权、负债和劳动力一并转让给其他单位和个人，其中涉及的不动产、土地使用权转让行为。

2. 增值税的纳税人及扣缴义务人

1）增值税的纳税人

在我国境内销售货物、应税劳务服务、转让无形资产、不动产以及进口货物的单位和个人为增值税的纳税人。为了便于增值税的征收管理并简化计税，我国将增值税纳税人划分为小规模纳税人和一般纳税人。

（1）小规模纳税人。小规模纳税人是指年应征增值税销售额（简称年应税销售额）在规定标准以下，不能按规定报送有关纳税资料的纳税人。年应税销售额是纳税人在连续不超过12个月或四个季度的经营期内累计应征增值税销售额，包括纳税申报销售额、稽查查补销售额、纳税评估调整销售额。自2018年5月1日起，增值税小规模纳税人的标准为年应税销售额在500万元及以下。

（2）一般纳税人。一般纳税人是指年应税销售额超过税收法律制度规定的小规模纳税人标准的企业和企业性单位。年应税销售额超过小规模纳税人规定标准（以下简称"规定标准"）的，应向主管税务机关办理一般纳税人登记（选择按小规模纳税人纳税的和其他个人除外）。

年应税销售额未超过规定标准以及新开业的纳税人，若符合规定条件（有固定经营场所、能够准确提供税务核算资料）、会计核算健全（按照国家统一会计制度的规定设置账簿，根据合法、有效的会计凭证进行会计核算），可以向主管税务机关办理一般纳税人资格登记，成为一般纳税人。

特别提示2-3

纳税人登记为一般纳税人后，不得转为小规模纳税人，国家税务总局另有规定的除外。

2）增值税的扣缴义务人

中华人民共和国境外的单位或者个人在境内提供应税劳务，在境内未设有经营机构的，以其境内代理人为增值税扣缴义务人；在境内没有代理人的，以购买方为增值税扣缴义务人。

境外的单位或者个人在境内发生应税行为（销售服务、无形资产或不动产），在境内未设有经营机构的，以购买方为增值税扣缴义务人，财政部和国家税务总局另有规定的除外。应扣缴税额的计算公式如下：

应扣缴税额＝购买方支付的价款÷（1＋税率）×税率

相关思考2-1

境外的单位或者个人向境内销售货物，需以购买方为增值税扣缴义务人吗

我国税收法律制度规定，中华人民共和国境外的单位或者个人在境内提供应税劳务、发生应税行为（销售服务、无形资产或不动产），在境内未设有经营机构（且境内没有代理人）的，以购买方为增值税扣缴义务人，财政部和国家税务总局另有规定的除外。

但是，境外的单位或者个人向境内销售货物属于“进口货物”的征税范围，只要是报关进口的应税货物，均属于增值税的征税范围，除享受免税政策外，在进口环节缴纳增值税（由海关代征增值税）。

2.1.2 增值税的税率及征收率

1. 增值税税率

1）基本税率

增值税一般纳税人销售、进口货物，提供加工、修理修配劳务、有形动产租赁服务，除低税率适用范围和销售个别旧货适用低税率外，税率一律为13%，也就是通常所说的基本税率。

2）低税率

(1) 9%。一般纳税人销售、进口农产品（含粮食）、食用植物油、食用盐、自来水、石油液化气、天然气、煤气、农机、化肥农药、饲料、书报杂志、音像制品、电子出版物等，提供交通运输服务、邮政服务、基础电信服务和建筑服务，转让土地使用权，销售不动产和提供不动产租赁服务，税率为9%。

另，购进农产品时，扣除率一般为9%。

(2) 6%。销售（转让）土地使用权之外的其他无形资产，提供增值电信服务、金融服务、生活服务以及除租赁服务之外的各项现代服务，适用6%的低税率。

3）零税率

纳税人出口货物，税率为零，但是国务院另有规定的除外。

境内单位和个人跨境销售国务院规定范围内的服务、无形资产，税率为零。

税务直通车2-1

财政部　税务总局　海关总署
关于深化增值税改革有关政策的公告
财政部　税务总局　海关总署公告2019年第39号

为贯彻落实党中央、国务院决策部署，推进增值税实质性减税，现将2019年增值税改革有关事项公告如下：

一、增值税一般纳税人（以下称纳税人）发生增值税应税销售行为或者进口货物，原适用16%税率的，税率调整为13%；原适用10%税率的，税率调整为9%。

二、纳税人购进农产品，原适用10%扣除率的，扣除率调整为9%。纳税人购进用于生产或者委托加工13%税率货物的农产品，按照10%的扣除率计算进项税额。

三、原适用16%税率且出口退税率为16%的出口货物劳务，出口退税率调整为13%；原适用10%税率且出口退税率为10%的出口货物、跨境应税行为，出口退税率调整为9%。

2019年6月30日前（含2019年4月1日前），纳税人出口前款所涉货物劳务、发生前款所涉跨境应税行为，适用增值税免退税办法的，购进时已按调整前税率征收增值税的，执行调整前的出口退税率，购进时已按调整后税率征收增值税的，执行调整后的出口退税率；适用增值税免抵退税办法的，执行调整前的出口退税率，在计算免抵退税时，适用税率低于出口退税率的，适用税率与出口退税率之差视为零参与免抵退税计算。

出口退税率的执行时间及出口货物劳务、发生跨境应税行为的时间，按照以下规定执行：报关出口的货物劳务(保税区及经保税区出口除外)，以海关出口报关单上注明的出口日期为准；非报关出口的货物劳务、跨境应税行为，以出口发票或普通发票的开具时间为准；保税区及经保税区出口的货物，以货物离境时海关出具的出境货物备案清单上注明的出口日期为准。

四、适用13%税率的境外旅客购物离境退税物品，退税率为11%；适用9%税率的境外旅客购物离境退税物品，退税率为8%。

2019年6月30日前，按调整前税率征收增值税的，执行调整前的退税率；按调整后税率征收增值税的，执行调整后的退税率。

退税率的执行时间，以退税物品增值税普通发票的开具日期为准。

五、自2019年4月1日起，《营业税改征增值税试点有关事项的规定》(财税〔2016〕36号印发)第一条第(四)项第1点、第二条第(一)项第1点停止执行，纳税人取得不动产或者不动产在建工程的进项税额不再分2年抵扣。此前按照上述规定尚未抵扣完毕的待抵扣进项税额，可自2019年4月税款所属期起从销项税额中抵扣。

六、纳税人购进国内旅客运输服务，其进项税额允许从销项税额中抵扣。

(一) 纳税人未取得增值税专用发票的，暂按照以下规定确定进项税额：

1. 取得增值税电子普通发票的，为发票上注明的税额；

2. 取得注明旅客身份信息的航空运输电子客票行程单的，为按照下列公式计算进项税额：

航空旅客运输进项税额＝(票价＋燃油附加费)÷(1＋9%)×9%

3. 取得注明旅客身份信息的铁路车票的，为按照下列公式计算的进项税额：

铁路旅客运输进项税额＝票面金额÷(1＋9%)×9%

4. 取得注明旅客身份信息的公路、水路等其他客票的，按照下列公式计算进项税额：

公路、水路等其他旅客运输进项税额＝票面金额÷(1＋3%)×3%

(二)《营业税改征增值税试点实施办法》(财税〔2016〕36号印发)第二十七条第(六)项和《营业税改征增值税试点有关事项的规定》(财税〔2016〕36号印发)第二条第(一)项第5点中“购进的旅客运输服务、贷款服务、餐饮服务、居民日常服务和娱乐服务”修改为“购进的贷款服务、餐饮服务、居民日常服务和娱乐服务”。

七、自2019年4月1日至2021年12月31日，允许生产、生活性服务业纳税人按照当期可抵扣进项税额加计10%，抵减应纳税额(以下称加计抵减政策)。

(一) 本公告所称生产、生活性服务业纳税人，是指提供邮政服务、电信服务、现代服务、生活服务(以下称四项服务)取得的销售额占全部销售额的比重超过50%的纳税人。四项服务的具体范围按照《销售服务、无形资产、不动产注释》(财税〔2016〕36号印发)执行。

2019年3月31日前设立的纳税人，自2018年4月至2019年3月期间的销售额(经营期不满12个月的，按照实际经营期的销售额)符合上述规定条件的，自2019年4月1日起适用加计抵减政策。

2019年4月1日后设立的纳税人，自设立之日起3个月的销售额符合上述规定条件的，自登记为一般纳税人之日起适用加计抵减政策。

纳税人确定适用加计抵减政策后，当年内不再调整，以后年度是否适用，根据上年度销售额计算确定。

纳税人可计提但未计提的加计抵减额，可在确定适用加计抵减政策当期一并计提。

(二) 纳税人应按照当期可抵扣进项税额的10%计提当期加计抵减额。按照现行规定不得从销项税额中抵扣的进项税额，不得计提加计抵减额；已计提加计抵减额的进项税额，按规定作进项税额转出的，应在进项税额转出当期，相应调减加计抵减额。计算公式如下：

当期计提加计抵减额＝当期可抵扣进项税额×10%

当期可抵减加计抵减额＝上期期末加计抵减额余额＋当期计提加计抵减额－当期调减加计抵减额

（三）纳税人应按照现行规定计算一般计税方法下的应纳税额（以下称抵减前的应纳税额）后，区分以下情形加计抵减：

1. 抵减前的应纳税额等于零的，当期可抵减加计抵减额全部结转下期抵减；

2. 抵减前的应纳税额大于零，且大于当期可抵减加计抵减额的，当期可抵减加计抵减额全额从抵减前的应纳税额中抵减；

3. 抵减前的应纳税额大于零，且小于或等于当期可抵减加计抵减额的，以当期可抵减加计抵减额抵减应纳税额至零。未抵减完的当期可抵减加计抵减额，结转下期继续抵减。

（四）纳税人出口货物劳务、发生跨境应税行为不适用加计抵减政策，其对应的进项税额不得计提加计抵减额。

纳税人兼营出口货物劳务、发生跨境应税行为且无法划分不得计提加计抵减额的进项税额，按照以下公式计算：

$$\text{不得计提加计抵减额的进项税额}=\text{当期无法划分的全部进项税额}\times\text{当期出口货物劳务和发生跨境应税行为的销售额}\div\text{当期全部销售额}$$

（五）纳税人应单独核算加计抵减额的计提、抵减、调减、结余等变动情况。骗取适用加计抵减政策或虚增加计抵减额的，按照《中华人民共和国税收征收管理法》等有关规定处理。

（六）加计抵减政策执行到期后，纳税人不再计提加计抵减额，结余的加计抵减额停止抵减。

八、自2019年4月1日起，试行增值税期末留抵税额退税制度。

（一）同时符合以下条件的纳税人，可以向主管税务机关申请退还增量留抵税额：

1. 自2019年4月税款所属期起，连续6个月（按季纳税的，连续两个季度）增量留抵税额均大于零，且第六个月增量留抵税额不低于50万元；

2. 纳税信用等级为A级或者B级；

3. 申请退税前36个月未发生骗取留抵退税、出口退税或虚开增值税专用发票情形的；

4. 申请退税前36个月未因偷税被税务机关处罚两次及以上的；

5. 自2019年4月1日起未享受即征即退、先征后返（退）政策的。

（二）本公告所称增量留抵税额，是指与2019年3月底相比新增加的期末留抵税额。

（三）纳税人当期允许退还的增量留抵税额，按照以下公式计算：

$$\text{允许退还的增量留抵税额}=\text{增量留抵税额}\times\text{进项构成比例}\times 60\%$$

进项构成比例，为2019年4月至申请退税前一税款所属期内已抵扣的增值税专用发票（含税控机动车销售统一发票）、海关进口增值税专用缴款书、解缴税款完税凭证注明的增值税额占同期全部已抵扣进项税额的比重。

（四）纳税人应在增值税纳税申报期内，向主管税务机关申请退还留抵税额。

（五）纳税人出口货物劳务、发生跨境应税行为，适用免抵退税办法的，办理免抵退税后，仍符合本公告规定条件的，可以申请退还留抵税额；适用免退税办法的，相关进项税额不得用于退还留抵税额。

（六）纳税人取得退还的留抵税额后，应相应调减当期留抵税额。按照本条规定再次满足退税条件的，可以继续向主管税务机关申请退还留抵税额，但本条第（一）项第1点规定的连续期间，不得重复计算。

（七）以虚增进项、虚假申报或其他欺骗手段，骗取留抵退税款的，由税务机关追缴其骗取的退税款，并按照《中华人民共和国税收征收管理法》等有关规定处理。

（八）退还的增量留抵税额中央、地方分担机制另行通知。

九、本公告自2019年4月1日起执行。

特此公告。

财政部　税务总局　海关总署

2019年3月20日

2. 增值税征收率

小规模纳税人计算缴纳增值税，采用简易计税方法适用征收率。一般纳税人特殊情况下采用简易计税方法适用征收率。我国增值税的法定征收率为 3%。一些特殊项目（如纳税人销售旧货）适用 3%减按 2%的征收率；一些特殊项目（如销售非自建不动产、不动产租赁）适用 5%的征收率；一些特殊项目（如个人出租住房）适用 1.5%的征收率。

特别提示 2-4

纳税人提供建筑服务取得预收款，适用一般计税方法计税的项目，预征率为 2%；适用简易计税方法计税的项目，预征率为 3%。一般纳税人销售不动产时，选择一般计税方法计税的，预征率为 5%。

房地产开发企业销售、出租房地产项目的，也有预征率的相关规定。

2.1.3 增值税一般计税方法下应纳税额的计算

增值税应纳税额的计算方法有一般计税方法和简易计税方法两种基本方法。增值税一般纳税人销售货物、劳务、服务、无形资产、不动产（以下统称“应税销售行为”）采用一般计税方法计税缴纳增值税，即我国采用的是国际上通行的凭专用发票注明税款进行抵扣的“购进扣税法”，当期应纳增值税税额的大小主要取决于当期销项税额和当期进项税额两个因素，一般计税方法是按“应纳税额＝当期销项税额－当期进项税额”公式计算增值税应纳税额的计税方法。

但在持续经营情况下，应纳税额的计算公式如下，具体见“增值税纳税申报表（增值税一般纳税人适用）”：

应抵扣税额合计＝进项税额＋上期留抵税额－进项税额转出－免、抵、退应退税额＋按适用税率计算的纳税检查应补缴税款

应纳税额＝销项税额－实际抵扣税额

如果销项税额大于应抵扣税额，实际抵扣税额就是应抵扣税额；如果销项税额小于应抵扣税额，实际抵扣税额就是销项税额，当期销项税额与同期应抵扣税额的差额为本期留抵税额，留抵税额可以结转下期继续抵扣。应纳税额合计的计算公式如下：

应纳税额合计＝应纳税额＋简易计税办法计算的应纳税额－应纳税额减征额

1. 销项税额的计算

销项税额是纳税人发生应税销售行为后，按销售额和增值税税率计算并收取的增值税税额，计算增值税销项税额的关键在于销售额的确定。销项税额的计算公式如下：

销项税额＝（不含增值税）销售额×税率

1）销售额的确定

纳税人本期按一般计税方法计算缴纳增值税的销售额，除包含一般销售方式下的销售额外，还包含：在财务上不作销售但按税收法律制度规定应缴纳增值税的视同销售和价外费用的销售额；外贸企业作价销售进料加工复出口货物的销售额；税务、财政、审计部门检查后按一般计税方法计算调整的销售额。

（1）应税销售额。应税销售额是纳税人发生应税销售行为时取得的全部价款和价外费用。其中，价外费用是指销售方向购买方收取的手续费、补贴、基金、集资费、返还利润、奖励

费、违约金、包装费、包装物租金、储备费、优质费、运输装卸费、代收款项、代垫款项和其他各种性质的价外收费。但价外费用不包括以下项目：

① 受托加工应征消费税的消费品所代收代缴的消费税。

② 销售货物的同时代办保险等而向购买方收取的保险费，以及向购买方收取的代购买方缴纳的车辆购置税、牌照费。

③ 代为收取并符合规定的政府性基金或行政事业性收费。

④ 以委托方的名义开具发票代委托方收取的款项。

(2) 纳税人发生的应税销售行为价格明显偏低或者偏高且不具有合理商业目的的，或者发生视同销售行为而无销售额的，主管税务机关有权按下列顺序确定销售额：

① 按照纳税人最近时期同类应税销售行为的平均价格确定。

② 按照其他纳税人最近时期同类应税销售行为的平均价格确定。

③ 按组成计税价格确定。组成计税价格的计算公式(销售的货物属于消费税应税消费品的，还需加上消费税额)如下。

非应税消费品：

组成计税价格＝成本×(1＋成本利润率)

应税消费品：

组成计税价格＝成本×(1＋成本利润率)÷(1－消费税税率)

或　组成计税价格＝[成本×(1＋成本利润率)＋从量征收消费税税额]÷(1－消费税比例税率)

(3) 纳税人采取折扣方式销售货物时，如果销售额和折扣额是在同一张发票的“金额”栏中分别注明的，可按折扣后的销售额计缴增值税；如果仅在发票的“备注”栏中注明折扣额，或者将折扣额另开发票，则不论其在财务会计上如何处理，均不得从销售额中减去折扣额。

(4) 增值税是以不含增值税税款的销售额为计税销售额，即实行价外计税。小规模纳税人发生应税销售行为时一般采用销售额和应纳税额合并定价的方法，一般纳税人也有可能采用合并定价的方法。如果不将含税销售额换算为不含税销售额而直接计税，会造成计税环节上的重复纳税现象。因此，纳税人应将含税销售额换算为不含税销售额后再计算增值税税额。换算公式如下：

不含税销售额＝含税销售额÷(1＋增值税税率或征收率)

2) 销项税额的确定

销项税额是指一般纳税人在一般计税方法下发生应税销售行为，按照销售额和税收法律制度规定的税率计算收取的增值税。纳税人本期按一般计税方法计税的货物、劳务、服务、不动产、无形资产的销项税额，在《增值税纳税申报表附列资料(一)》(本期销售情况明细)(见表 2-2)中分别四种情况列示。

(1) 开具增值税专用发票：反映本期开具增值税专用发票(含税控机动车销售统一发票，下同)的情况下的销项税额。

① “销售额”：即为增值税专用发票汇总表(一般于次月月初打印当月开具的增值税专用发票的汇总信息，即增值税专用发票汇总表，见表 2-3)上的“实际销售金额”合计。

表 2-2　增值税纳税申报表附列资料(一)

(本期销售情况明细)

纳税人名称:(公章)　　　　税款所属时间:　年　月　日至　年　月　日　　　　金额单位:元至角分

项目及栏次				开具增值税专用发票		开具其他发票		未开具发票		纳税检查调整		合计			服务、不动产和无形资产扣除项目本期实际扣除金额	扣除后	
				销售额	销项(应纳)税额	销售额	销项(应纳)税额	销售额	销项(应纳)税额	销售额	销项(应纳)税额	销售额	销项(应纳)税额	价税合计		含税(免税)销售额	销项(应纳)税额
				1	2	3	4	5	6	7	8	9=1+3+5+7	10=2+4+6+8	11=9+10	12	13=11−12	14=13÷(100%+税率或征收率)×税率或征收率
一、一般计税方法计税	全部征税项目	13%税率的货物及加工修理修配劳务	1											—	—	—	—
		13%税率的服务、不动产和无形资产	2														
		9%税率的货物及加工修理修配劳务	3											—	—	—	—
		9%税率的服务、不动产和无形资产	4														
		6%税率	5														
	其中:即征即退项目	即征即退货物及加工修理修配劳务	6	—	—	—	—	—	—	—	—			—	—	—	—
		即征即退服务、不动产和无形资产	7	—	—	—	—	—	—	—	—						
二、简易计税方法计税	全部征税项目	6%征收率	8							—	—			—	—	—	—
		5%征收率的货物及加工修理修配劳务	9a							—	—			—	—	—	—
		5%征收率的服务、不动产和无形资产	9b							—	—						
		4%征收率	10							—	—			—	—	—	—
		3%征收率的货物及加工修理修配劳务	11							—	—			—	—	—	—
		3%征收率的服务、不动产和无形资产	12							—	—						
		预征率　%	13a							—	—						
		预征率　%	13b							—	—						
		预征率　%	13c							—	—						
	其中:即征即退项目	即征即退货物及加工修理修配劳务	14	—	—	—	—	—	—	—	—			—	—	—	—
		即征即退服务、不动产和无形资产	15	—	—	—	—	—	—	—	—						
三、免抵退税	货物及加工修理修配劳务		16	—	—		—		—	—	—		—	—	—	—	
	服务、不动产和无形资产		17	—	—		—		—	—	—		—				—
四、免税	货物及加工修理修配劳务		18				—		—	—	—		—	—	—	—	—
	服务、不动产和无形资产		19	—	—		—		—	—	—		—				—

表 2-3 增值税专用发票汇总表

制表日期:2019-07-02
所属期间:6月份
增值税专用发票统计表 1-01
增值税发票汇总表(2019年6月)
纳税人登记号:913702140123456789
企业名称:华夏有限责任公司
地址电话:山东省青岛市城阳区088 0532-00888888

★ 发票领用存情况★

期初库存份数	85	正数发票份数	33	负数发票份数	0
购进发票份数	0	正数废票份数	2	负数废票份数	0
退回发票份数	0	期末库存份数	52		

★销项情况★
金额单位:元

序号	项目名称	合计	13%	6%
1	销项正废金额	131 665.10	0	131 665.10
2	销项正数金额	2 411 070.45	368 433.62	2 042 636.83
3	销项负废金额	0	0	0
4	销项负数金额	0	0	0
5	实际销售金额	2 279 405.35	368 433.62	1 910 971.73
6	销项正废税额	7 899.00	0	7 899.00
7	销项正数税额	170 454.55	47 896.38	122 558.17
8	销项负废税额	0	0	0
9	销项负数税额	0	0	0
10	实际销项税额	162 554.65	47 896.38	114 658.27

②“销项(应纳)税额”:即为增值税专用发票汇总表上的“实际销项税额”合计。

(2)开具其他发票:反映除增值税专用发票以外本期开具的其他发票的情况下的销项税额。

①“销售额”:一般为增值税普通发票汇总表(样式同“增值税专用发票汇总表”,见表2-4)上的“实际销售金额”合计。

②“销项(应纳)税额”:一般为增值税普通发票汇总表上的“实际销项税额”合计。

(3)未开具发票:反映本期未开具发票的销售情况下的销项税额。

“销项(应纳)税额”的金额,一般需按销售额和适用税率计算。如,将自产货物用于单位集体福利或个人消费时,先计算视同销售的“销售额”,再据以计算“销项(应纳)税额”的金额。

(4)纳税检查调整:反映经税务、财政、审计部门检查并在本期调整的销售情况下的销项税额。

表 2-4 增值税普通发票汇总表

制表日期:2019-07-02
所属期间:6 月份
增值税普通发票统计表 1-01
增值税发票汇总表(2019 年 6 月)
纳税人登记号:913702140123456789
企业名称:华夏有限责任公司
地址电话:山东省青岛市城阳区 088 号 0532-00888888

★ 发票领用存情况★

期初库存份数	18	正数发票份数	2	负数发票份数	0
购进发票份数	0	正数废票份数	0	负数废票份数	0
退回发票份数	0	期末库存份数	16		

★销项情况★
金额单位:元

序号	项目名称	合计	6%
1	销项正废金额	0	0
2	销项正数金额	100 943.40	100 943.40
3	销项负废金额	0	0
4	销项负数金额	0	0
5	实际销售金额	100 943.40	100 943.40
6	销项正废税额	0	0
7	销项正数税额	6 056.60	6 056.60
8	销项负废税额	0	0
9	销项负数税额	0	0
10	实际销项税额	6 056.60	6 056.60

2. 进项税额的计算

进项税额是指增值税一般纳税人购进货物、劳务、服务、无形资产、不动产所支付或者所负担的增值税额。进项税额实际上是购买方通过供货方向政府支付的税额,对销售方来说,则是在价外收取的应交增值税。

1) 准予从销项税额中抵扣的进项税额

《增值税纳税申报表附列资料(二)》(本期进项税额明细)(见表 2-5)中,当期申报抵扣的进项税额主要分别两种情况列示:认证相符的增值税专用发票、其他扣税凭证,分别反映纳税人按税收法律制度规定符合抵扣条件,在本期申报抵扣的进项税额。

(1) 认证相符的增值税专用发票。认证相符的增值税专用发票,反映纳税人取得的认证相符本期申报抵扣的增值税专用发票情况。增值税专用发票认证一般在月末进行,税务机关认证后,向纳税人下达认证结果通知书(见图 2-1)和认证结果清单。

表 2-5　增值税纳税申报表附列资料(二)

(本期进项税额明细)

纳税人名称:(公章)　　　　税款所属时间:年　月　日至　年　月　日　　　　金额单位:元至角分

一、申报抵扣的进项税额				
项目	栏次	份数	金额	税额
(一)认证相符的增值税专用发票	1=2+3			
其中:本期认证相符且本期申报抵扣	2			
前期认证相符且本期申报抵扣	3			
(二)其他扣税凭证	4=5+6+7+8a+8b			
其中:海关进口增值税专用缴款书	5			
农产品收购发票或者销售发票	6			
代扣代缴税收缴款凭证	7		—	
加计扣除农产品进项税额	8a	—	—	
其他	8b			
(三)本期用于购建不动产的扣税凭证	9			
(四)本期用于抵扣的旅客运输服务扣税凭证	10			
(五)外贸企业进项税额抵扣证明	11	—	—	
当期申报抵扣进项税额合计	12=1+4+1			
二、进项税额转出额				
项目	栏次	税额		
本期进项税额转出额	13=14 至 23 之和			
其中:免税项目用	14			
集体福利、个人消费	15			
非正常损失	16			
简易计税方法征税项目用	17			
免抵退税办法不得抵扣的进项税额	18			
纳税检查调减进项税额	19			
红字专用发票信息表注明的进项税额	20			
上期留抵税额抵减欠税	21			
上期留抵税额退税	22			
其他应作进项税额转出的情形	23			
三、待抵扣进项税额				
项目	栏次	份数	金额	税额
(一)认证相符的增值税专用发票	24	—	—	—
期初已认证相符但未申报抵扣	25			
本期认证相符且本期未申报抵扣	26			
期末已认证相符但未申报抵扣	27			
其中:按照税法规定不允许抵扣	28			
(二)其他扣税凭证	29=30 至 33 之和			
其中:海关进口增值税专用缴款书	30			
农产品收购发票或者销售发票	31			
代扣代缴税收缴款凭证	32		—	
其他	33			
	34			
四、其他				
项目	栏次	份数	金额	税额
本期认证相符的增值税专用发票	35			
代扣代缴税额	36	—	—	

认证结果通知书

华夏有限责任公司：

你单位于 2019 年 6 月报送的防伪税控系统开具的专用发票抵扣联共 5 份。经过认证，认证相符的专用发票 5 份，金额 918 823.52 元，税额 116 200.00 元。

请将认证相符专用发票抵扣联与本通知书一起装订成册，作为纳税检查的备用资料。

认证详细情况见本通知所附清单。

青岛市税务局
认证专用章
2019 年 6 月 30 日

图 2-1 认证结果通知书

适用取消增值税发票认证规定的纳税人，通过增值税发票选择确认平台选择用于抵扣的增值税专用发票，视为"认证相符"（下同）。

（2）其他扣税凭证。其他扣税凭证反映本期申报抵扣的除增值税专用发票之外的其他扣税凭证的情况。其具体包括：海关进口增值税专用缴款书、农产品收购发票或者销售发票（含农产品核定扣除的进项税额）、代扣代缴税收完税凭证、加计扣除农产品进项税额和其他符合政策规定的扣税凭证。

① 海关进口增值税专用缴款书：反映本期申报抵扣的海关进口增值税专用缴款书的情况。

按规定执行海关进口增值税专用缴款书先比对后抵扣的，纳税人需依据税务机关告知的稽核结果通知书（见图 2-2）及明细清单注明的稽核相符的海关进口增值税专用缴款书填写进项税额。

海关进口增值税专用缴款书稽核结果通知书

华夏有限责任公司：

你单位于 2019 年 3 月报送的海关缴款书 1 份，以前月份报送留待继续比对的海关缴款书 0 份，合计 1 份。经稽核系统比对，比对相符的海关缴款书 1 份，税额 353 227.40 元；比对异常的海关缴款书 0 份，税额 0 元；0 份海关缴款书留待继续比对。对于本通知中稽核相符且符合增值税抵扣规定的海关缴款书，你单位应于 2019 年 4 月纳税申报期结束前申报抵扣进项税额，逾期不得抵扣。稽核结果详细情况见本通知所附清单。

国家税务总局青岛市税务局

2019 年 4 月 1 日

图 2-2 海关进口增值税专用缴款书稽核结果通知书

相关思考 2-2

进口环节由海关代征的增值税，是否属于增值税"进项税额"

不同于一般情况下增值税在生产、批发、零售等环节征税，进口增值税是专门在进口环节征收的增值税。进口增值税实际上属于增值税"进项税额"。

我国税收法律制度规定,纳税人进口货物按照组成计税价格和规定的增值税税率计算增值税额,不得抵扣任何税额(在计算进口环节的增值税额时,不得抵扣发生在我国境外的各种税金)。

② 农产品收购发票或者销售发票:反映纳税人本期购进农业生产者自产农产品取得(开具)的农产品收购发票或者销售发票情况。进项税额的计算公式如下:

$$\text{进项税额}=\frac{\text{农产品销售发票或者收购发票上注明的农产品买价}}{}\times 9\%+\frac{\text{增值税专用发票上注明的金额}}{}\times 9\%$$

③ 代扣代缴税收缴款凭证:填写本期按规定准予抵扣的完税凭证上注明的增值税额。

④ 加计扣除农产品进项税额:填写纳税人将购进的农产品用于生产销售或委托受托加工 13%税率货物时加计扣除的农产品进项税额。

⑤ 其他:反映按规定本期可以申报抵扣的其他扣税凭证情况。纳税人按照规定不得抵扣且未抵扣进项税额的固定资产、无形资产、不动产,发生用途改变,用于允许抵扣进项税额的应税项目,可在用途改变的次月按公式计算可以抵扣的进项税额。

另外,《增值税纳税申报表附列资料(二)》(本期进项税额明细)中的"申报抵扣的进项税额"部分,还列示了本期用于购建不动产的扣税凭证、本期用于抵扣的旅客运输服务扣税凭证、外贸企业进项税额抵扣证明等三项内容。

特别提示 2-5

增值税一般纳税人在取得增值税抵扣凭证后,应自开具之日起 360 日内认证或登录增值税发票选择确认平台进行确认,并在规定的纳税申报期内向主管税务机关申报抵扣进项税额。

增值税一般纳税人在取得海关进口增值税专用缴款书后,应自开具之日起 360 日内向主管税务机关报送"海关完税凭证抵扣清单",申请稽核比对。

"一般纳税人接受的应税劳务、服务""对企业接受投资、捐赠和分配的货物"等情形,其申报抵扣进项税额的时限,另有规定。

税务直通车 2-2

国家税务总局
关于增值税发票管理等有关事项的公告
国家税务总局公告 2019 年第 33 号

现将增值税发票管理等有关事项公告如下:

一、符合《财政部　税务总局关于明确生活性服务业增值税加计抵减政策的公告》(财政部　税务总局公告 2019 年第 87 号)规定的生活性服务业纳税人,应在年度首次确认适用 15%加计抵减政策时,通过电子税务局(或前往办税服务厅)提交《适用 15%加计抵减政策的声明》(见附件)。

二、增值税一般纳税人取得海关进口增值税专用缴款书(以下简称"海关缴款书")后如需申报抵扣或出口退税,按以下方式处理:

(一) 增值税一般纳税人取得仅注明一个缴款单位信息的海关缴款书,应当登录本省(区、市)增值税发票选择确认平台(以下简称"选择确认平台")查询、选择用于申报抵扣或出口退税的海关缴款书信息。通过选择确认平台查询到的海关缴款书信息与实际情况不一致或未查询到对应信息的,应当上传海关缴款书信息,经系统稽核比对相符后,纳税人登录选择确认平台查询、选择用于申报抵扣或出口退税的海关缴款书信息。

(二) 增值税一般纳税人取得注明两个缴款单位信息的海关缴款书，应当上传海关缴款书信息，经系统稽核比对相符后，纳税人登录选择确认平台查询、选择用于申报抵扣或出口退税的海关缴款书信息。

三、稽核比对结果为不符、缺联、重号、滞留的异常海关缴款书按以下方式处理：

(一) 对于稽核比对结果为不符、缺联的海关缴款书，纳税人应当持海关缴款书原件向主管税务机关申请数据修改或核对。属于纳税人数据采集错误的，数据修改后再次进行稽核比对；不属于数据采集错误的，纳税人可向主管税务机关申请数据核对，主管税务机关会同海关进行核查。经核查，海关缴款书票面信息与纳税人实际进口货物业务一致的，纳税人登录选择确认平台查询、选择用于申报抵扣或出口退税的海关缴款书信息。

(二) 对于稽核比对结果为重号的海关缴款书，纳税人可向主管税务机关申请核查。经核查，海关缴款书票面信息与纳税人实际进口货物业务一致的，纳税人登录选择确认平台查询、选择用于申报抵扣或出口退税的海关缴款书信息。

(三) 对于稽核比对结果为滞留的海关缴款书，可继续参与稽核比对，纳税人不需申请数据核对。

四、增值税一般纳税人取得的2017年7月1日及以后开具的海关缴款书，应当自开具之日起360日内通过选择确认平台进行选择确认或申请稽核比对。

五、增值税小规模纳税人(其他个人除外)发生增值税应税行为，需要开具增值税专用发票的，可以自愿使用增值税发票管理系统自行开具。选择自行开具增值税专用发票的小规模纳税人，税务机关不再为其代开增值税专用发票。

增值税小规模纳税人应当就开具增值税专用发票的销售额计算增值税应纳税额，并在规定的纳税申报期内向主管税务机关申报缴纳。在填写增值税纳税申报表时，应当将当期开具增值税专用发票的销售额，按照3%和5%的征收率，分别填写在《增值税纳税申报表》(小规模纳税人适用)第2栏和第5栏"税务机关代开的增值税专用发票不含税销售额"的"本期数"相应栏次中。

六、本公告第一条自2019年10月1日起施行，本公告第二条至第五条自2020年2月1日起施行。《国家税务总局　海关总署关于实行海关进口增值税专用缴款书"先比对后抵扣"管理办法有关问题的公告》(国家税务总局　海关总署公告2013年第31号)第二条和第六条、《国家税务总局关于扩大小规模纳税人自行开具增值税专用发票试点范围等事项的公告》(国家税务总局公告2019年第8号)第一条自2020年2月1日起废止。

特此公告。

附件：适用15%加计抵减政策的声明

国家税务总局

2019年10月9日

2) 不得从销项税额中抵扣的进项税额

一般纳税人凭完税凭证抵扣进项税额的，应当具备书面合同、付款证明和境外单位的对账单或者发票。纳税人取得的增值税扣税凭证不符合有关规定或资料不全的，其进项税额不得从销项税额中抵扣。下列项目的进项税额不得从销项税额中抵扣：

(1) 用于简易计税方法计税项目、免征增值税项目、集体福利及个人消费的购进货物、服务、无形资产、不动产。

其中涉及的固定资产、无形资产、不动产，仅指专用于上述项目的固定资产、无形资产(不包括其他权益性无形资产)、不动产。交际应酬消费也是一种个人消费(业务招待中消费的各类物品)，属于生活性消费活动，不是生产经营中的投入和支出。

(2) 非正常损失的购进货物以及相关的劳务和交通运输服务。

(3) 非正常损失的在产品、产成品所耗用的购进货物(不含固定资产)、劳务和交通运输服务。

(4) 非正常损失的不动产,以及该不动产所耗用的购进货物、设计服务和建筑服务。

(5) 非正常损失的不动产在建工程所耗用的购进货物、设计服务和建筑服务。

(6) 购进的贷款服务、餐饮服务、居民日常服务和娱乐服务。

(7) 财政部和国家税务总局规定的其他情形。

2.1.4 增值税简易计税方法下应纳税额的计算

1. 小规模纳税人采用简易计税方法

小规模纳税人发生应税销售行为,实行按照销售额乘以征收率计算应纳税额的简易计税方法,并不得抵扣进项税额。其应纳增值税的计算公式如下:

应纳增值税=销售额×税率

简易计税方法下的销售额不包括其应纳增值税额,纳税人采用销售额和应纳增值税额合并定价方法的,应将其换算为不含税销售额,按照下列公式计算销售额:

销售额=含税销售额÷(1+征收率)

相关思考 2-3

小规模纳税人能否抵扣进项税额

小规模纳税人不得抵扣进项税额。另外,小规模纳税人取得的销售额与一般纳税人一样,都是销售货物、劳务、服务、无形资产、不动产向购买方收取的全部价款和价外费用,不包括收取的增值税额。

2. 符合条件的一般纳税人也可选择适用简易计税方法

一般纳税人在特殊情况下也采用简易计税方法。一般纳税人提供财政部和国家税务总局规定的特定应税行为,可以选择按照简易计税方法计税,但一经选定,36 个月内不得变更。

特别提示 2-6

纳税人销售旧货按照简易办法依据 3%征收率减按 2%征收增值税,按下列公式确定销售额和应纳税额:

销售额=含税销售额÷(1+3%)

应纳税额=销售额×2%

2.1.5 增值税的减税、免税

增值税的减税、免税类型主要有免税、即征即退、先征后退、规定法定征收率、起征点等。

1. 增值税的免税

增值税的免税是指对货物、应税劳务、应税服务在本环节的应纳税额予以免征,但对以前各环节缴纳的增值税不得抵扣(不予退还)。因此,纳税人仍然要承担一定的增值税税负。

对于学历教育、医疗服务、养老服务等社会基本服务免征增值税，具体免税项目主要还有：

(1) 从事农业(种植业、养殖业、林业、牧业、水产业)生产的单位和个人销售的自产初级农产品。

(2) 批发、零售环节销售蔬菜(包括经过挑选、清洗、切分、晾晒、包装、脱水、冷藏、冷冻等工序加工的蔬菜，但不包括各种蔬菜类罐头)，销售鲜活肉蛋产品。

(3) 纳税人采取转包、出租、互换、转让、入股等方式将承包地流转给农业生产者用于农业生产。

(4) 向社会收购的古书和旧书。

(5) 直接用于科学研究、科学试验和教学的进口仪器、设备。

(6) 外国政府、国际组织无偿援助的进口物资和设备。

(7) 由残疾人的组织直接进口供残疾人专用的物品。

税务直通车 2-3

财政部　税务总局

关于明确养老机构免征增值税等政策的通知

财税〔2019〕20号

各省、自治区、直辖市、计划单列市财政厅(局)，国家税务总局各省、自治区、直辖市、计划单列市税务局，新疆生产建设兵团财政局：

现将养老机构免征增值税等政策通知如下：

一、《营业税改征增值税试点过渡政策的规定》(财税〔2016〕36号印发)第一条第(二)项中的养老机构，包括依照《中华人民共和国老年人权益保障法》依法办理登记，并向民政部门备案的为老年人提供集中居住和照料服务的各类养老机构。

二、自2019年2月1日至2020年12月31日，医疗机构接受其他医疗机构委托，按照不高于地(市)级以上价格主管部门会同同级卫生主管部门及其他相关部门制定的医疗服务指导价格(包括政府指导价和按照规定由供需双方协商确定的价格等)，提供《全国医疗服务价格项目规范》所列的各项服务，可适用《营业税改征增值税试点过渡政策的规定》(财税〔2016〕36号印发)第一条第(七)项规定的免征增值税政策。

三、自2019年2月1日至2020年12月31日，对企业集团内单位(含企业集团)之间的资金无偿借贷行为，免征增值税。

四、保险公司开办一年期以上返还性人身保险产品，按照以下规定执行：

(一) 保险公司开办一年期以上返还性人身保险产品，在保险监管部门出具备案回执或批复文件前依法取得的保费收入，属于《财政部　国家税务总局关于一年期以上返还性人身保险产品营业税免税政策的通知》(财税〔2015〕86号)第一条、《营业税改征增值税试点过渡政策的规定》(财税〔2016〕36号印发)第一条第(二十一)项规定的保费收入。

(二) 保险公司符合财税〔2015〕86号第一条、第二条规定免税条件，且未列入财政部、税务总局发布的免征营业税名单的，可向主管税务机关办理备案手续。

(三) 保险公司开办一年期以上返还性人身保险产品，在列入财政部和税务总局发布的免征营业税名单或办理免税备案手续后，此前已缴纳营业税中尚未抵减或退还的部分，可抵减以后月份应缴纳的增值税。

五、本通知自发布之日起执行。此前已发生未处理的事项，按本通知规定执行。

财政部　税务总局

2019年2月2日

2. 增值税的即征即退、先征后退

1）增值税的即征即退

增值税的即征即退项目主要如下：

（1）销售软件产品。增值税一般纳税人销售其自行开发生产的软件产品（含电子出版物）或将进口软件进行转换等本地化改造（重新设计、改进、转换等，不含单纯进行汉化处理）后对外销售时，按13%的税率缴纳增值税后，对其增值税实际税负超过3%的部分，实行增值税即征即退。即征即退税额的计算公式如下：

即征即退税额＝当期软件产品增值税应纳税额－当期软件产品销售额×3%

（2）一般纳税人提供管道运输服务时，对其增值税实际税负超过3%的部分，实行增值税即征即退。

（3）经中国人民银行、银监会或商务部批准，从事融资租赁业务的试点纳税人中的一般纳税人，提供有形动产融资租赁服务和有形动产融资性售后回租服务时，对其增值税实际税负超过3%的部分，实行增值税即征即退。

（4）属于增值税一般纳税人的动漫企业销售其自主开发生产的动漫软件，对其增值税实际税负超过3%的部分，实行增值税即征即退。

（5）增值税一般纳税人销售自产的资源综合利用产品和提供资源综合利用劳务，符合“资源综合利用产品和劳务增值税优惠目录”的相关规定时，可享受增值税即征即退政策。

（6）安置残疾人的单位和个体工商户，由税务机关按纳税人安置残疾人人数，实行限额即征退增值税办法。安置一位残疾人每月可退还增值税的具体限额，由县级以上税务机关根据纳税人在区县适用的经省级政府批准的月最低工资标准的4倍确定。

2）增值税的先征后退

例如，对于符合相关法规规定的特定图书、报纸和期刊，实行增值税先征后退。

3. 增值税的减征

1）纳税人（一般指旧货经营单位）销售旧货

依3%征收率减按2%征收增值税，且只能开具普通发票，不得自行开具或由税务机关代开增值税专用发票。旧货是指进入二次流通的具有部分使用价值的货物（含旧汽车、旧摩托车和旧游艇），但不包括自己使用过的物品。

2）一般纳税人销售自己使用过的特定固定资产

一般纳税人销售自己使用过的特定固定资产（在财务会计中已经计提折旧）时，按简易计税方法依3%征收率减按2%计缴增值税。

（1）购进或自制固定资产时为小规模纳税人，认定为一般纳税人后，销售该固定资产。

（2）适用一般计税方法的增值税一般纳税人，销售其按规定不得抵扣且未抵扣进项税额的固定资产。

（3）一般纳税人发生按简易计税方法计缴增值税的应税行为，销售其按规定不得抵扣且未抵扣进项税额的固定资产。

4. 增值税的起征点

国家税务总局关于小规模纳税人免征增值税政策有关征管问题的公告（国家税务总局公告2019年第4号），对小规模纳税人月销售额10万元以下（含本数）免征增值税政策规定如下：

（1）小规模纳税人发生增值税应税销售行为，合计月销售额未超过10万元（以1个季度为一个纳税期的，季度销售额未超过30万元，下同）的，免征增值税。

小规模纳税人发生增值税应税销售行为，合计月销售额超过10万元，但扣除本期发生的销售不动产的销售额后未超过10万元的，其销售货物、劳务、服务、无形资产取得的销售额免征增值税。

（2）适用增值税差额征税政策的小规模纳税人，以差额后的销售额确定是否可以享受本公告规定的免征增值税政策。

知识拓展 2-2

增值税发票

增值税发票是增值税纳税人销售货物、提供应税劳务和应税服务而给受票方开具的发票。

增值税发票主要有增值税专用发票、增值税普通发票、增值税电子普通发票和机动车销售统一发票等。

1. 增值税专用发票

增值税专用发票由基本联次或基本联次附加其他联次构成，基本联次有发票联、抵扣联和记账联三联。发票联作为购买方核算采购成本和增值税进项税额的记账凭证；抵扣联作为购买方报送主管税务机关认证和留存备查的凭证；记账联作为销售方核算销售收入和增值税销项税额的记账凭证。其他联次用途，由一般纳税人自行确定。

增值税专用发票不仅具有商事凭证的作用，还具有完税凭证的作用，是兼具销货方纳税义务和购货方进项税额抵扣权利的证明。增值税专用发票像链条一样，把各个环节的纳税人连接在一起，从而形成了增值税自身的制约机制，即购销双方利用发票进行交叉审计的机制。

2. 增值税普通发票

增值税普通发票（平推式）一般由二联或五联（没有抵扣联）构成；主要适用于生活服务业纳税人的普通发票（卷票）则为单联票。

自2017年7月1日起，购买方为企业的，索取增值税普通发票时，应向销售方提供纳税人识别号或统一社会信用代码；销售方为其开具增值税普通发票时，应在"购买方纳税人识别号"栏填写购买方的纳税人识别号或统一社会信用代码。不符合规定的发票，不得作为税收凭证。

3. 增值税电子普通发票

增值税电子普通发票（以下简称"电子发票"）是指在购销商品、提供或接受服务以及从事其他经营活动中，开具或取得的以电子方式存储的收、付款凭证。

电子发票不需要纸质载体，没有印制、打印、存储和邮寄等成本，企业可以节约相关费用。需要纸质发票的，企业可以自行打印电子发票的版式文件，其法律效力、基本用途、基本使用规定等与税务机关监制的增值税普通发票相同。

4. 机动车销售统一发票

一般纳税人和小规模纳税人从事机动车（旧机动车除外）零售业务，开具机动车销售统一发票。

2.1.6 增值税的征收管理

1. 增值税纳税义务的确认

1）纳税义务确认的原则

纳税义务确认的基本原则为：纳税人发生应税行为并收讫销售款项或者取得索取销售

款项凭据的当天;先开具发票的,为开具发票的当天。取得索取销售款项凭据的当天是指书面合同确定的付款日期;未签订书面合同或书面合同未确定付款日期的,为资产转让、提供服务完成当天或不动产权属变更当天。

纳税义务确认的特殊原则为:以先发生者为准。特殊原则是为了保证销售方应纳增值税的确认早于购买方抵扣税款的认定,而不能相反。对以下情况,哪一个发生在先,就以哪个时点确认纳税义务:

(1) 开具增值税发票的时间。

(2) 实际收款(包括预收款)的时间。

(3) 合同约定的收款时间。

2) 纳税义务确认的时点

会计实务中,还应根据应税销售行为内容、收款方式、发票开具等因素确认纳税义务:

(1) 直接收款方式:一般采用"提货制"或"送货制",即已将货物移送给对方,货款结算大多采用现金或支票结算方式,纳税义务确认时点为收款或开票的当天。

(2) 托收承付和委托收款方式:销售方根据合同发货或提供服务后,委托银行向异地付款单位收取价款,付款单位根据合同核对单证后,向银行承认付款,或收款人委托银行向异地付款人收取款项。其纳税义务确认时点为发出货物或提供服务并办理托收或委托收款手续的当天。

(3) 分期收款方式:纳税义务确认时点为书面合同约定的收款日期当天,无书面合同或者书面合同未约定收款日期的,为货物发出当天。

(4) 预收款方式:确认收入主要看应税行为是否发生,应税行为发生就要确认收入:

① 先开具发票的,为开具发票当天。因为一旦开具了发票,取得发票的一方就可以抵扣进项税额,还可以在税前列支成本费用。因此,先开具发票的,开具方应确认应税收入。

② 先收款后开票的,为纳税人发生应税行为并收讫销售款的当天。在此情况下,应税行为与收讫销售款项同时发生。例如,提供租赁服务采取预收款方式的,其纳税义务发生时间为收到预收款的当天;建筑服务在预收款时,不确认纳税义务,无须开具发票,但应根据付款凭证及合同预缴税款,其纳税义务发生时间是在项目完工结算、全额开具发票时确认。

(5) 销售预付卡:售卡企业销售预付卡时,不得向购卡人、充值人开具增值税专用发票,可开具增值税普通发票,不确认增值税收入,在实际发出商品、提供服务时确认增值税收入。

(6) 委托其他纳税人代销货物:为收到代销单位的代销清单或者收到全部或者部分货款的当天。未收到代销清单及货款的,纳税义务确认时点为发出代销货物满规定期限当天。

(7) 纳税人从事金融商品转让的,纳税义务确认时点为金融商品所有权转移当天。

(8) 纳税人发生税收法律制度规定的视同销售货物的行为(不包括委托和受托代销行为):纳税义务确认时点为货物移送当天;其他视同销售行为,纳税义务确认时点为服务、无形资产转让完成当天或不动产权属变更当天。

(9) 进口货物:为报关进口当天。

(10) 扣缴义务发生时间:纳税人纳税义务发生当天。

2. 增值税的纳税期限

小规模纳税人、银行、财务公司、信托投资公司、信用社和财政部、国家税务总局规定的其他纳税人,可以1个季度为纳税期限;其余纳税人的纳税期限为1日、3日、5日、10日、15日、1个月。纳税人的具体纳税期限,由主管税务机关根据纳税人应纳税额的大小分别核定;不能按照固定期限纳税的,可以按次纳税。

纳税人以1个月或1个季度为纳税期的,自期满之日起15日内申报纳税;以1日、3日、5日、10日或15日为一个纳税期的,自期满之日起5日内预缴税款,于次月1～15日申报纳税并结清上月应纳税款。扣缴义务人解缴税款的期限比照执行。

进口货物时,应当自海关填发海关进口增值税专用缴款书之日起15日内缴纳税款。

3. 增值税的纳税地点

(1) 固定业户应向其机构所在地主管税务机关申报纳税。总机构和分支机构不在同一县(市)的,应当分别向各自所在地主管税务机关申报纳税;经国家税务总局或其授权的税务机关批准,可以由总机构汇总向总机构所在地主管税务机关申报纳税。

(2) 企业临时外出经营时,需要在金税网报系统中自主填报"跨区域涉税事项报告表",系统自动推送至经营地税务机关,再去经营地税务机关报验、核实资料,接受经营地税收管理。外出经营结束后,经营地税务机关将涉税信息反馈至机构地主管税务机关,机构地主管税务机关对异地预缴税款情况进行比对分析。

(3) 非固定业户销售货物或者应税劳务、服务时,应当向销售地或者劳务、服务发生地的主管税务机关申报纳税;未向销售地或者劳务、服务发生地的主管税务机关申报纳税的,由其机构所在地或者居住地的主管税务机关补征税款。

(4) 进口货物时,应当向报关地海关申报纳税。

(5) 扣缴义务人应当向其机构所在地或居住地的主管税务机关申报缴纳其扣缴的税款。

(6) 其他个人提供建筑服务、销售或租赁不动产、转让自然资源使用权时,应向建筑服务发生地、不动产所在地、自然资源所在地主管税务机关申报纳税。

2.2 增值税的会计科目设置

2.2.1 增值税一般纳税人的会计科目及专栏设置

2016年12月31日由财政部制定并发布的《增值税会计处理规定》(财会〔2016〕22号),对增值税一般纳税人的会计科目及专栏设置进行了规定,增值税一般纳税人应当在"应交税费"科目下设置"应交增值税""未交增值税""预交增值税""待抵扣进项税额""待认证进项税额""待转销项税额""简易计税""转让金融商品应交增值税""代扣代缴增值税""增值税检查调整"等明细科目。

1. "应交增值税"明细科目

增值税一般纳税人应在"应交增值税"明细账内设置"进项税额""销项税额抵减""已交税金""转出未交增值税""减免税款""出口抵减内销产品应纳税额""销项税额""出口退税""进项税额转出""转出多交增值税"等专栏(见表2-6)。

(1) "进项税额"专栏,记录一般纳税人购进货物、加工修理修配劳务、服务、无形资产或不动产而支付或负担的、准予从当期销项税额中抵扣的增值税额。

表 2-6 “应交税费——应交增值税”多栏式明细账

（略）	借方							贷方					借或贷	余额
	合计	进项税额	销项税额抵减	已交税金	转出未交增值税	减免税款	出口抵减内销产品应纳税额	合计	销项税额	出口退税	进项税额转出	转出多交增值税		

（2）“销项税额抵减”专栏，记录一般纳税人按照现行增值税制度规定因扣减销售额而减少的销项税额。

（3）“已交税金”专栏，记录一般纳税人当月已缴纳的应交增值税额。

（4）“转出未交增值税”和“转出多交增值税”专栏，分别记录一般纳税人月度终了转出当月应交未交或多交的增值税额。

（5）“减免税款”专栏，记录一般纳税人按现行增值税制度规定准予减免的增值税额。

（6）“出口抵减内销产品应纳税额”专栏，记录实行“免、抵、退”办法的一般纳税人按规定计算的出口货物的进项税抵减内销产品的应纳税额。

（7）“销项税额”专栏，记录一般纳税人销售货物、加工修理修配劳务、服务、无形资产或不动产应收取的增值税额。

（8）“出口退税”专栏，记录一般纳税人出口货物、加工修理修配劳务、服务、无形资产按规定退回的增值税额。

（9）“进项税额转出”专栏，记录一般纳税人购进货物、加工修理修配劳务、服务、无形资产或不动产等发生非正常损失以及其他原因而不应从销项税额中抵扣、按规定转出的进项税额。

“应交税费——应交增值税”明细账的借、贷方需要核算许多经济内容，借方既要核算进项税额，又要核算预缴的税金等；贷方既要核算销项税额，又要核算出口退税、进项税额转出等。“应交增值税”明细科目如果仍使用三栏式账页，不能详细地核算企业增值税的计提、预缴、缴纳等情况。因此，该明细账在账簿设置上采用多栏式账页，在“应交税费——应交增值税”账页中的借方和贷方分别设了若干个专栏进行核算。

2.“未交增值税”明细科目

“未交增值税”明细科目，核算一般纳税人月度终了从“应交增值税”或“预交增值税”明细科目转入当月应交未交、多交或预缴的增值税额，以及当月缴纳以前期间未交的增值税额。

3.“预交增值税”明细科目

“预交增值税”明细科目，核算一般纳税人转让不动产、提供不动产经营租赁服务、提供建筑服务、采用预收款方式销售自行开发的房地产项目等，以及其他按现行增值税制度规定应预缴的增值税额。

4.“待抵扣进项税额”明细科目

“待抵扣进项税额”明细科目，核算一般纳税人已取得增值税扣税凭证并经税务机关认证，按照现行增值税制度规定准予在以后期间从销项税额中抵扣的进项税额。它包括：一般纳税人自2016年5月1日后取得并按固定资产核算的不动产或者2016年5月1日后取得的不动产在建工程，按现行增值税制度规定准予以后期间从销项税额中抵扣的进项税额；实行纳税辅导期管理的一般纳税人取得的尚未交叉稽核比对的增值税扣税凭证上注明或计算的进项税额。

5. “待认证进项税额”明细科目

“待认证进项税额”明细科目，核算一般纳税人由于未经税务机关认证而不得从当期销项税额中抵扣的进项税额。它包括以下内容：一般纳税人已取得增值税扣税凭证、按照现行增值税制度规定准予从销项税额中抵扣，但尚未经税务机关认证的进项税额；一般纳税人已申请稽核但尚未取得稽核相符结果的海关缴款书进项税额。

6. “待转销项税额”明细科目

“待转销项税额”明细科目，核算一般纳税人销售货物、加工修理修配劳务、服务、无形资产或不动产，已确认相关收入（或利得）但尚未发生增值税纳税义务而需于以后期间确认为销项税额的增值税额。

7. “简易计税”明细科目

“简易计税”明细科目，核算一般纳税人采用简易计税方法发生的增值税计提、扣减、预缴、缴纳等业务。

8. “转让金融商品应交增值税”明细科目

“转让金融商品应交增值税”明细科目，核算增值税纳税人转让金融商品发生的增值税额。

9. “代扣代缴增值税”明细科目

“代扣代缴增值税”明细科目，核算纳税人购进在境内未设经营机构的境外单位或个人在境内的应税行为代扣代缴的增值税。

10. “增值税检查调整”明细科目

“增值税检查调整”明细科目，核算增值税纳税人在税务机关对其增值税纳税情况进行检查后，涉及应交增值税账务调整的税额。

2.2.2 增值税小规模纳税人的会计科目设置

小规模纳税人只需在“应交税费”科目下设置“应交增值税”明细科目，不需要设置上述专栏及除“转让金融商品应交增值税”“代扣代缴增值税”外的明细科目。

此外，根据需要，小规模纳税人还可以设置“增值税检查调整”二级科目，其核算内容与一般纳税人相同。

2.3 销项税额的会计核算

增值税一般纳税人销售货物、劳务、服务、无形资产、不动产采用一般计税方法计算缴纳增值税时，借记“应收账款”“银行存款”等科目，贷记“主营业务收入”“其他业务收入”“固定资产清理”等科目，贷记“应交税费——应交增值税（销项税额）”科目（或采用简易计税方法计算的应纳增值税额，贷记“应交税费——简易计税”科目）；发生销售退回的，应根据按规定开具的红字增值税发票作相反的会计分录。

若按会计准则确认收入或利得的时点早于按照税收法律制度规定确认的增值税纳税义务发生时点，应先将相关销项税额记入“应交税费——待转销项税额”科目，待实际发生纳税义务时再转入“应交税费——应交增值税（销项税额）”科目。如果前者确认的时点晚于后者确认的时点，则应按增值税额借记“应收账款”等科目，贷记“应交税费——应交增值税（销项税额）”科目，待按会计准则确认收入或利得时，按扣除增值税销项税额后的金额确认收入。

企业发生视同销售行为时，按计算的销项税额借记“应付职工薪酬”“利润分配”等科目，贷记“应交税费——应交增值税（销项税额）”科目。

2.3.1 销售货物销项税额的会计核算

1. 一般销售方式下销售货物销项税额的会计核算

1）销售货物时的会计核算

现销方式销售货物即直接收款方式销售货物，按收入确认的原则和条件，不论货物是否发出，均应以收到货款或取得索取销货款凭据、销货发票交给购买方的当日，确认销售成立并发生纳税义务。即使为不完全符合收入确认条件的销售业务，只要已向对方开出发票，也应确认销项税额。销售方应根据销售结算凭证和银行进账单等，借记“银行存款”“应收账款”等科目；按发票上所列增值税额或普通发票（卷票）上所列货款按税率折算的增值税额，贷记“应交税费——应交增值税（销项税额）”科目；按销售额，贷记“主营业务收入”“其他业务收入”等科目。

尽管因收款方式不同，导致纳税义务的确认时间不同，如托收承付与委托收款（结算程序不同），按增值税制度规定均应于发出商品并向银行办妥托收手续的当天确认销售实现并发生纳税义务。但是，关于销项税额的会计处理规定是基本一致的。

【例 2-1】 承引入案例（1），2019 年 12 月 2 日，华夏公司销售 10 台打印机给创新科技有限公司（小规模纳税人），开具的增值税普通发票（记账联）上注明的销售额为 80 000 元、增值税额为 10 400 元，商品已发出，货款通过转账支票结算并送存基本户开户银行。

借：银行存款——中国银行城阳区支行 8910	90 400	
贷：主营业务收入		80 000
应交税费——应交增值税（销项税额）		10 400

案例讨论 2-1

企业采取赊销或分期收款方式销售货物，如何进行会计核算

采取赊销或分期收款方式销售货物，其纳税义务发生时间为书面合同约定的收款日期当天，无书面合同的或者书面合同未约定收款日期的，为货物发出当天；若先开具发票，则为开具发票的当天。一般情况下，纳税人在合同约定的收款日期开具发票，并计算增值税销项税额，借记“银行存款”或“应收账款”科目，贷记“应交税费——应交增值税（销项税额）”等科目。

按照合同约定的收款日期收回货款，强调的是一个结算时点，与风险和报酬的转移没有关系，所以企业不应当按照合同约定的收款日期确认收入。若会计上的收入确认时点先于增值税纳税义务发生时点，应将相关销项税额记入“应交税费——待转销项税额”科目，待合同约定收款日期（即发生纳税义务）时再转入“应交税费——应交增值税（销项税额）”或“应交税费——简易计税”科目。

2）发生销货退回、销售折让、折扣销售方式时的会计核算

一般纳税人销售货物并开具增值税发票后，在发生销售货物退回、折让时，应按规定开具红字发票，退还给购买方的增值税额可从发生销货退回、折让当期的销项税额中扣减；未按规定开具红字发票的，不得冲减当期销项税额。

（1）销货退回。销货退回销项税额的会计处理主要分为三种情况：

① 已开发票未入账：当销售方收到退回发票时，可对原蓝字发票进行作废处理，一般不作账务处理。产品退回时发生的相关费用，借记“销售费用”科目，贷记“银行存款”“其他应付款”（购买方代垫）等科目。

② 无退货条件且已入账：如未确认收入，则企业应按已记入“发出商品”科目的商品成本金额，借记“库存商品”等科目，贷记“发出商品”科目。采用计划成本或售价核算的，应按计划成本或售价记入“库存商品”科目，同时计算产品成本差异或商品进销差价。

③ 已开发票并确认收入：销售方在购买方提供“进货退出或索取折让通知单”后，开具红字发票，红字贷记“主营业务收入”“其他业务收入”“应交税费——应交增值税（销项税额）”等科目，红字借记（或蓝字贷记）“应收账款”“银行存款”“财务费用”等科目；同时，红字借记“主营业务成本”“其他业务成本”等科目，红字贷记“库存商品”科目。

（2）销售折让。销售折让是指销售货物后，因品种、规格、质量等原因，而由销售方给予购买方的一种价格上的减让（购买方未予退货）。对销售折让，销售方可在实际发生时直接从当期实现的销售收入中抵减，即以折让后的货款为销售额来计算缴纳增值税。具体处理应分为以下不同情况：

① 购买方尚未进行账务处理，也未付款：销售方应在收到购买方转来的原开发票的发票联等联次上注明“作废”字样。

例如，当月销售后，因销售方尚未进行账务处理，不需要进行冲销当月销售收入和销项税额的账务处理，只需根据双方协商的扣除折让后的价款和增值税额重新开具发票，并进行账务处理。

② 购买方已进行账务处理，原开发票已无法退还：这种情况下，销售方一般也已进行了账务处理，应根据购买方转来的通知单，按折让金额（价款和税额）开具红字发票，作为冲销当期主营业务收入和销项税额的凭据。

例如，销售发生在以前月份，销售方已进行账务处理，则应根据折让金额开具红字发票，冲销当月主营业务收入和当月销项税额，红字借记“应收账款”等科目，红字贷记“主营业务收入”“其他业务收入”等科目，红字贷记“应交税费——应交增值税（销项税额）”科目。

（3）折扣方式。在财务会计中，销售折扣分为商业折扣和现金折扣两种形式；而在纳税会计（税收法律制度）中，折扣方式分为折扣销售和销售折扣两种方式。

① 折扣销售。折扣销售是先折扣后销售，即财务会计中的商业折扣，是指销售方在销售货物时，因购买方购货数量较大等原因而给予对方价格优惠（打折）。折扣销售发生在销货之前，是一种促销手段。例如，商业折扣为20%，即给予购买方价格优惠20%，通俗地说就是打8折。

纳税人采取折扣销售方式销售货物时，如果销售额和折扣额在同一张发票上的“金额”栏中分别注明，则可按折扣后的销售额计算增值税；未在同一张发票上的“金额”栏中注明折

扣额，仅在发票的"备注"栏中注明折扣额的，折扣额不得从销售额中扣除。

② 销售折扣。销售折扣是先销售后折扣，即财务会计中的现金折扣，是指销售方在销售货物后，为了鼓励购买方早日偿还货款而协议许诺给予购买方的一种折扣优待，即对在折扣期内付款的客户，按销售货款给予一定比例的价款减让。销售折扣发生在销货之后，是一种融资性质的理财费用。例如，折扣条件为"2/10，1/20，n/30"，即若购买方在10天以内付款，给予其2%的价款减让；若购买方超过10天、在20天以内付款，给予其1%的价款减让；若购买方超过20天、在30天以内付款，无价款减让，需全额付款；信用期为30天，若购买方超过30天付款，视为违约。

【例2-2】 承引入案例(2)，2019年12月9日，华夏公司销售100台打印机给创盛商场，开具的增值税专用发票(记账联)上注明的销售额为800 000元、增值税额为104 000元，与购买方约定的现金折扣条件为"2/10，1/20，n/30"，商品已发出，并凭发票等向银行办妥委托收款手续。

① 12月9日实现销售时：

借：应收账款——创盛商场	904 000	
贷：主营业务收入		800 000
应交税费——应交增值税(销项税额)		104 000

② 如果创盛商场在10天以内付款，则华夏公司收到货款时：

借：银行存款——中国银行城阳区支行8910	888 000	
财务费用	16 000	
贷：应收账款——创盛商场		904 000

③ 如果创盛商场超过10天、在20天以内付款，则华夏公司收到货款时：

借：银行存款——中国银行城阳区支行8910	896 000	
财务费用	8 000	
贷：应收账款——创盛商场		904 000

④ 如果创盛商场超过20天、在30天以内付款(若超过信用期30天付款，则付款方违约)，则华夏公司收到货款时：

借：银行存款——中国银行城阳区支行8910	904 000	
贷：应收账款——创盛商场		904 000

特别提示2-7

为了适应社会主义市场经济发展需要，规范收入的会计处理，提高会计信息质量，根据《企业会计准则——基本准则》，财政部对《企业会计准则第14号——收入》进行了修订，在境内外同时上市的企业以及在境外上市并采用国际财务报告准则或企业会计准则编制财务报表的企业，自2018年1月1日起施行；其他境内上市企业，自2020年1月1日起施行；执行企业会计准则的非上市企业，自2021年1月1日起施行。同时，允许企业提前执行。

新《企业会计准则第14号——收入》第十九条规定，企业应付客户(或向客户购买本企业商品的第三方，本条下同)对价的，应当将该应付对价冲减交易价格，并在确认相关收入与支付(或承诺支付)客户对价两者孰晚的时点冲减当期收入，但应付客户对价是为了向客户取得其他可明确区分商品的除外。新《企业会计准则第14号——收入》下，现金折扣已经不被视为一种优惠了，而是作为一种可变对价，从这个角度来说，现金折扣应该冲减“收入”，而不应该再作“财务费用”处理了。

2. 视同销售方式下销项税额的会计核算

1）将货物交付给他人代销和销售代销货物的会计核算

（1）视同买断代销方式。视同买断代销行为是指委托方和受托方双方签订合同或协议，实际售价由受托方自定，委托方按合同收取代销货款，实际售价与合同价之间的差额归受托方的销售方式。

① 委托方：按协议价收取代销货款。委托方收到受托方送交的代销清单的当天，开具发票，并确认销售收入和增值税销项税额。

② 受托方：自定销售价格，一般实际售价大于协议价。受托方销售代销货物时，确认销售收入和增值税销项税额。

（2）收取手续费代销方式。收取手续费代销方式是指委托方和受托方双方签订合同或协议，实际售价由委托方确定，委托方按合同收取代销货款，受托方根据合同的约定向委托方收取手续费的销售方式。

① 委托方：按协议价收取代销货款。委托方收到受托方送交的代销清单的当天，开具发票，并确认销售收入和增值税销项税额（会计处理同“视同买断”方式）。

② 受托方：按协议价销售货物，即实际售价等于协议价。受托方销售代销货物时，确认增值税销项税额，不确认销售收入。

需要注意的是，受托方向委托方收取的手续费，在形式与实质上是代理服务收入，应当按照6%的税率计算缴纳增值税，且应向对方开具发票。

2）将货物从一个机构移送至其他机构用于销售的会计核算

设有两个以上机构并实行统一核算的纳税人，将货物从一个机构移送至其他机构（不在同一县、市）用于销售的，货物移送要开具发票，调出方作为销项税额，调入方作为进项税额。

需要注意的是，货物的转移只是存放地点的改变，没有转移任何与货物所有权有关的风险和报酬，也没有导致经济利益流入，属于单位内部商品的调拨。但税收是有地域性的，在哪里实现的收入就应在哪里交税，为了平衡地区间的利益分配，税收法律制度作出了这条规定。

3）其他视同销售方式下销项税额的会计核算

视同销售一般是没有直接现金流入的“销售”。根据税收法律制度的要求，所有视同销售行为都应正常计税，但在财务会计中，视同销售一般不符合收入确认原则。

对视同销售行为进行会计处理的关键，在于是否应通过收入科目进行核算。对于视同销售有两种观点（两种做法）：一种是与正常的、真正的销售核算相同，即按销售额贷记“主营业务收入”“其他业务收入”等科目，并相应计提销项税额，然后结转“主营业务成本”“其他业务成本”等；另一种是不通过“主营业务收入”“其他业务收入”等科目核算，直接按成本结转，同时按市价或公允价值计提销项税额。前者是财务会计与纳税会计不分离的做法，即会计准则与税收法律制度规定保持一致（财税合一）；后者是两种会计分离的做法。

视同销售行为的会计处理，一般应遵循如下原则：

（1）视同销售行为是否会使企业获得收益。如果能获得收益，就应按销售收入处理；否则，按其成本进行结转。

(2) 对视同销售行为计算的应交增值税，与一般的“进项税额转出”意义不同，纳税会计应将其作为“销项税额”处理。

(3) 视同销售行为的价格(计税依据)应按税收法律制度的规定确定(税务机关认定)。

(4) 财务会计上不作为收入的视同销售的会计处理。企业将自产货物用于业务招待、宣传、捐赠、赞助等，不属于两个会计主体之间的利益交换。这类会计事项不符合会计准则收入确认标准(条件)，因为不产生经济利益流入，主要风险和报酬也没有转移到另一个会计主体上。因此，不作为收入处理，直接结转产品成本，但按税收法律制度规定，应按公允价值确认计量其销项税额。

(5) 财务会计上作为收入的视同销售的会计处理。企业将自产或外购货物用于债务重组、奖励、职工福利、利润分配等，纳税会计与财务会计均视同销售处理，即企业应交增值税、所得税要视同销售进行处理，财务会计也同步确认收入。这类会计事项符合会计准则的收入确认条件，虽然没有产生直接的现金流入，但它却减少了企业的负债或提升了企业形象，促进了商品销售，提高了潜在盈利能力。

【例 2-3】 承引入案例(3)，2019 年 12 月 10 日，拨付 2 台打印机给职工福利部门使用，未开具发票。

借：应付职工薪酬	18 080	
贷：主营业务收入		16 000
应交税费——应交增值税(销项税额)		2 080
借：主营业务成本	10 000	
贷：库存商品		10 000

2.3.2 提供应税劳务销项税额的会计核算

提供加工、修理修配劳务，其纳税义务的发生时间为提供劳务同时收讫销售款或者取得索取销售款的凭据的当天。提供加工、修理修配劳务，应当按应收或已收的金额，借记“应收账款”“应收票据”“银行存款”等科目，按取得的收入金额，贷记“主营业务收入”“其他业务收入”“工程结算”等科目，按现行增值税制度规定计算的销项税额(或采用简易计税方法计算的应纳增值税额)，贷记“应交税费——应交增值税(销项税额)”或“应交税费——简易计税”科目。

【例 2-4】 某汽车修理厂为增值税一般纳税人，修理汽车一辆，开具的增值税专用发票(记账联)上注明价款 10 000 元、增值税额 1 300 元，款项已收存银行。

借：银行存款	11 300	
贷：主营业务收入		10 000
应交税费——应交增值税(销项税额)		1 300

2.3.3 销售服务销项税额的会计核算

1. 一般销售服务销项税额的会计核算

销售服务的纳税义务发生时间为收讫销售款项或者取得索取销售款项凭据的当天；先开具发票的，为开具发票的当天。企业销售服务(除采取预收款方式提供租赁服务以外)，应当按应收或已收的金额，借记“应收账款”“应收票据”“银行存款”等科目，按取得的收入金额，贷记“主营业务收入”“其他业务收入”“工程结算”等科目，按现行增值税制度规定计算的销项税额或应纳增值税额，贷记“应交税费——应交增值税（销项税额）”或“应交税费——简易计税”科目。

【例2-5】 某宾馆为增值税一般纳税人，提供住宿服务取得含增值税收入2 120元，按照适用税率6%开具了发票，款项已结清并存入银行。

借：银行存款	2 120	
贷：主营业务收入		2 000
应交税费——应交增值税（销项税额）		120

知识拓展2-3

差额征税的会计核算

1. 销售方发生相关成本费用允许扣减销售额的会计核算

按现行增值税制度规定销售方发生相关成本费用允许扣减销售额的，发生成本费用时，按应付或实际支付的金额，借记“主营业务成本”“存货”“工程施工”等科目，贷记“应付账款”“应付票据”“银行存款”等科目。待取得合规增值税扣税凭证且纳税义务发生时，按照允许抵扣的税额，借记“应交税费——应交增值税（销项税额抵减）”或“应交税费——简易计税”科目（小规模纳税人应借记“应交税费——应交增值税”科目），贷记“主营业务成本”“存货”“工程施工”等科目。

(1) 针对一般纳税人，区分一般计税方法与简易计税方法。在一般计税方法下，可以差额征税的情形，如：房地产企业，允许扣除支付的土地价款；融资租赁售后回租，允许扣除本金；纳税人提供旅游服务，允许扣除向其他单位或个人支付的住宿费、餐饮费、交通费等。其发生符合差额征税规定的可抵减的成本费用时，按正常成本费用的会计处理办法入账，待取得合法增值税扣税凭证且纳税义务发生时，按照允许抵扣的税额，借记“应交税费——应交增值税（销项税额抵减）”科目，贷记“主营业务成本”“存货”“工程施工”等科目。在简易计税方法下，如劳务派遣、人力资源外包服务等，待取得合规增值税扣税凭证且纳税义务发生时，按照允许抵扣的税额，借记“应交税费——简易计税”科目，贷记“主营业务成本”“存货”“工程施工”等科目。

(2) 针对小规模纳税人，如旅游服务、交通运输服务、劳务派遣、人力资源外包服务等，在取得合法增值税扣税凭证且纳税义务发生时，借记“应交税费——应交增值税”科目，贷记“主营业务成本”“存货”“工程施工”等科目。

2. 金融商品转让按规定以盈亏相抵后的余额作为销售额的会计核算

金融商品实际转让月末，如产生转让收益，则按应纳税额借记“投资收益”等科目，贷记“应交税费——转让金融商品应交增值税”科目；如产生转让损失，则按可结转下月抵扣税额，借记“应交税费——转让金融商品应交增值税”科目，贷记“投资收益”等科目。缴纳增值税时，应借记“应交税费——转让金融商品应交增值税”科目，贷记“银行存款”科目。年末，“应交税费——转让金融商品应交增值税”科目如有借方余额，则借记“投资收益”等科目，贷记“应交税费——转让金融商品应交增值税”科目。

2. 采取预收款方式提供租赁服务销项税额的会计核算

企业提供租赁服务采取预收款方式的，其纳税义务发生时间为收到预收款的当天。企业采取预收款方式提供租赁服务，应当按预收的价税合计金额，借记“银行存款”等科目，按未来应当确认的收入金额，贷记“预收账款”科目，按现行增值税制度规定计算的销项税额或应纳增值税额，贷记“应交税费——应交增值税（销项税额）”或“应交税费——简易计税”科目。

【例 2-6】 承引入案例(4),2019 年 12 月 10 日,华夏公司与某事业单位签订经营租赁合同,约定向该事业单位出租 10 台打印机,租期为 3 个月,租金共计 33 900 元(含增值税),租赁开始日为 2019 年 12 月 31 日,双方约定于 2019 年 12 月 10 日一次性全额收取租金,开具增值税普通发票,款项以银行存款收讫。

① 2019 年 12 月 10 日收到预收租金时:

借:银行存款——中国银行城阳区支行 8910	33 900	
贷:预收账款		30 000
应交税费——应交增值税(销项税额)		3 900

② 在租赁期限内的每月月末,华夏公司分别确认收入时:

借:预收账款	10 000	
贷:其他业务收入		10 000

2.3.4 销售无形资产销项税额的会计核算

销售无形资产,应当按应收或已收的金额,借记“应收账款”“应收票据”“银行存款”等科目,按取得的收入金额,贷记“主营业务收入”或“其他业务收入”(销售或转让无形资产使用权)、“资产处置损益”(销售或转让无形资产所有权)等科目,按现行增值税制度规定计算的销项税额或应纳增值税额,贷记“应交税费——应交增值税(销项税额)”或“应交税费——简易计税”科目。

【例 2-7】 某公司为增值税一般纳税人,出售一项商标所有权,取得含增值税收入 636 000元。该商标所有权的原购入成本为 1 500 000 元,出售时已摊销金额为 1 000 000 元,该商标未计提减值准备,款项已存入银行。

借:银行存款	636 000	
累计摊销	1 000 000	
贷:无形资产		1 500 000
应交税费——应交增值税(销项税额)		36 000
资产处置损益		100 000

2.3.5 销售不动产销项税额的会计核算

1. 非房地产企业销售不动产销项税额的会计核算

非房地产企业销售不动产应通过“固定资产清理”科目核算,按规定收取的增值税税额贷记“应交税费——应交增值税(销项税额)”(适用一般计税方法)或“应交税费——简易计税”(适用简易计税方法)科目,按发生的净损益记入“资产处置损益”科目。

1) 销售非自建不动产

对于纳税人销售非自建的不动产,应以取得的全部价款和价外费用扣除不动产购置原价或者取得不动产时的作价后的余额,按照 5%的预征率(或者征收率)向不动产所在地主管税务机关预缴(或者缴纳)税款。也就是说,纳税人应按照差价和 5%的征收率计算预缴(或者缴纳)增值税款。预缴(或者缴纳)税款的计算公式如下:

预缴(或者缴纳)税款=(含税销售收入-购置成本)÷(1+征收率)×征收率

预缴增值税时，借记“应交税费——预交增值税”（适用一般计税方法）或“应交税费——简易计税”（适用简易计税方法）科目，贷记“银行存款”科目。

【例2-8】 某公司为增值税一般纳税人，2019年12月销售位于乙市的写字楼，并于当月办妥了相关产权转移手续。该写字楼于2016年11月购置并投入使用，根据有关原始凭证确认投入使用前发生的购置成本为5 250万元，销售写字楼取得含税收入11 445万元。在销售过程中共发生其他税费1 000万元，已用银行存款缴纳。投入使用时，该公司预计该写字楼可使用50年，按平均年限法计提折旧，无残值。计算增值税时，该公司选择了简易计税方法。

应纳增值税＝(11 445－5 250)÷(1＋5%)×5%＝5 900×5%＝295(万元)

缴纳税款＝295(万元)

① 销售写字楼时：

借：固定资产清理	59 350 000	
累计折旧	3 150 000	
贷：固定资产		52 500 000
银行存款		10 000 000
借：银行存款	114 450 000	
贷：固定资产清理		59 350 000
应交税费——简易计税		2 950 000
资产处置损益		52 150 000

② 缴纳税款时：

借：应交税费——简易计税	2 950 000	
贷：银行存款		2 950 000

【例2-9】 承[例2-8]，假设该公司选择了一般计税方法，其他资料不变。

销项税额＝11 445÷(1＋9%)×9%＝10 500×9%＝945(万元)

预缴税款＝(11 445－5 250)÷(1＋5%)×5%＝5 900×5%＝295(万元)

① 销售写字楼时：

借：固定资产清理	59 350 000	
累计折旧	3 150 000	
贷：固定资产		52 500 000
银行存款		10 000 000
借：银行存款	114 450 000	
贷：固定资产清理		59 350 000
应交税费——应交增值税(销项税额)		9 450 000
资产处置损益		45 650 000

② 预缴税款时：

借：应交税费——预交增值税	2 950 000	
贷：银行存款		2 950 000

相关思考 2-4

非房地产企业销售非自建不动产时，适用不同计税方法对应交税费金额的影响

非房地产企业销售非自建不动产预缴增值税时，适用一般计税方法还是选择简易计税方法计税，预缴（或者缴纳）税款均按增值税预征率（或者征收率）5%计算，借记“应交税费——预交增值税”（适用一般计税方法）或“应交税费——简易计税”（适用简易计税方法）科目，两者的金额应是一致的。

但是，纳税人销售不动产通过“固定资产清理”科目核算时，若适用一般计税方法计税，贷记“应交税费——应交增值税（销项税额）”科目的金额按增值税税率9%计算；若选择简易计税方法计算，贷记“应交税费——简易计税”科目的金额按增值税征收率5%计算。两者金额是不同的。

2）销售自建不动产

对于非房地产企业销售自建的不动产，应以取得的全部价款和价外费用（不得扣除建造成本），按照5%的预征率（或者征收率）向不动产所在地主管税务机关预缴（或者缴纳）税款。也就是说，纳税人应按照销售额（全部价款和价外费用）和5%的征收率计算预缴（或者缴纳）增值税款。预缴（或者缴纳）税款的计算公式如下：

预缴（或者缴纳）税款＝含税销售收入÷（1＋征收率）×征收率

预缴（或者缴纳）增值税时，会计核算同“销售非自建不动产”。

2. 房地产企业销售自行开发的房地产项目的销项税额的会计核算

房地产企业销售自行开发的房地产项目，应当按应收或已收的金额，借记“应收账款”“应收票据”“银行存款”等科目，按取得的收入金额，贷记“主营业务收入”“其他业务收入”等科目，按现行增值税制度规定计算的销项税额（或采用简易计税方法计算的应纳增值税额），贷记“应交税费——应交增值税（销项税额）”或“应交税费——简易计税”科目。

【例 2-10】 某房地产公司为增值税一般纳税人，自行开发了某房地产项目，施工许可证注明的开工日期是2016年11月1日。2019年12月，该公司销售了该项目的一批房产，共取得含增值税收入1 144.5万元，同时办妥了房屋产权转移手续。这批房产对应的土地价款为654万元。计算增值税时，该公司选择了简易计税方法。

应纳增值税＝1 144.5÷（1＋5%）×5%＝1 090×5%＝54.5（万元）

借：银行存款	11 445 000	
贷：主营业务收入		10 900 000
应交税费——简易计税		545 000

【例 2-11】 承[例 2-10]，假设该房地产公司选择了一般计税方法，其他资料不变。

销售额＝（含增值税收入－允许扣除的土地价款）÷（1＋9%）
＝（1 144.5－654）÷（1＋9%）＝490.5÷（1＋9%）＝450（万元）

土地价款所对应的税额（销项税额抵减额）＝允许扣除的土地价款÷（1＋9%）×9%
＝654÷（1＋9%）×9%＝600×9%＝54（万元）

应纳增值税＝（含增值税收入－允许扣除的土地价款）÷（1＋9%）×9%
＝（1 144.5－654）÷（1＋9%）×9%＝40.5（万元）

借：银行存款　11 445 000
　贷：主营业务收入　10 500 000
　　应交税费——应交增值税（销项税额）　945 000
借：应交税费——应交增值税（销项税额抵减）　540 000
　贷：主营业务成本　540 000

2.4 进项税额及进项税额转出的会计核算

2.4.1 进项税额的会计核算

1. 国内购进货物、应税劳务、服务、无形资产或不动产进项税额的会计核算

《增值税会计处理规定》对采购等业务进项税额允许抵扣的账务处理进行了规定：一般纳税人购进货物、加工修理修配劳务、服务、无形资产或不动产，按应计入相关成本费用或资产的金额，借记"在途物资"或"原材料""库存商品""生产成本""无形资产""固定资产""管理费用"等科目，按当月已认证的可抵扣增值税额，借记"应交税费——应交增值税（进项税额）"科目，按当月未认证的可抵扣增值税额，借记"应交税费——待认证进项税额"科目，按应付或实际支付的金额，贷记"应付账款""应付票据""银行存款"等科目。发生退货的，如原增值税专用发票已作认证，应根据开具的红字增值税专用发票作相反的会计分录；如原增值税专用发票未作认证，应将发票退回并作相反的会计分录。

1）购进货物进项税额的会计核算

从本地购进商品时，购买方式分提货制和送货制两种，一般采用支票、商业汇票、现金等结算方式。企业从异地购进商品时，一般采用发货制方式，货款通常采用异地托收承付等结算方式。由于商品发运与货款结算完成时间不一致，故往往形成"单货同时到达""单到货未到""货到单未到"的情况，一般分接收商品和结算货款两步进行会计处理。

（1）"单货同时到达"或"单到货未到"。购买方购进应税货物时，应按货物的实际采购成本借记"材料采购""在途物资""原材料""库存商品"等，按可抵扣的增值税额借记"应交税费——应交增值税（进项税额）"，按货物的实际成本和增值税进项税额之和贷记"银行存款""应付票据""应付账款"等科目。

购买方购进应税货物并取得增值税专用发票后，在未认证时，应通过"应交税费——待认证进项税额"科目过渡。待增值税专用发票认证相符后，借记"应交税费——应交增值税（进项税额）"科目，贷记"应交税费——待认证进项税额"科目。

【例 2-12】 承引入案例(5)，2019 年 12 月 11 日，华夏公司从能力公司购进原材料一批，取得的增值税专用发票（发票联）上注明的价款为 700 000 元、增值税额为 91 000 元；同时支付运费（含增值税）2 180 元，取得的增值税专用发票（发票联）上注明的运费为 2 000 元、增值税额为 180 元。上述材料已运达并验收入库，货款尚未结算，运费以现金付讫。

借：原材料　702 000
　应交税费——应交增值税（进项税额）　91 180
　贷：应付账款——能力公司　791 000
　　库存现金　2 180

(2)“货到单未到”。一般纳税人购进的货物已到达并验收入库,但尚未收到增值税扣税凭证的,应在月末按货物清单或相关合同协议上的价格暂估入账,不需要将增值税的进项税额暂估入账。下月月初,用红字冲销原暂估入账金额,待取得相关增值税扣税凭证并经认证后,按应计入相关成本费用或资产的金额,借记“原材料”“库存商品”等科目,按可抵扣的增值税额,借记“应交税费——应交增值税(进项税额)”科目,按应付金额,贷记“应付账款”等科目。

特别提示 2-8

增值税一般纳税人购进免税农产品,允许按照农产品收购凭证或销售发票上注明的农产品买价和9%的扣除率计算抵扣进项税额。

2)购进应税劳务、服务进项税额的会计核算

企业接受应税劳务、服务时,根据取得的增值税专用发票,通过认证可以抵扣进项税额。按增值税专用发票上记载的劳务、服务费用,借记“其他业务成本”“制造费用”“委托加工物资”“管理费用”等科目,按照增值税专用发票上注明的增值税额,借记“应交税费——应交增值税(进项税额)”科目,按应付或实际支付金额,贷记“应付账款”“银行存款”等科目。

3)购进无形资产或不动产进项税额的会计核算

企业购进无形资产或不动产时,其会计核算方法与购进货物基本相同。按增值税专用发票上注明的价款和增值税额,应借记“固定资产”等科目,借记“应交税费——应交增值税(进项税额)”科目,按应付或实际支付的金额贷记“应付账款”“应付票据”“银行存款”“长期应付款”等科目。

【例 2-13】 承引入案例(6),2019 年 12 月 12 日,华夏公司从某小规模纳税人处购进办公用电脑一台,取得的增值税专用发票(发票联)上注明的价款为 10 000 元、增值税额为 300 元,电脑已交付办公室使用,款项以银行存款付讫。

借:固定资产	10 000	
应交税费——应交增值税(进项税额)	300	
贷:银行存款——中国银行城阳区支行 8910		10 300

4)购进货物、应税劳务、服务、无形资产或不动产,用于简易计税方法计税项目、免征增值税项目、集体福利或个人消费的会计核算

一般纳税人购进货物、加工修理修配劳务、服务、无形资产或不动产,用于简易计税方法计税项目、免征增值税项目、集体福利或个人消费等,其进项税额按照现行增值税制度规定不得从销项税额中抵扣的,取得增值税专用发票时,应借记相关成本费用或资产科目,借记“应交税费——待认证进项税额”科目,贷记“银行存款”“应付账款”等科目,经税务机关认证后,应借记相关成本费用或资产科目,贷记“应交税费——应交增值税(进项税额转出)”科目。

【例 2-14】 承引入案例(7),2019 年 12 月 15 日,华夏公司支付电费,取得的增值税专用发票(发票联)上注明的价款为 10 000 元、增值税额为 1 300 元,其中生产用电占总用电量的 90%、职工福利部门用电占总用电量的 10%,款项以银行存款支付。

① 取得增值税专用发票时:

借：制造费用　9 000
　　应付职工薪酬　1 000
　　应交税费——待认证进项税额　1 300
　　贷：银行存款——中国银行城阳区支行 8910　11 300

② 经税务机关认证后：

借：应交税费——应交增值税(进项税额)　1 300
　　贷：应交税费——待认证进项税额　1 300

不得抵扣的进项税额＝1 300×10%＝130(元)

借：应付职工薪酬　130
　　贷：应交税费——应交增值税(进项税额转出)　130

2. 进口货物进项税额的会计核算

一般纳税人进口货物，在取得海关进口增值税专用缴款书后，先借记"应交税费——待认证进项税额"科目，贷记相关科目。稽核比对相符允许抵扣时，借记"应交税费——应交增值税(进项税额)"科目，贷记"应交税费——待认证进项税额"科目。

进口货物应纳增值税的计税依据为进口货物的组成计税价格。其组成计税价格的计算公式如下：

组成计税价格＝关税完税价格＋关税＋消费税

或　组成计税价格＝关税完税价格＋关税÷(1－消费税税率)

或　组成计税价格＝(关税完税价格＋关税＋进口数量×消费税定额税率)÷(1－消费税比例税率)

特别提示 2-9

按照现行增值税制度规定，境外单位或个人在境内发生应税行为，在境内未设有经营机构的，以购买方为增值税扣缴义务人：

(1) 境内一般纳税人购进服务、无形资产或不动产，按应计入相关成本费用或资产的金额，借记"生产成本""无形资产""固定资产""管理费用"等科目，按可抵扣的增值税额，借记"应交税费——应交增值税(进项税额)"科目(小规模纳税人应借记相关成本费用或资产科目)，按应付或实际支付的金额，贷记"应付账款"等科目，按应代扣代缴的增值税额，贷记"应交税费——代扣代缴增值税"科目。

(2) 实际缴纳代扣代缴增值税时，按代扣代缴的增值税额，借记"应交税费——代扣代缴增值税"科目，贷记"银行存款"科目。

2.4.2 进项税额转出的会计核算

因发生非正常损失或改变用途等，原已计入进项税额但按现行增值税制度规定不得从销项税额中抵扣的，借记"待处理财产损溢""应付职工薪酬""固定资产""无形资产"等科目，贷记"应交税费——应交增值税(进项税额转出)"等科目；原不得抵扣且未抵扣进项税额的固定资产、无形资产等，因改变用途等用于允许抵扣进项税额的应税项目的，应按允许抵扣的进项税额，借记"应交税费——应交增值税(进项税额)"科目，贷记"固定资产""无形资产"等科目。固定资产、无形资产等经上述调整后，应按调整后的账面价值在剩余尚可使用寿命内计提折旧或摊销。

特别提示 2-10

出口货物的进项税额与出口退税额的差额，也应作“进项税额转出”的会计处理。

1. 改变用途的购进货物、应税劳务、服务、无形资产或不动产进项税额转出的会计核算

购买方购进货物在购入时是为了生产产品，则购买方支付的增值税必然已计入进项税额，在生产过程中，如果购买方将购进的货物改变用途，其相应负担的增值税应从当期进项税额中转出，应借记“在建工程”“应付职工薪酬”等科目，贷记“应交税费——应交增值税（进项税额转出）”等科目。

【例 2-15】 承引入案例(8)，2019 年 12 月 27 日，华夏公司职工福利部门领用上月购进的原材料一批，实际成本为 900 元，该批材料的进项税额为 113 元，已于购进当期申报抵扣。

借：应付职工薪酬	1 013	
贷：原材料		900
应交税费——应交增值税（进项税额转出）		113

2. 发生非正常损失的货物、应税劳务、服务、无形资产或不动产进项税额转出的会计核算

非正常损失是指因管理不善造成货物被盗、丢失、霉烂变质，以及因违反法律法规造成货物或者不动产被依法没收、销毁、拆除的情形。

因发生非正常损失或改变用途等，原已计入进项税额但按现行增值税制度规定不得从销项税额中抵扣的，借记“待处理财产损溢”“应付职工薪酬”“固定资产”“无形资产”等科目，贷记“应交税费——应交增值税（进项税额转出）”等科目。

特别提示 2-11

按照税收法律制度的规定，非正常损失购进货物的进项税额和非正常损失的在产品、产成品所耗用的购进货物或应税劳务的进项税额，不得从销项税额中抵扣。非正常损失存货有不含运费的原材料、含运费的原材料及产成品、半成品等情况，企业应分别情况，正确进行会计处理。

2.5 出口退税的会计核算

趣味阅读 2-1

出口货物免退税的原则和范围

出口货物（含技术转让、技术咨询等出口服务，下同）免退税是为增强本国企业出口商品的竞争力，将出口商品中的间接税退还给出口企业，以避免本国出口商品被双重征税和价格扭曲，从而使出口商品以不含税价格进入国际市场、参与国际竞争的一种制度设计。它不是一个纯粹的税收学概念，而是随着国际经济贸易的发展而衍生的一种涉外宏观经济政策。

出口货物免退税实质上是对报关出口的货物免征和（或）退还其在国内各生产环节和流通环节按税收法律制度规定缴纳的增值税和消费税，即对出口货物实行零税率。税率为零是指货物在出口时，其整体税负为零。因此，出口货物不仅在出口环节不必纳税，而且应该退还其在以前环节已纳的税款，这是国际贸易中的一种税收国际惯例而非政府补贴。

理想的出口退税政策应该是彻底的出口退税，不会对自由贸易产生扭曲效应并且符合国民待遇原则，符合税收中性原则。但事实上，税收中性原则的内容从来都是相对的，中性原则用于出口退税制度设计时，往往要受到诸多因素的影响和制约。随着国内外经济环境的变化，政府不断调整出口免退税政策，目前我国出口货物是以不含税、少含税价格离境的。其实，各国的出口免退税政策都是从最初的鼓励出口，到服务于国家的对外经济贸易战略目标，逐渐成为一种国家对出口商品结构进行导向性调节的工具。

2.5.1 外贸企业出口货物退税的会计核算

对不具有生产能力的出口企业（以下简称“外贸企业”）或其他单位出口适用增值税退（免）税政策的货物、劳务，实行退（免）税办法，即免征增值税、相应的进项税额予以退还。

1. 外贸企业购进货物的会计核算

外贸企业购进货物时，应按照专用发票上注明的增值税额，借记“应交税费——应交增值税（进项税额）”科目，按照专用发票上记载的应计入采购成本的金额，借记“材料采购”等科目；按照应付或实际支付的金额，贷记“应付账款”“应付票据”“银行存款”等科目。

2. 外贸企业退(免)税的会计核算

特别提示 2-12

为核算纳税人出口货物应收取的出口退税款，设置“应收出口退税款”科目。该科目借方反映销售出口货物按规定向税务机关申报应退回的增值税、消费税等；贷方反映实际收到的出口货物应退回的增值税、消费税等；期末借方余额反映尚未收到的应退税额。

外贸企业按照规定退税率计算应收出口退税款时，借记“应收出口退税款”科目，贷记“应交税费——应交增值税（出口退税）”科目；收到出口退税款时，借记“银行存款”科目，贷记“应收出口退税款”科目。按照出口货物购进时取得的增值税专用发票上记载的进项税额或应分摊的进项税额与按照国家规定的退税率计算的应退税额的差额，借记“主营业务成本”科目，贷记“应交税费——应交增值税（进项税额转出）”科目。

【例 2-16】 某有进出口经营权的外贸企业收购一批货物报关出口，收购货物取得的增值税专用发票（发票联）上注明的购货金额为 100 000 元、增值税额为 13 000 元，款项以银行存款支付。该货物的出口退税率为 11%，出口销售价格为 20 000 美元（汇率为 1∶6.5）。

① 购进货物时：

借：库存商品　　100 000

　　应交税费——应交增值税（进项税额）　　13 000

　　贷：银行存款　　113 000

② 出口销售免税，并结转商品销售成本：

货款折合成人民币＝20 000×6.5＝130 000（元）

借：银行存款　　130 000

　　贷：主营业务收入　　130 000

借：主营业务成本　　100 000

　　贷：库存商品　　100 000

③ 计算不予退还的进项税额：

不予退还的进项税额＝100 000×(13%－11%)＝2 000(元)

借：主营业务成本　　2 000

　　贷：应交税费——应交增值税(进项税额转出)　　2 000

④ 计算应收出口退税：

应收出口退税＝100 000×11%＝11 000(元)

借：应收出口退税款　　11 000

　　贷：应交税费——应交增值税(出口退税)　　11 000

⑤ 收到退税款时：

借：银行存款　　11 000

　　贷：应收出口退税款　　11 000

2.5.2 生产企业出口货物免、抵、退税的会计核算

生产企业是指具有生产能力(包括加工、修理修配能力)的单位或个体工商户。生产企业出口自产货物和视同自产货物及对外提供加工、修理修配劳务，以及列名生产企业出口非自产货物，实行免、抵、退税办法，即免征增值税，相应的进项税额抵减应纳增值税税额(不包括适用增值税即征即退、先征后退政策的应纳增值税税额)，未抵减完的部分予以退还。

1. 生产企业出口货物免、抵、退税的计算

生产企业出口实行免、抵、退税办法的货物、劳务，其"增值税免、抵、退税"依下列公式计算。

1）当期应纳税额的计算

当期应纳税额＝当期内销产品的销项税额－(当期全部进项税额－当期不得免征和抵扣税额)－上期留抵税额

当期不得免征和抵扣税额＝当期出口货物离岸价×外汇人民币折合率×(出口货物适用税率－出口货物退税率)－当期不得免征和抵扣税额抵减额

当期不得免征和抵扣税额抵减额＝当期免税购进原材料价格×(出口货物适用税率－出口货物退税率)

2）当期免、抵、退税额的计算

当期免、抵、退税额＝当期出口货物离岸价×外汇人民币折合率×出口货物退税率－当期免、抵、退税额抵减额

当期免、抵、退税额抵减额＝当期免税购进原材料价格×出口货物退税率

3）当期应退税额和免、抵税额的计算

(1) 若当期期末留抵税额＜或＝当期免、抵、退税额，则：

当期应退税额＝当期期末留抵税额

当期免、抵税额＝当期免、抵、退税额－当期应退税额

(2) 若当期期末留抵税额＞当期免、抵、退税额，则：

当期应退税额＝当期免、抵、退税额

当期免、抵税额＝0

(3) 若当期期末留抵税额为0，则：

当期应退税额＝0

当期免、抵税额＝当期免、抵、退税额

需要注意的是，当期免税购进原材料价格包括当期国内购进的无进项税额且不计提进项税额的免税原材料的价格和当期进料加工保税进口料件的价格，其中当期进料加工保税进口料件的价格为组成计税价格。

2. 生产企业出口货物免、抵、退税的会计核算

实行免、抵、退税办法的一般纳税人出口货物，在货物出口销售后结转产品销售成本时，按规定计算的退税额低于购进时取得的增值税专用发票上的增值税额的差额，借记"主营业务成本"科目，贷记"应交税费——应交增值税(进项税额转出)"科目；按规定计算的当期出口货物的进项税抵减内销产品的应纳税额，借记"应交税费——应交增值税(出口抵减内销产品应纳税额)"科目，贷记"应交税费——应交增值税(出口退税)"科目。在规定期限内，内销产品的应纳税额不足以抵减出口货物的进项税额，不足部分按有关税收法律制度规定给予退税的，应在实际收到退税款时，借记"银行存款"科目，贷记"应交税费——应交增值税(出口退税)"科目。

【例2-17】 某企业为生产型出口企业，实行免、抵、退税办法，该产品的增值税税率为13%，退税率为11%。该企业12月的有关资料如下：

(1) 购进原材料一批，取得的增值税专用发票(发票联)上注明的价款为1 000 000元、增值税额为130 000元，款项以银行存款支付，货物已入库。

(2) 内销一批产品，开具的增值税专用发票(记账联)上注明的价款为500 000元、增值税额为65 000元，款项已收到存入银行。

(3) 报关出口一批产品，离岸价为50 000美元(汇率为1∶6.5)，款项尚未收到。

① 购进原材料时：

借：原材料	1 000 000	
应交税费——应交增值税(进项税额)	130 000	
贷：银行存款		1 130 000

② 内销货物时：

借：银行存款	565 000	
贷：主营业务收入		500 000
应交税费——应交增值税(销项税额)		65 000

③ 出口货物时：

货款折合成人民币＝50 000×6.5＝325 000(元)

借：应收账款	325 000	
贷：主营业务收入		325 000

④ 计算当期不得免征和抵扣税额：

$$当期不得免征和抵扣税额=50\,000\times6.5\times(13\%-11\%)-0=6\,500(元)$$

借：主营业务成本　　6 500
　　贷：应交税费——应交增值税（进项税额转出）　　6 500

⑤ 计算并比较当期应纳税额和当期免、抵、退税额：

a. 当期应纳税额＝65 000－(130 000－6 500)＝－58 500(元)＜0

所以，期末留抵税额＝58 500(元)

b. 当期免、抵、退税额＝50 000×6.5×11%－0＝35 750(元)

c. 当期期末留抵税额 58 500 元＞当期免、抵、退税额 35 750 元，所以，

$$当期应退税额=当期免、抵、退税额=35\,750(元)$$
$$当期免、抵税额=0$$

借：应收出口退税款　　35 750
　　贷：应交税费——应交增值税（出口退税）　　35 750

⑥ 收到退税款时：

借：银行存款　　35 750
　　贷：应收出口退税款　　35 750

最终，结转下期的留抵税额为 22 750 元(58 500－35 750)。

【例 2-18】 承[例 2-17]，假定资料(1)中购进原材料，取得的增值税专用发票（发票联）上注明的价款为 600 000 元、增值税额为 78 000 元。其他条件不变。

① 购进原材料时：

借：原材料　　600 000
　　应交税费——应交增值税（进项税额）　　78 000
　　贷：银行存款　　678 000

② 内销货物时：

借：银行存款　　565 000
　　贷：主营业务收入　　500 000
　　　　应交税费——应交增值税（销项税额）　　65 000

③ 出口货物时：

$$货款折合成人民币=50\,000\times6.5=325\,000(元)$$

借：应收账款　　325 000
　　贷：主营业务收入　　325 000

④ 计算当期不得免征和抵扣税额：

$$当期不得免征和抵扣税额=50\,000\times6.5\times(13\%-11\%)-0=6\,500(元)$$

借：主营业务成本　　6 500
　　贷：应交税费——应交增值税（进项税额转出）　　6 500

注意：②～④的会计处理，与[例 2-17]相同。

⑤ 计算并比较当期应纳税额和当期免、抵、退税额：

a. 当期应纳税额＝65 000－(78 000－6 500)＝－6 500(元)<0

所以，期末留抵税额＝6 500(元)。

b. 当期免、抵、退税额＝50 000×6.5×11%－0＝35 750(元)

c. 当期期末留抵税额 6 500 元<当期免、抵、退税额 35 750 元，所以，

当期应退税额 = 当期期末留抵税额 = 6 500(元)

当期免、抵税额 = 当期免、抵、退税额 - 当期应退税额 = 35 750－6 500 = 29 250(元)

借：应收出口退税款	6 500	
应交税费——应交增值税(出口抵减内销产品应纳税额)	29 250	
贷：应交税费——应交增值税(出口退税)		35 750

⑥ 收到退税款时：

借：银行存款	6 500	
贷：应收出口退税款		6 500

【例 2-19】 承[例 2-17]，假定资料(1)中购进原材料，取得的增值税专用发票(发票联)上注明的价款为 450 000 元、增值税额为 58 500 元。其他条件不变。

① 购进原材料时：

借：原材料	450 000	
应交税费——应交增值税(进项税额)	58 500	
贷：银行存款		508 500

② 内销货物时：

借：银行存款	565 000	
贷：主营业务收入		500 000
应交税费——应交增值税(销项税额)		65 000

③ 出口货物时：

货款折合成人民币＝50 000×6.5＝325 000(元)

借：应收账款	325 000	
贷：主营业务收入		325 000

④ 计算当期不得免征和抵扣税额：

50 000×6.5×(13%－11%)－0＝6 500(元)

借：主营业务成本	6 500	
贷：应交税费——应交增值税(进项税额转出)		6 500

注意：②～④的会计处理，与[例 2-17]相同。

⑤ 计算并比较当期应纳税额和当期免、抵、退税额：

a. 当期应纳税额＝65 000－(58 500－6 500)＝13 000(元)＞0

b. 当期免、抵、退税额＝50 000×6.5×11％－0＝35 750(元)

c. 期末留抵税额＝0

所以，

当期应退税额＝0

当期免、抵税额＝当期免、抵、退税额＝35 750(元)

借：应交税费——应交增值税(出口抵减内销产品应纳税额)　　35 750

　　贷：应交税费——应交增值税(出口退税)　　35 750

特别提示 2-13

在免抵退税办法下，以出口所耗用的进项税额所抵减的那部分内销销项税额不用缴纳，减少了单位资金占用，对出口单位比较有利。

2.6 减免税款的会计核算

按照我国现行增值税的减免规定，减免增值税分为直接减免、先征后返(退)、即征即退等形式。因此，其会计处理也有所不同。

2.6.1 直接减免增值税的会计核算

销售免税项目时，借记“银行存款”等科目，贷记“主营业务收入”“应交税费——应交增值税(销项税额)”科目；对直接减免的销项税额，借记“应交税费——应交增值税(减免税款)”科目，贷记“其他收益”或“营业外收入”科目。

特别提示 2-14

《企业会计准则第 16 号——政府补助》明确了政府补助准则的适用范围、政府补助和收入的划分原则。如果该交易与企业销售商品或提供服务等活动密切相关，且来源于政府的经济资源是企业商品或服务的对价组成部分，则应按收入准则的规定进行会计处理，不再适用政府补助准则。

小微企业免征的增值税与销售额的大小有密切关系，因此不应再按“政府补助”进行财务会计处理，应区分收到的政府补助是否与其日常活动相关，并据此判断是否纳入营业利润并计入“其他收益”。“其他收益”专门用于核算与企业日常活动相关但不宜确认为收入或冲减成本费用的政府补助。凡计入“其他收益”的政府补助，应在利润表的“营业利润”之上增列项目单独列报。

【例 2-20】 某金融机构 12 月份取得农村小额贷款利息收入 106 万元(含税)，根据规定免征增值税。

借：银行存款　　1 060 000

　　贷：主营业务收入　　1 000 000

　　　　应交税费——应交增值税(销项税额)　　60 000

借：应交税费——应交增值税(减免税款)　　60 000

　　贷：其他收益——减免税款　　60 000

2.6.2 先征后返(退)、即征即退增值税的会计核算

企业销售货物时应正常计税，即借记“银行存款”“应收账款”等科目，贷记“主营业务收入”“应交税费——应交增值税(销项税额)”或“应交税费——简易计税”(小规模纳税人应贷记“应交税费——应交增值税”)等科目，并按规定纳税期限正常缴税。

若本月缴纳本月应缴纳的增值税，则借记“应交税费——应交增值税(已交税金)”或“应交税费——简易计税”科目(小规模纳税人应借记“应交税费——应交增值税”科目)，贷记“银行存款”科目；若本月缴纳以前期间应缴未缴增值税，则借记“应交税费——未交增值税”或“应交税费——简易计税”科目(小规模纳税人应借记“应交税费——应交增值税”科目)，贷记“银行存款”科目。

在收到退税款时，借记“银行存款”科目，贷记“其他收益”科目(最后一步账务处理也可分为两步：在确认即征即退增值税时，借记“其他应收款”科目，贷记“其他收益”科目；在收到退税款时，借记“银行存款”科目，贷记“其他应收款”科目)。

特别提示 2-15

“即征即退”“先征后退”“先征后返”大同小异。即征即退、先征后退的税款由税务机关退还；先征后返的税款由财政机关返还。三种方式取得的时间是不同的，即征即退最快，先征后退次之，先征后返最慢。这三种优惠都是在增值税正常缴纳之后的退库，并不影响增值税计算抵扣链条的完整性，销售货物时，可以按规定开具增值税专用发票，正常计算销项税额，购买方也可以按规定抵扣。

【例 2-21】 某软件开发企业为增值税一般纳税人，12 月销售自行开发的软件产品，取得销售额 100 000 元(不含增值税)，开具增值税专用发票。本月开发软件产品的可抵扣增值税进项税额为 7 000 元，本月无其他增值税事项。

应纳增值税＝100 000×13%－7 000＝6 000(元)

实际增值税税负＝6 000÷100 000＝6%＞3%

应退增值税＝6 000－100 000×3%＝3 000(元)

① 销售软件时：

借：银行存款	113 000	
贷：主营业务收入		100 000
应交税费——应交增值税(销项税额)		13 000

② 月末转出未缴增值税时：

借：应交税费——应交增值税(转出未交增值税)	6 000	
贷：应交税费——未交增值税		6 000

③ 下月月初缴纳增值税时：

借：应交税费——未交增值税	6 000	
贷：银行存款		6 000

④ 收到即征即退应退税款时：

借：银行存款	3 000	
贷：其他收益——减免税款		3 000

特别提示 2-16

按现行增值税制度规定，企业初次购买增值税税控系统专用设备支付的费用以及缴纳的技术维护费允许在增值税应纳税额中全额抵减的，按规定抵减的增值税应纳税额，借记“应交税费——应交增值税(减免税款)”科目(小规模纳税人应借记“应交税费——应交增值税”科目)，贷记“管理费用”等科目。

2.7 一般纳税人应纳税额的会计核算及纳税申报表的填制

2.7.1 一般纳税人应纳税额的会计核算

1. 月末转出未交增值税和多交增值税的会计核算

月度终了，企业应当将当月应交未交或多交的增值税自“应交增值税”明细科目转入“未交增值税”明细科目。对于当月应交未交的增值税，借记“应交税费——应交增值税(转出未交增值税)”科目，贷记“应交税费——未交增值税”科目；对于当月多交的增值税，借记“应交税费——未交增值税”科目，贷记“应交税费——应交增值税(转出多交增值税)”科目。

1）月末转出增值税前，若“应交税费——应交增值税”科目为贷方余额

月末转出增值税前，若“应交税费——应交增值税”科目为贷方余额，则表示当月应交未交增值税，需转出未交增值税。对于当月应交未交的增值税，借记“应交税费——应交增值税(转出未交增值税)”科目，贷记“应交税费——未交增值税”科目。

【例 2-22】 承引入案例，2019 年 12 月 31 日，作为华夏公司的纳税会计，进行月末结转增值税的会计处理。

销项税额＝10 400＋104 000＋2 080＋3 900＝120 380(元)

应抵扣税额合计＝进项税额＋上期留抵税额－进项税额转出－免、抵、退应退税额
＋按适用税率计算的纳税检查应补缴税款
＝(91 000＋180＋1 300＋300)＋1 000－(130＋117)
＝92 780＋1 000－247
＝93 533(元)

因为 120 380＞93 533，所以实际抵扣税额＝93 533(元)

应纳增值税额＝销项税额－实际抵扣税额＝120 380－93 533＝26 847(元)

借：应交税费——应交增值税(转出未交增值税)　　26 847
　　贷：应交税费——未交增值税　　26 847

2）月末转出增值税前，若“应交税费——应交增值税”科目为借方余额

月末转出增值税前，若“应交税费——应交增值税”科目为借方余额，一般为尚未抵扣的进项税额，对于期末留抵税额不作会计处理。

特别提示 2-17

若以日为一期纳税的，自期满之日起 5 日内通过“应交税费——应交增值税(已交税金)”预缴税款，于次月 1 日起 15 日内申报纳税并结清上月应纳税款。

但是由于当月有预缴税款的情况，因此该借方余额可能是尚未抵扣的进项税额，还可能

包含多交增值税的部分。具体界定,可分为以下三种情况:

(1)当"应交税费——应交增值税"账户借方余额大于"应交税费——应交增值税"的"已交税金"当月合计数时:

这种情况表明当月已交税金全部为多交,两者差额为本月尚未抵扣的进项税额。

(2)当"应交税费——应交增值税"账户借方余额等于"应交税费——应交增值税"的"已交税金"当月合计数时:

这种情况表明当月已交税金全部为多交,同时,本月无尚未抵扣的进项税额。

(3)当"应交税费——应交增值税"科目借方余额小于"应交税费——应交增值税"的"已交税金"当月合计数时:

这种情况表明当月已交税金部分为应交税额,部分为多交税额。对于当月多交的增值税,借记"应交税费——未交增值税"科目,贷记"应交税费——应交增值税(转出多交增值税)"科目。

特别提示 2-18

一般纳税人转让不动产、提供不动产经营租赁服务、提供建筑服务、采用预收款方式销售自行开发的房地产项目等,以及其他按现行增值税制度规定应预缴的增值税额。企业实际预缴增值税时,借记"应交税费——预交增值税"科目,贷记"银行存款"科目。

月末,企业应将"预交增值税"明细科目余额转入"未交增值税"明细科目,借记"应交税费——未交增值税"科目,贷记"应交税费——预交增值税"科目。房地产开发企业等在预缴增值税后,应直至纳税义务发生时方可从"应交税费——预交增值税"科目结转至"应交税费——未交增值税"科目。

2. 缴纳增值税的会计核算

1)缴纳当月应交增值税

企业缴纳当月应交的增值税,借记"应交税费——应交增值税(已交税金)"科目,贷记"银行存款"科目。

2)缴纳以前期间未交增值税

企业缴纳以前期间未交的增值税,借记"应交税费——未交增值税"科目,贷记"银行存款"科目。

特别提示 2-19

生活性服务业纳税人适用加计抵减政策,在实际缴纳增值税时,按应纳税额,借记"应交税费——未交增值税"等科目,按实际缴纳金额,贷记"银行存款"科目,按加计抵减金额,贷记"其他收益"科目。

【例 2-23】 承引入案例,2020 年 1 月月初,申报缴纳 2019 年 12 月未交增值税。

借:应交税费——未交增值税	26 847	
贷:银行存款——中国农业银行城阳区支行 8900		26 847

2.7.2 一般纳税人增值税申报表的填制

一般纳税人不论当期是否发生了应税行为或是否应该缴税,均应按规定进行纳税申报。

1. 申报缴纳程序

一般纳税人办理纳税申报需要经过发票认证、抄报、报税和税款缴纳等程序。

网上申报的操作流程如下：纳税人必须先操作防伪税控开票子系统进行抄税，然后使用网上抄税系统进行远程报税，再操作网上申报软件发送申报数据，最后使用网上抄报税系统清卡。操作网上申报软件发送申报数据后，要查看申报结果提示，如果提示申报成功则关注税款扣缴结果，在申报软件中及时查看银行扣款是否成功。

2. 纳税申报资料

税务直通车 2-4

国家税务总局

关于调整增值税纳税申报有关事项的公告

国家税务总局公告 2019 年第 15 号

为贯彻落实党中央、国务院关于减税降费的决策部署，进一步优化纳税服务，减轻纳税人负担，现将调整增值税纳税申报有关事项公告如下：

一、根据国务院关于深化增值税改革的决定，修订并重新发布《增值税纳税申报表（一般纳税人适用）》《增值税纳税申报表附列资料（一）》《增值税纳税申报表附列资料（二）》《增值税纳税申报表附列资料（三）》《增值税纳税申报表附列资料（四）》。

二、截至 2019 年 3 月税款所属期，《国家税务总局关于全面推开营业税改征增值税试点后增值税纳税申报有关事项的公告》（国家税务总局公告 2016 年第 13 号）附件 1 中《增值税纳税申报表附列资料（五）》第 6 栏“期末待抵扣不动产进项税额”的期末余额，可以自本公告施行后结转填入《增值税纳税申报表附列资料（二）》第 8b 栏“其他”。

三、本公告施行后，纳税人申报适用 16%、10%等原增值税税率应税项目时，按照申报表调整前后的对应关系，分别填写相关栏次。

四、修订后的《增值税纳税申报表（一般纳税人适用）》及其附列资料见附件 1，相关填写说明见附件 2。

五、本公告自 2019 年 5 月 1 日起施行，国家税务总局公告 2016 年第 13 号附件 1 中《增值税纳税申报表附列资料（五）》《国家税务总局关于营业税改征增值税部分试点纳税人增值税纳税申报有关事项调整的公告》（国家税务总局公告 2016 年第 30 号）、《国家税务总局关于调整增值税纳税申报有关事项的公告》（国家税务总局公告 2017 年第 19 号）、《国家税务总局关于调整增值税纳税申报有关事项的公告》（国家税务总局公告 2018 年第 17 号）同时废止。

特此公告。

附件：1.《增值税纳税申报表（一般纳税人适用）》及其附列资料

2.《增值税纳税申报表（一般纳税人适用）》及其附列资料填写说明

国家税务总局

2019 年 3 月 21 日

一般纳税人进行纳税申报时，实行电子信息采集。使用防伪税控系统开具专用发票在抄报成功后，方可向其主管税务机关进行纳税申报。

1）《增值税纳税申报表（一般纳税人适用）》及其附列资料

《增值税纳税申报表（一般纳税人适用）》及其附列资料主要包括：

（1）《增值税纳税申报表（一般纳税人适用）》（见表 2-7）。

（2）《增值税纳税申报表附列资料（一）》（本期销售情况明细）（见表 2-8）。

（3）《增值税纳税申报表附列资料（二）》（本期进项税额明细）（见表 2-9）。

表 2-7 增值税纳税申报表

（一般纳税人适用）

根据国家税收法律法规及增值税相关规定制定本表。纳税人不论有无销售额，均应按税务机关核定的纳税期限填写本表，并向当地税务机关申报。

税款所属时间：自 2019 年 12 月 01 日至 2019 年 12 月 31 日　　填表日期：2020 年 01 月 09 日　　金额单位：元至角分

纳税人识别号	9	1	3	7	0	2	1	4	0	1	2	3	4	5	6	7	8	9	所属行业：制造业

纳税人名称	华夏有限责任公司（公章）	法定代表人姓名	王国鹏	注册地址	山东省青岛市城阳区 088 号	生产经营地址	山东省青岛市城阳区 088 号
开户银行及账号	中国农业银行城阳区支行 38040112345678900			登记注册类型	其他有限责任公司	电话号码	3532-00888888

项目		栏次	一般项目		即征即退项目	
			本月数	本年累计	本月数	本年累计
销售额	（一）按适用税率计税销售额	1	926 000	（略）		
	其中：应税货物销售额	2	896 000	（略）		
	应税劳务销售额	3		（略）		
	纳税检查调整的销售额	4				
	（二）按简易办法计税销售额	5				
	其中：纳税检查调整的销售额	6				
	（三）免、抵、退办法出口销售额	7			—	—
	（四）免税销售额	8			—	—
	其中：免税货物销售额	9			—	—
	免税劳务销售额	10			—	—
税款计算	销项税额	11	120 380	（略）		
	进项税额	12	92 780	（略）		
	上期留抵税额	13	1 000			—
	进项税额转出	14	247	（略）		
	免、抵、退应退税额	15			—	—
	按适用税率计算的纳税检查应补缴税额	16			—	—
	应抵扣税额合计	17＝12＋13－14－15＋16	93 533	—		—
	实际抵扣税额	18（如 17＜11，则为 17，否则为 10）	93 533	（略）		
	应纳税额	19＝11－18	26 847	（略）		
	期末留抵税额	20＝17－18				—
	简易计税办法计算的应纳税额	21				
	按简易计税办法计算的纳税检查应补缴税额	22			—	—
	应纳税额减征额	23				
	应纳税额合计	24＝19＋21－23	26 847	（略）		
税款缴纳	期初未缴税额（多缴为负数）	25		（略）		
	实收出口开具专用缴款书退税额	26				
	本期已缴税额	27＝28＋29＋30＋31				
	① 分次预缴税额	28		—		—
	② 出口开具专用缴款书预缴税额	29		—		—
	③ 本期缴纳上期应纳税额	30		（略）		—
	④ 本期缴纳欠缴税额	31				
	期末未缴税额（多缴为负数）	32＝24＋25＋26－27	26 847	26 847		
	其中：欠缴税额（≥0）	33＝25＋26－27		—		—
	本期应补（退）税额	34＝24－28－29	26 847	—		—
	即征即退实际退税额	35	—	—		
	期初未缴查补税额	36			—	—
	本期入库查补税额	37			—	—
	期末未缴查补税额	38＝16＋22＋36－37			—	—
授权声明	如果你已委托代理人申报，请填写下列资料： 为代理一切税务事宜，现授权 （地址）　　　　为本纳税人的代理申报人，任何与本 申报表有关的往来文件，都可寄予此人。 授权人签字：	申报人声明	本纳税申报表是根据国家税收法律法规及相关规定填报的，我确定它是真实的、可靠的、完整的。 声明人签字：			

主管税务机关：　　　　接收人：　　　　接收日期：

表 2-8 增值税纳税申报表附列资料(一)

(本期销售情况明细)

税款所属时间:2019 年 12 月 01 日至 2019 年 12 月 31 日

纳税人名称:华夏有限责任公司(公章)　　　　金额单位:元至角分

项目及栏次				开具增值税专用发票		开具其他发票		未开具发票		纳税检查调整		合计			服务、不动产和无形资产扣除项目本期实际扣除金额	扣除后	
				销售额	销项(应纳)税额	销售额	销项(应纳)税额	销售额	销项(应纳)税额	销售额	销项(应纳)税额	销售额	销项(应纳)税额	价税合计		含税(免税)销售额	销项(应纳)税额
				1	2	3	4	5	6	7	8	9=1+3+5+7	10=2+4+6+8	11=9+10	12	13=11−12	14=13÷(100%+税率或征收率)×税率或征收率
一、一般计税方法计税	全部征税项目	13%税率的货物及加工修理修配劳务	1	800 000	104 000	80 000	10 400	16 000	2 080			896 000	116 480	—	—	—	—
		13%税率的服务、不动产和无形资产	2			30 000	3 900					30 000	3 900				
		9%税率的货物及加工修理修配劳务	3											—	—	—	—
		9%税率的服务、不动产和无形资产	4														
		6%税率	5														
	其中:即征即退项目	即征即退货物及加工修理修配劳务	6	—	—	—	—	—	—	—	—			—	—	—	—
		即征即退服务、不动产和无形资产	7	—	—	—	—	—	—	—	—						
二、简易计税方法计税	全部征税项目	6%征收率	8							—	—			—	—	—	—
		5%征收率的货物及加工修理修配劳务	9a							—	—			—	—	—	—
		5%征收率的服务、不动产和无形资产	9b							—	—						
		4%征收率	10							—	—			—	—	—	—
		3%征收率的货物及加工修理修配劳务	11							—	—			—	—	—	—
		3%征收率的服务、不动产和无形资产	12							—	—						
		预征率　%	13a							—	—						
		预征率　%	13b							—	—						
		预征率　%	13c							—	—						
	其中:即征即退项目	即征即退货物及加工修理修配劳务	14	—	—	—	—	—	—	—	—			—	—	—	—
		即征即退服务、不动产和无形资产	15	—	—	—	—	—	—	—	—						
三、免抵退税	货物及加工修理修配劳务		16	—	—		—		—	—	—		—	—	—	—	
	服务、不动产和无形资产		17	—	—		—		—	—	—		—				—
四、免税	货物及加工修理修配劳务		18				—		—	—	—		—	—	—	—	—
	服务、不动产和无形资产		19	—	—		—		—	—	—		—				—

表 2-9 增值税纳税申报表附列资料(二)

(本期进项税额明细)

税款所属时间:2019 年 12 月 01 日至 2019 年 12 月 31 日

纳税人名称:华夏有限责任公司(公章) 金额单位:元至角分

一、申报抵扣的进项税额				
项目	栏次	份数	金额	税额
(一) 认证相符的增值税专用发票	1=2+3	4	722 000	92 780
其中:本期认证相符且本期申报抵扣	2	4	722 000	92 780
前期认证相符且本期申报抵扣	3			
(二) 其他扣税凭证	4=5+6+7+8a+8b			
其中:海关进口增值税专用缴款书	5			
农产品收购发票或者销售发票	6			
代扣代缴税收缴款凭证	7		—	
加计扣除农产品进项税额	8a	—	—	
其他	8b			
(三) 本期用于购建不动产的扣税凭证	9			
(四) 本期用于抵扣的旅客运输服务扣税凭证	10			
(五) 外贸企业进项税额抵扣证明	11	—	—	
当期申报抵扣进项税额合计	12=1+4+11	4	722 000	92 780
二、进项税额转出额				
项目	栏次	税额		
本期进项税额转出额	13=14 至 23 之和	247		
其中:免税项目用	14			
集体福利、个人消费	15	247		
非正常损失	16			
简易计税方法征税项目用	17			
免抵退税办法不得抵扣的进项税额	18			
纳税检查调减进项税额	19			
红字专用发票信息表注明的进项税额	20			
上期留抵税额抵减欠税	21			
上期留抵税额退税	22			
其他应作进项税额转出的情形	23			
三、待抵扣进项税额				
项目	栏次	份数	金额	税额
(一)认证相符的增值税专用发票	24	—	—	—
期初已认证相符但未申报抵扣	25			
本期认证相符且本期未申报抵扣	26			
期末已认证相符但未申报抵扣	27			
其中:按照税法规定不允许抵扣	28			
(二)其他扣税凭证	29=30 至 33 之和			
其中:海关进口增值税专用缴款书	30			
农产品收购发票或者销售发票	31			
代扣代缴税收缴款凭证	32		—	
其他	33			
	34			
四、其他				
项目	栏次	份数	金额	税额
本期认证相符的增值税专用发票	35	4	722 000	92 780
代扣代缴税额	36	—	—	

(4)《增值税纳税申报表附列资料(三)》(服务、不动产和无形资产扣除项目明细)(见表2-10)。

表 2-10　增值税纳税申报表附列资料(三)

(服务、不动产和无形资产扣除项目明细)

税款所属时间:2019 年 12 月 01 日至 2019 年 12 月 31 日

纳税人名称:华夏有限责任公司(公章)　　　　金额单位:元至角分

项目及栏次		本期服务、不动产和无形资产价税合计额(免税销售额)	服务、不动产和无形资产扣除项目				
			期初余额	本期发生额	本期应扣除金额	本期实际扣除金额	期末金额
		1	2	3	4=2+3	5(5≤1 且 5≤4)	6=4-5
13%税率的项目	1						
9%税率的项目	2						
6%税率的项目(不含金融商品转让)	3						
6%税率的金融商品转让项目	4						
5%征收率的项目	5						
3%征收率的项目	6						
免抵退税的项目	7						
免税的项目	8						

(5)《增值税纳税申报表附列资料(四)》(税额抵减情况表)(见表 2-11)。

表 2-11　增值税纳税申报表附列资料(四)

(税额抵减情况表)

税款所属时间:2019 年 12 月 01 日至 2019 年 12 月 31 日

纳税人名称:华夏有限责任公司(公章)　　　　金额单位:元至角分

一、税额抵减情况						
序号	抵减项目	期初余额	本期发生额	本期应抵减税额	本期实际抵减税额	期末余额
		1	2	3=1+2	4≤3	5=3-4
1	增值税税控系统专用设备费及技术维护费					
2	分支机构预征缴纳税款					
3	建筑服务预征缴纳税款					
4	销售不动产预征缴纳税款					
5	出租不动产预征缴纳税款					

（续表）

二、加计抵减情况							
序号	加计抵减项目	期初余额	本期发生额	本期调减额	本期可抵减额	本期实际抵减额	期末余额
		1	2	3	4=1+2-3	5	6=4-5
6	一般项目加计抵减额计算						
7	即征即退项目加计抵减额计算						
8	合计						

（6）《增值税减免税申报明细表》（见表 2-12）。

表 2-12　增值税减免税申报明细表

税款所属时间：自 2019 年 12 月 01 日至 2019 年 12 月 31 日

纳税人名称（公章）：华夏有限责任公司　　　　金额单位：元至角分

一、减税项目						
减税性质代码及名称	栏次	期初余额	本期发生额	本期应抵减税额	本期实际抵减税额	期末余额
		1	2	3=1+2	4≤3	5=3-4
合计	1					
	2					
	3					
	4					
	5					
	6					
二、免税项目						
免税性质代码及名称	栏次	免征增值税项目销售额	免税销售额扣除项目本期实际扣除金额	扣除后免税销售额	免税销售额对应的进项税款	免税额
		1	2	3=1-2	4	5
合计	7					
出口免税	8		—	—	—	—
其中：跨境服务	9		—	—	—	—
	10					
	11					
	12					
	13					
	14					
	15					
	16					

2）填制纳税申报表的原始资料（数据来源）

（1）填制《增值税纳税申报表附列资料（一）》（本期销售情况明细）的原始资料。

填制《增值税纳税申报表附列资料（一）》（本期销售情况明细）的常见原始资料有：

① 专用发票汇总表、专用发票明细表。

据以填写第1至2列“开具增值税专用发票”情形下的销售额、销项税额：反映本期开具增值税专用发票（含税控机动车销售统一发票，下同）的情况。

② 普通发票汇总表、普通发票明细表等。

据以填写第3至4列“开具其他发票”情形下的销售额、销项税额：反映除增值税专用发票以外本期开具的其他发票的情况。

③ 出库单及商品价目表（如，自产货物用于职工福利）等。

据以计算并填写第5至6列“未开具发票”情形下的销售额、销项税额：反映本期未开具发票的销售情况。

（2）填制《增值税纳税申报表附列资料（二）》（本期进项税额明细）的原始资料。

填制《增值税纳税申报表附列资料（二）》（本期进项税额明细）的常见原始资料有：

① 认证结果通知书、认证结果清单。

据以填写第2栏“本期认证相符且本期申报抵扣”情形下的份数、金额、税额：反映纳税人取得的认证相符本期申报抵扣的增值税专用发票情况。

② 增值税海关完税凭证抵扣明细表、增值税抵扣凭证稽核结果通知书。

据以填写第5栏“海关进口增值税专用缴款书”情形下的份数、金额、税额：反映本期申报抵扣的海关进口增值税专用缴款书的情况。

③ 其他资料。

还有农产品收购发票或者销售发票、电子缴税付款凭证、出库单（如，购进货物用于职工福利）等，据以填写进项税额、进项税额转出的相应栏次数据。

通常情况下，首先填制增值税纳税申报表附列资料，然后填制《增值税纳税申报表（一般纳税人适用）》主表（承引例，华夏公司的增值税纳税申报表及其附列资料，见表2-7至表2-12）。

引入案例解析

填制《增值税纳税申报表（一般纳税人适用）》及其附列资料所依据的原始资料

进行增值税纳税申报时，填制纳税申报表所依据的原始资料，不全部来源于财务会计资料，仅有小部分来源于财务会计资料。具体解析如下：

（1）财务会计上，每笔经济业务的财务会计核算所依据的原始资料（即原始凭证）：

① 销售经济业务发生，逐笔确认“销项税额”时：若开具发票，原始凭证为“增值税专用发票（记账联）”或“增值税普通发票（记账联）”等；若未开具发票（如，自产货物用于职工福利），原始凭证为“出库单”等。

② 采购经济业务发生，逐笔确认“进项税额”时：若取得增值税专用发票（并认证相符），原始凭证为“增值税专用发票（发票联）”；若取得海关进口增值税专用缴款书（并稽核相符），原始凭证为“海关进口增值税专用缴款书（国库收款签章后交缴款单位或缴纳人联）”；若购进免税农产品，原始凭证为“农产品收购发票或者销售发票”；若代扣代缴增值税，原始凭证为“电子缴税付款凭证”。

（2）纳税会计上，进行增值税纳税申报时，填制纳税申报表所依据的原始资料有些来源于财务会计资料;但是,纳税会计填制增值税纳税申报表时,不依赖于财务会计的账簿记录,也就是说,应交增值税的确认和计量,不是根据财务会计处理程序得出的,其大部分原始资料与财务会计原始凭证不一致,如:

①《增值税纳税申报表附列资料(一)》(本期销售情况明细)中的"销项税额"分四种情形分别列示,不须逐笔确认"销项税额"。

所依据原始资料有:专用发票汇总表、专用发票明细表,普通发票汇总表、普通发票明细表,出库单及商品价目表(如,自产货物用于职工福利)等。

②《增值税纳税申报表附列资料(二)》(本期进项税额明细)中的"税额",也不须逐笔确认。

所依据原始资料有:认证结果通知书、认证结果清单,增值税海关完税凭证抵扣明细表、增值税抵扣凭证稽核结果通知书,农产品收购发票或者销售发票,电子缴税付款凭证,出库单(如,购进货物用于职工福利)等。

趣味阅读2-2

增值税的起源及我国增值税会计模式

法国的莫里斯·洛雷是增值税的创始人,在法国被尊称为"增值税之父"。自1954年法国政府率先推行增值税以来,短短几十年,世界上就有170多个国家和地区采用这种征税方式,增值税以其特有的优势,成为世界税收史上最耀眼的一颗新星。国际货币基金组织(IMF)的文件称,增值税是20世纪下半叶世界税制改革中最重大的事件之一,目前它已经形成一股不可抗拒的时代潮流。

由于各国社会经济环境存在明显差异,财务会计与纳税会计之间形成了不同的关系模式,一般可以分为以英美为代表的财税分离会计模式、以法德为代表的财税合一会计模式和以日荷为代表的财税混合会计模式三种。在法国、德国等实施立法会计模式的国家,其会计准则制度从属于税收法律制度,即以税法为导向。目前我国财务会计和纳税会计为"一套账",对会计准则制度与税法不同之处,按税法要求进行处理,通过《增值税会计处理规定》(财会〔2016〕22号)文件的发布,对增值税会计处理的规范依然是税法导向的"财税合一"模式。增值税是目前我国第一大税种,实行税款抵扣机制的增值税会计自然也是最为复杂的,如果财务会计要保持与增值税价外计税处理的"一致性",当然也就非常复杂了。

既然税法导向的"财税合一"模式下的增值税会计处理如此复杂,我国今后的关于增值税会计的财税改革是否还有其他模式的选项呢?有些国内学者认为,现行增值税采用购进扣税法计税,纳税会计填制增值税纳税申报表时,不依赖于财务会计的账簿记录,也就是说,应交增值税的确认和计量,不是根据财务会计处理程序得出的,而是由纳税会计独特的处理程序得出;同时,与增值税制度保持一致,也无助于提高财务会计信息质量,所以增值税会计应适用"财税分离"的模式,即应制定"财税分离"模式下的增值税会计准则。

2.8 小规模纳税人应纳税额的会计核算及纳税申报表的填制

2.8.1 小规模纳税人应纳税额的会计核算

小规模纳税人采用简易计税方法,其发生应税销售行为时,实行按照(不含增值税)销售额乘以征收率计算应纳税额的简易计税方法,并不得抵扣进项税额。

小规模纳税人核算增值税时,只需设置"应交税费——应交增值税"科目即可。销售货物时,按收取的货款金额借记"银行存款""应收账款"等科目,按不含增值税的价款贷记"主营业务收入""其他业务收入"等科目,按计算的增值税额贷记"应交税费——应交增值税”科目；购买方购货时，不得抵扣任何进项税额，其购进货物所负担的增值税直接计入购进货物的成本之中。缴纳增值税时，借记“应交税费——应交增值税”科目，贷记“银行存款”科目。

【例 2-24】 某工业企业为小规模纳税人，12 月销售一批产品，开具的增值税普通发票上注明价款 110 000 元、增值税税额 3 300 元，款项已收存银行。

① 销售产品时：

借：银行存款　　113 300

　贷：主营业务收入　　110 000

　　应交税费——应交增值税　　3 300

② 次年 1 月月初缴纳税额时：

借：应交税费——应交增值税　　3 300

　贷：银行存款　　3 300

税务直通车 2-5

国家税务总局

关于小规模纳税人免征增值税政策有关征管问题的公告

国家税务总局公告 2019 年第 4 号

按照《财政部 税务总局关于实施小微企业普惠性税收减免政策的通知》（财税〔2019〕13 号）的规定，现将小规模纳税人月销售额 10 万元以下（含本数）免征增值税政策若干征管问题公告如下：

一、小规模纳税人发生增值税应税销售行为，合计月销售额未超过 10 万元（以 1 个季度为一个纳税期的，季度销售额未超过 30 万元，下同）的，免征增值税。

小规模纳税人发生增值税应税销售行为，合计月销售额超过 10 万元，但扣除本期发生的销售不动产的销售额后未超过 10 万元的，其销售货物、劳务、服务、无形资产取得的销售额免征增值税。

二、适用增值税差额征税政策的小规模纳税人，以差额后的销售额确定是否可以享受本公告规定的免征增值税政策。

《增值税纳税申报表（小规模纳税人适用）》中的“免税销售额”相关栏次，填写差额后的销售额。

三、按固定期限纳税的小规模纳税人可以选择以 1 个月或 1 个季度为纳税期限，一经选择，一个会计年度内不得变更。

四、《中华人民共和国增值税暂行条例实施细则》第九条所称的其他个人，采取一次性收取租金形式出租不动产取得的租金收入，可在对应的租赁期内平均分摊，分摊后的月租金收入未超过 10 万元的，免征增值税。

五、转登记日前连续 12 个月（以 1 个月为一个纳税期）或者连续 4 个季度（以 1 个季度为一个纳税期）累计销售额未超过 500 万元的一般纳税人，在 2019 年 12 月 31 日前，可选择转登记为小规模纳税人。

一般纳税人转登记为小规模纳税人的其他事宜，按照《国家税务总局关于统一小规模纳税人标准等若干增值税问题的公告》（国家税务总局公告 2018 年第 18 号）、《国家税务总局关于统一小规模纳税人标准有关出口退（免）税问题的公告》（国家税务总局公告 2018 年第 20 号）的相关规定执行。

六、按照现行规定应当预缴增值税税款的小规模纳税人，凡在预缴地实现的月销售额未超过 10 万元的，当期无需预缴税款。本公告下发前已预缴税款的，可以向预缴地主管税务机关申请退还。

七、小规模纳税人中的单位和个体工商户销售不动产，应按其纳税期、本公告第六条以及其他现行政策规定确定是否预缴增值税；其他个人销售不动产，继续按照现行规定征免增值税。

八、小规模纳税人月销售额未超过 10 万元的，当期因开具增值税专用发票已经缴纳的税款，在增值税专用发票全部联次追回或者按规定开具红字专用发票后，可以向主管税务机关申请退还。

九、小规模纳税人2019年1月份销售额未超过10万元(以1个季度为一个纳税期的，2019年第一季度销售额未超过30万元)，但当期因代开普通发票已经缴纳的税款，可以在办理纳税申报时向主管税务机关申请退还。

十、小规模纳税人月销售额超过10万元的，使用增值税发票管理系统开具增值税普通发票、机动车销售统一发票、增值税电子普通发票。

已经使用增值税发票管理系统的小规模纳税人，月销售额未超过10万元的，可以继续使用现有税控设备开具发票；已经自行开具增值税专用发票的，可以继续自行开具增值税专用发票，并就开具增值税专用发票的销售额计算缴纳增值税。

十一、本公告自2019年1月1日起施行。《国家税务总局关于全面推开营业税改征增值税试点有关税收征收管理事项的公告》(国家税务总局公告2016年第23号)第三条第二项和第六条第四项、《国家税务总局关于明确营改增试点若干征管问题的公告》(国家税务总局公告2016年第26号)第三条、《国家税务总局关于营改增试点若干征管问题的公告》(国家税务总局公告2016年第53号)第二条和《国家税务总局关于小微企业免征增值税有关问题的公告》(国家税务总局公告2017年第52号)同时废止。

特此公告。

国家税务总局

2019年1月19日

2.8.2 小规模纳税人增值税申报表的填制

小规模纳税人对增值税进行纳税申报时，应填报《增值税纳税申报表(小规模纳税人适用)》(见表2-13)《增值税纳税申报表(小规模纳税人适用)附列资料》《增值税减免税申报明细表》等。

相关思考2-5

小规模纳税人合计月应税销售额未超过10万元符合免征增值税政策时，如何进行会计处理

《增值税会计处理规定》关于小微企业免征增值税的会计处理规定：小微企业在取得销售收入时，应当按照税收法律制度的规定计算应交增值税，并确认为应交税费，在达到增值税制度规定的免征增值税条件时，将有关应交增值税转入当期损益。

小微企业免征的增值税属于直接减免增值税形式。因此，对于直接减免的应纳税额，借记“应交税费——应交增值税”科目，贷记“其他收益”科目。

表 2-13　增值税纳税申报表

（小规模纳税人适用）

纳税人识别号

纳税人名称(公章)：　　　　　　　　　　　　　　　　　　　　　　　金额单位:元至角分

税款所属期：　　年　　月　　日至　　　年　　月　　日　　填表日期：　　年　　月　　日

	项目	栏次	本期数		本年累计	
			货物及劳务	服务、不动产和无形资产	货物及劳务	服务、不动产和无形资产
一、计税依据	(一)应征增值税不含税销售额(3%征收率)	1				
	税务机关代开的增值税专用发票不含税销售额	2				
	税控器具开具的普通发票不含税销售额	3				
	(二)应征增值税不含税销售额(5%征收率)	4	—		—	
	税务机关代开的增值税专用发票不含税销售额	5	—		—	
	税控器具开具的普通发票不含税销售额	6	—		—	
	(三)销售使用过的固定资产不含税销售额	7(7≥8)		—		—
	其中:税控器具开具的普通发票不含税销售额	8		—		—
	(四)免税销售额	9=10+11+12				
	其中:小微企业免税销售额	10				
	未达起征点销售额	11				
	其他免税销售额	12				
	(五)出口免税销售额	13(13≥14)				
	其中:税控器具开具的普通发票销售额	14				
	(六)核定销售额	15				
二、税款计算	本期应纳税额	16				
	核定应纳税额	17				
	本期应纳税额减征额	18				
	本期免税额	19				
	其中:小微企业免税额	20				
	未达起征点免税额	21				
	应纳税额合计	22=16-18或17-18				
	本期预缴税额	23			—	—
	本期应补(退)税额	24=22-23			—	—

是否自行申报:⊙是　○否	办理人员身份证件类型:		办理人员身份	
纳税人或代理人声明:本纳税申报表是根据国家税收法律法规及相关规定填报的,我确定它是真实的、可靠的、完整的。	如纳税人填报,由纳税人填写以下各栏:			
	办税人员:		财务负责人:	
	法定代表人:		联系电话:	
	如委托代理人填报,由代理人填写以下各栏:			
	代理人名称(公章):		经办人:	
			联系电话:	
主管税务机关:		接收人:		接收日期:

本章小结

本章主要学习增值税的会计核算及纳税申报，要求学生掌握一般纳税人和小规模纳税人增值税的会计核算方法及增值税的纳税申报；需结合实务着重掌握一般纳税人增值税的会计核算及纳税申报，为企业纳税会计实务操作奠定良好的基础。

重要概念

增值税　视同销售行为　小规模纳税人　一般纳税人　“进项税额”专栏　“销项税额”专栏　“转出未交增值税”专栏　“未交增值税”明细科目　“代扣代缴增值税”明细科目

本章练习

一、单选题

1. 销项税额是指纳税人发生应税销售行为后，按(　　)和增值税税率计算并收取的增值税税额。

A. 含增值税销售额　　B. 不含增值税销售额

C. 不含关税销售额　　D. 不含消费税销售额

2. 销项税额是一般纳税人在(　　)下发生应税销售行为，按照销售额和税收法律制度规定的税率计算收取的增值税。

A. 一般计税方法　　B. 简易计税方法

C. 合并计税方法　　D. 价税合一方法

3. (　　)明细科目是核算一般纳税人采用简易计税方法发生的增值税计提、扣减、预缴、缴纳等业务。

A. 未交增值税　　B. 预交增值税

C. 简易计税　　D. 代扣代缴增值税

4. 月度终了，企业应当将当月应交未交或多交的增值税自“应交增值税”明细科目转入(　　)明细科目。

A. 预交增值税　　B. 未交增值税

C. 转出未交增值税　　D. 转出多交增值税

5. 企业缴纳当月应交的增值税，借记(　　)科目，贷记“银行存款”科目。

A. 应交税费——未交增值税　　B. 应交税费——应交增值税

C. 应交税费——预交增值税　　D. 应交税费——应交增值税(已交税金)

二、多选题

1. 增值税征税范围包括货物的(　　)四个环节。

A. 生产　　B. 批发　　C. 零售　　D. 进口

2. 销售服务中的“服务”包括(　　)。

A. 电信服务　　B. 交通运输服务　　C. 邮政服务　　D. 建筑服务

E. 现代服务

3. 增值税一般纳税人应当在“应交税费　　应交增值税”科目下设置(　　)等专栏。

A. 进项税额　　B. 销项税额抵减

C. 已交税金　　D. 转出未交增值税

E. 减免税款

4. 按照我国现行增值税的减免规定，减免增值税分为(　　)等形式。

A. 免、退税　　B. 免、抵、退税

C. 直接减免　　D. 先征后返(退)

E. 即征即退

5. 一般纳税人办理纳税申报需要经过(　　)等程序。

A. 发票认证　　B. 抄报　　C. 报税　　D. 税款缴纳

E. 开户

三、判断题

1. 小规模纳税人是指年应征增值税销售额在规定标准以下，不能按规定报送有关纳税资料的纳税人。(　　)

2. 境外的单位或者个人在境内发生应税行为(销售服务、无形资产或不动产)，在境内未设有经营机构的，以购买方为增值税扣缴义务人，财政部和国家税务总局另有规定的除外。(　　)

3. 增值税应纳税额的计算方法有一般计税方法和简易计税方法两种基本方法。(　　)

4. 如果销项税额小于应抵扣税额，实际抵扣税额就是应抵扣税额。(　　)

5. 简易计税方法的销售额不包括其应纳增值税额，纳税人采用销售额和应纳增值税额合并定价方法的，应将其换算为不含税销售额。(　　)

四、简答题

1. 准予抵扣进项税额的情形有哪些？哪些项目的进项税额不得从销项税额中抵扣？

2. 简述《增值税纳税申报表(一般纳税人适用)》及其附列资料。

五、业务题

某企业为生产型出口企业，实行免、抵、退税办法，该产品的增值税税率为13%，退税率为11%。10月的有关资料如下：

(1) 购进原材料，取得的增值税专用发票上注明的价款为700 000元、增值税额为91 000元，款项已支付，货物已入库。

(2) 内销一批产品，开具的增值税专用发票上注明的价款为500 000元、增值税额为65 000元，款项已收到存入银行。

(3) 报关出口一批产品，离岸价为50 000美元(汇率为1∶6.2)，款项尚未收到。

要求：计算该生产型企业免、抵、退税额，并编制相应会计分录。

六、案例分析题

华夏有限责任公司(简称华夏公司)为增值税一般纳税人，公司基本存款账户开户银行及账号为中国银行城阳区支行240301238910、缴税用开户银行及账号为中国农业银行城阳区支行38040112345678900。华夏公司主营生产销售打印机，不含税售价为8 000元/台，成本为5 000元/台，适用的增值税税率为13%。2019年10月，该公司发生的部分经济业务如下：

(1) 4日，销售20台打印机给创新科技有限公司(小规模纳税人)，开具的增值税普通发票(记账联)上注明的销售额为160 000元、增值税额为20 800元，商品已发出，货款已收存银行。

(2) 6日，销售80台打印机给创盛商场，开具的增值税专用发票(记账联)上注明的销售额为640 000元、增值税额为83 200元，商品已发出，凭发票等向银行办妥委托收款手续。

(3) 12日，购进原材料一批，取得的增值税专用发票(发票联)上注明的价款为800 000元，增值税额为104 000元；同时支付运费(含增值税)3 270元，取得的增值税专用发票(发票联)上注明的运费为3 000元，增值税额为270元。上述材料已运达并验收入库，货款尚未结算，运费以现金付讫。

(4) 15日，支付电费，取得的增值税专用发票(发票联)上注明的价款为9 000元、增值税额为1 170元，其中生产用电占总用电量的90%、职工福利部门用电占总用电量的10%，款项以银行存款支付。

(5) 20日，从某小规模纳税人处购进办公用品，取得的增值税专用发票(发票联)上注明的价款为2 000元，增值税额为60元，款项以存款付讫。

(6) 28日，公司职工福利部门领用上月购进的原材料一批，实际成本为1 000元，该批材料的进项税额为130元，已于购进当期申报抵扣。

另外，本月取得的增值税专用发票均已认证相符，上月无留抵的进项税额。

要求：

(1) 作出上述经济业务的财务会计分录，并进行月末结转增值税的会计处理(写出本期应纳增值税额的计算过程)。

(2) 试分析上述经济业务在《增值税纳税申报表附列资料(一)》《增值税纳税申报表附列资料(二)》中如何填列？

第 3 章　消费税的会计核算

内容提要

本章主要讲解了消费税的税目和税率，消费税应纳税额的计算，包括从价定率、从量定额和从价定率与从量定额复合计征计算方法，消费税的会计核算等，并分为三节内容进行讲解。

重点难点

本章重点为消费税的从价定率、从量定额和从价定率与从量定额复合计征计算方法，消费税的会计处理；难点为应税消费品视同销售的会计处理、委托加工应税消费品的会计处理。

学习目标

通过本章学习，学生应掌握消费税的基本特点和内容、消费税的税目和税率、消费税相关业务的会计处理，了解消费税纳税申报与增值税纳税申报的异同等。明确企业生产销售应税消费品的会计核算、外购应税消费品已纳税款扣除的会计核算、委托加工应税消费品的会计核算、进口应税消费品的会计核算、出口应税消费品的会计核算、缴纳消费税的会计核算；了解消费税纳税申报表的填制。

知识框架

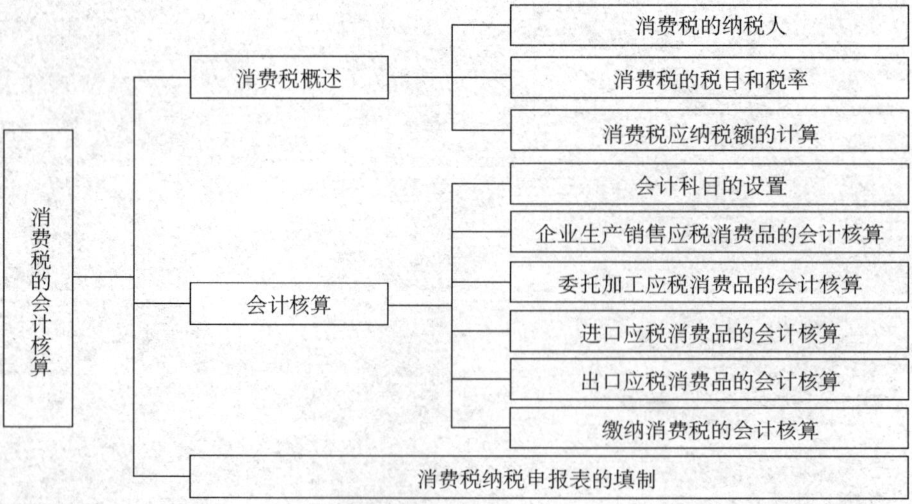

引入案例 烟类企业如何计算应纳消费税

某卷烟厂为增值税一般纳税人，本年12月从乙公司购进烟丝，取得增值税专用发票，注明价款60万元整，使用60%用于生产雪花牌卷烟（甲类卷烟），本月销售雪花牌卷烟80箱（标准箱），取得不含税销售额500万元。甲类卷烟消费税从价税率为56%，从量税率为150元/标准箱，烟丝消费税税率为30%。

思考：该卷烟厂本月的应纳消费税额是多少？

3.1 消费税概述

3.1.1 消费税的纳税人

消费税是指对在我国境内从事生产、委托加工和进口应税消费品的单位和个人征收的一种流转税。确切地说，消费税是对特定消费品、特定消费行为征收的一种流转税。

消费税的纳税人是在我国境内生产、委托加工和进口应税消费品的单位和个人。"单位"是指企业、行政单位、事业单位、军事单位、社会团体及其他单位。"个人"是指个体工商户及其他个人，纳税人必须在我国境内从事生产、委托加工和进口应税消费品活动，纳税人的经济活动必须属于税法规定的应税消费品，两者缺一不可。

此外，根据税法规定，对进口的应税消费品，以进口人或代理人为纳税人。

特别提示3-1

我国现行消费税的纳税范围

我国现行消费税的纳税范围如下：

(1) 过度消费会对人类健康、社会秩序、生态环境等造成危害的特殊消费品，如烟、酒、鞭炮、焰火等。

(2) 奢侈品、非生活必需品，如高档化妆品、贵重首饰及珠宝玉石。

(3) 高能耗及高档消费品，如小汽车、摩托车等。

(4) 不可再生和替代的石油类消费品，如成品油等。

3.1.2 消费税的税目和税率

1. 消费税的税目

我国消费税的税目共有15个，分别是：

(1) 烟。

(2) 酒。

(3) 高档化妆品。

(4) 贵重首饰及珠宝玉石。

(5) 鞭炮、焰火。

(6) 成品油。

(7) 摩托车。

(8) 小汽车。

(9) 高尔夫球及球具。

(10) 高档手表。

(11) 游艇。

(12) 木制一次性筷子。

(13) 实木地板。

(14) 电池。

(15) 涂料。

其中还包括若干子目。

趣味阅读 3-1

超豪华小汽车征消费税

自2016年12月1日起,“小汽车”税目下增设“超豪华小汽车”子税目,对超豪华小汽车,在生产(进口)环节按现行税率征收消费税的基础上,在零售环节加征消费税,税率为10%。超豪华小汽车是指每辆零售价格在130万元(不含增值税)及以上的乘用车和中轻型商用客车。将超豪华小汽车销售给消费者的单位和个人为超豪华小汽车零售环节纳税人。

2. 消费税的税率

消费税的税率包括比例税率和定额税率两类。根据不同的税目或子目,应税消费品的税率(税额)如表3-1所示。

表3-1 消费税税目税率(税额)表

税目	税率(税额)	计税单位	说明
一、烟			
1. 卷烟			
(1) 甲类卷烟(生产、进口环节)	56%加0.003元/支		每标准条(200支)调拨价格在70元(含70元)以上的卷烟为甲类卷烟。
(2) 乙类卷烟(生产、进口环节)	36%加0.003元/支		每标准条(200支)调拨价格在70元以下的卷烟为乙类卷烟。
(3) 批发环节	11%加0.005元/支		卷烟批发环节加征一道从价税和从量税。
2. 雪茄烟	36%		包括各种规格、型号的雪茄烟。
3. 烟丝	30%		包括以烟叶为原料加工生产的不经卷制的散装烟。
二、酒			
1. 白酒	20%加0.5元/500克(或500毫升)		
2. 黄酒	240元	吨	包括各种原料酿制的黄酒和酒精度超过12度(含12度)的土甜酒。
3. 啤酒			

（续表）

税目	税率(税额)	计税单位	说明
(1) 甲类啤酒	250元	吨	啤酒每吨出厂价格(含包装物及包装物押金)在3 000元(含3 000元,不含增值税)以上的是甲类啤酒。
(2) 乙类啤酒	220元	吨	啤酒每吨出厂价格(含包装物及包装物押金)在3 000元(含3 000元,不含增值税)以下的是乙类啤酒。
4. 其他酒	10%		包括糠麸白酒、其他原料白酒、土甜酒、复制酒、果木酒、汽酒、药酒。
三、高档化妆品	15%		包括高档美容、修饰类化妆品,高档护肤类化妆品和成套化妆品,即生产(进口)环节销售(完税)价格(不含增值税)在10元/毫升(克)或15元/片(张)及以上,税率调整为15%。
四、贵重首饰及珠宝玉石			
1. 金银首饰、铂金首饰及钻石和钻石饰品	5%		金银首饰由生产销售环节征收改为零售环节征收,仅限于金、银和金基、银基合金首饰,以及金银和金基、银基合金的镶嵌首饰。
2. 其他贵重首饰和珠宝玉石	10%		包括各种珠宝首饰和经采掘、打磨、加工的各种珠宝玉石。
五、鞭炮、焰火	15%		包括各种鞭炮、焰火。体育上用的发令纸、鞭炮药引线不按本税目征收。
六、成品油			
1. 汽油	1.52元	升	
2. 柴油	1.2元	升	
3. 航空煤油	1.2元	升	航空煤油暂缓征收消费税。
4. 石脑油	1.52元	升	包括除汽油、柴油、航空煤油、溶剂油以外的各种轻质油。
5. 溶剂油	1.52元	升	
6. 润滑油	1.52元	升	
7. 燃料油	1.2元	升	
七、摩托车			
1. 气缸容量(排气量,下同)250毫升的	3%		
2. 气缸容量250毫升以上的	10%		
八、小汽车			电动汽车不属于本税目征收范围。沙滩车、雪地车、卡丁车、高尔夫车不属于消费税征收范围,不征收消费税。

（续表）

税目	税率(税额)	计税单位	说明
1. 乘用车			
(1) 气缸容量(排气量,下同)在1.0升(含1.0升)以下的	1%		
(2) 气缸容量在1.0升以上至1.5升(含1.5升)的	3%		
(3) 气缸容量在1.5升以上至2.0升(含2.0升)的	5%		
(4) 气缸容量在2.0升以上至2.5升(含2.5升)的	9%		
(5) 气缸容量在2.5升以上至3.0升(含3.0升)的	12%		
(6) 气缸容量在3.0升以上至4.0升(含4.0升)的	25%		
(7) 气缸容量在4.0升以上的	40%		
2. 中轻型商用客车	5%		
3. 超豪华小汽车(零售环节)	10%		
九、高尔夫球及球具	10%		高尔夫球杆的杆头、杆身和握把属于本税目的征收范围。
十、高档手表	20%		高档手表是指销售价格(不含增值税)每只在10 000元(含)以上的各类手表。
十一、游艇	10%		
十二、木制一次性筷子	5%		
十三、实木地板	5%		
十四、电池	4%		
十五、涂料	4%		

特别提示3-2

消费税的复合征收

15个消费税税目中，黄酒、啤酒、成品油实行的是单一的定额税率，其他大多数应税消费品均为单一的比例税率。特别要注意的是卷烟、白酒实行“复合税率”(同时适用比例税率与定额税率的一种特殊形式，其本身并不是一种税率)复合征收。

3.1.3 消费税应纳税额的计算

消费税应纳税额的计算分为从价定率、从量定额和从价定率与从量定额复合计征三种计算方法。

1. 从价定率计算方法

从价定率征收消费税，应纳税额的计算取决于应税消费品的销售额和适用税率两个因素，计算公式如下：

应纳消费税＝应税消费品的销售额×适用税率

1）销售额的确定，在一般情况下，纳税人销售应税消费品，其销售额为销售应税消费品向购买方收取的全部价款和价外费用

价外费用是指价外收取的手续费、补贴、基金、集资费、返还利润、奖励费、违约金、滞纳金、延期付款利息、赔偿金、代收款项、代垫款项、包装费、包装物租金、储备费、运输装卸费以及其他各种性质的价外收费，但下列款项不属于价外费用：

(1) 同时符合以下条件的代垫运输费用：

① 承运部门的运费发票开具给购货方的。

② 纳税人将该项发票转交给购货方的。

(2) 同时符合以下条件代为收取的政府性基金或者行政事业性收费：

① 由国务院或者财政部批准设立的政府性基金，由国务院或者省级人民政府及其财政、价格主管部门批准设立的行政事业性收费。

② 收取时开具省级以上财政部门印制的财政票据。

其他价外费用，无论是否属于纳税人的收入，均应并入销售额计算征税。

销售额不包括应向购货方收取的增值税税款。纳税人应税消费品的销售额中未扣除增值税税款或者不得开具增值税专用发票而发生价款和增值税税款合并收取的，在计算消费税时，应当换算为不含增值税税款的销售额。相应的换算公式如下：

应纳消费品的销售额＝含增值税的销售额÷(1＋增值税税率或征收率)

2）包装物计入销售额的规定

应税消费品连同包装物销售的，无论包装物是否单独计价，也无论在会计上如何核算，均应并入销售额，征收消费税。

如果包装物不作价随同产品销售，而是收取押金(酒类产品除外)，且单独核算又未过期，则此项押金不应并入应税消费品的销售额征税。但是，对因逾期未收回包装物不再退还的押金和已收取1年以上的包装物押金，应并入应税消费品的销售额征收消费税。酒类产品的包装物押金，无论是否返还及会计上如何核算，均应并入酒类产品的销售额中征税。

对既作价随同应税消费品销售，又收取押金的包装物押金，凡纳税人在规定的期限内不予退还的，均应并入应税消费品的销售额中征收消费税。

3）自产自用应税消费品销售额的确定

自产自用的应税消费品按其使用方向可分为两种情况，因而其应税销售额的规定也有两种情况：

(1) 纳税人将自己生产的应税消费品用于本企业连续生产应税消费品。这种自产自用的应税消费品是指作为生产最终应税消费品的直接材料，并构成最终产品实体的应税消费品。在这种情况下，自产自用的应税消费品不征税，只就最终应税消费品征税。

(2) 纳税人将自己生产的应税消费品用于连续生产应税消费品以外的其他方面，即用于生产非应税消费品和在建工程、管理部门、非生产机构、提供劳务以及用于馈赠、赞助、广告、样品、职工福利、奖励等方面。对这种用于其他方面的自产自用的应税消费品，均视同对外销售，按照纳税人生产的同类消费品的销售价格纳税。没有同类消费品价格的，以组成计税价格作为计税销售额。

① 实行从价定率办法计算组成计税价格的公式如下：

$$组成计税价格=(成本+利润)\div(1-消费税税率)$$

式中，成本为应税消费品的产品生产成本；利润为根据应税消费品全国平均成本利润率计算的利润。

② 实行复合计税办法计算组成计税价格的计算公式如下：

$$组成计税价格=(成本+利润+自产自用数量\times定额税率)\div(1-比例税率)$$

式中，成本为应税消费品的产品生产成本；利润为根据应税消费品全国平均成本利润率计算的利润。

《国家税务总局关于印发〈消费税若干具体问题的规定〉的通知》(国税发〔1993〕156号)和《财政部、国家税务总局关于调整和完善消费税政策的通知》(财税〔2006〕33号)对全国平均成本利润率作了具体规定，如表3-2所示。

表3-2 平均成本利润率表

序号	种类	成本利润率	序号	种类	成本利润率
1	甲类卷烟	10%	11	摩托车	6%
2	乙类卷烟	5%	12	乘用车	8%
3	雪茄烟	5%	13	中轻型商用客车	5%
4	烟丝	5%	14	高尔夫球及球具	10%
5	粮食白酒	10%	15	高档手表	20%
6	薯类白酒	5%	16	游艇	10%
7	其他酒	5%	17	木制一次性筷子	5%
8	化妆品	5%	18	实木地板	5%
9	鞭炮和焰火	5%	19	电池	4%
10	贵重首饰及珠宝玉石	6%	20	涂料	7%

4) 委托加工应税消费品销售额的确定

委托加工应税消费品是指由委托方提供原料和主要材料，受托方只收取加工费和代垫部分辅助材料加工的应税消费品。对于由受托方提供原料和主要材料生产的应税消费品，或者受托方先将原材料卖给委托方，再接受加工的应税消费品，以及由受托方以委托方名义购进原材料生产的应税消费品，不论纳税人在财务上是否作销售处理，都不能作为委托加工应税消费品，而应当按照自制应税消费品缴纳消费税。

委托加工应税消费品以受托方同类消费品的销售价格作为计税销售额；没有同类消费品销售价格的，以组成计税价格作为计税销售额。

实行从价定率办法计算纳税的组成计税价格计算公式如下：

组成计税价格＝(材料成本＋加工费)÷(1－比例税率)

实行复合计税办法计算纳税的组成计税价格计算公式如下：

组成计税价格＝(材料成本＋加工费＋委托加工数量×定额税率)÷(1－比例税率)

式中，材料成本为委托方所提供加工材料的实际成本；加工费为受托方加工应税消费品向委托方收取的全部费用(包括代垫辅助材料的实际成本，不包括增值税税金)。

特别提示3-3

委托加工应税消费品

委托加工应税消费品的消费税的纳税人是委托方，不是受托方，受托方承担的只是代收代缴义务。

5) 进口应税消费品销售额的确定

进口应税消费品以组成计税价格为计税销售额，实行从价定率办法计算纳税的组成计税价格计算公式如下：

组成计税价格＝(关税完税价格＋关税)÷(1－消费税比例税率)

实行复合计税办法计算纳税的组成计税价格计算公式如下：

组成计税价格＝(关税完税价格＋关税＋进口数量×消费税定额税率)÷(1－消费税比例税率)

式中，关税完税价格为海关核定的关税计税价格。

6) 外购或委托加工收回的应税消费品已纳税额的扣除

由于消费税在单一环节课征，因此消费税法规定：对于用外购或委托加工收回的应税消费品连续生产的应税消费品，在计算征税时，按当期生产领用数量，准予从应税消费品的应纳消费税税额中扣除外购或委托加工收回的应税消费品已纳的消费税税额。

(1) 准予扣除外购或委托加工收回的已税消费品已纳消费税的范围。

① 以外购或委托加工收回的已税烟丝为原料生产的卷烟。

② 以外购或委托加工收回的已税高档化妆品为原料生产的高档化妆品。

③ 以外购或委托加工收回的已税珠宝、玉石为原料生产的贵重首饰及珠宝、玉石。

④ 以外购或委托加工收回的已税鞭炮、焰火为原料生产的鞭炮、焰火。

⑤ 以外购或委托加工收回的已税摩托车连续生产的摩托车。

⑥ 以外购或委托加工收回的已税杆头、杆身和握把为原料生产的高尔夫球杆。

⑦ 以外购或委托加工收回的已税木制一次性筷子为原料生产的木制一次性筷子。

⑧ 以外购或委托加工收回的已税实木地板为原料生产的实木地板。

⑨ 以外购已税汽油、柴油、石脑油、燃料油、润滑油为原料生产的应税成品油。

(2) 当期准予扣除的外购或委托加工收回的应税消费品的已纳消费税税额，按当期生产领用数量计算。计算公式如下：

当期准予扣除的外购应税消费品已纳税款＝当期准予扣除的外购应税消费品买价或数量×外购应税消费品适用税率或税额

当期准予扣除的外购应税消费品买价或数量＝期初库存的外购应税消费品买价或数量＋当期购进的应税消费品买价或数量－期末库存的外购应税消费品买价或数量

当期准予扣除的委托加工应税消费品已纳税款＝期初库存的委托加工应税消费品已纳税款＋当期收回的委托加工应税消费品已纳税款－期末库存的委托加工应税消费品已纳税款

但是，纳税人用外购或委托加工收回的已税珠宝、玉石生产的改在零售环节征收消费税的金银首饰，在计税时一律不得扣除以委托加工方式收回的珠宝、玉石的已纳消费税税额。

7）委托方出售应税消费品的处理

委托方将委托加工收回的应税消费品，以不高于受托方的计税价格出售的，为直接出售，不再缴纳消费税；委托方以高于受托方的计税价格出售的，不属于直接出售，须按规定缴纳消费税，在计税时准予扣除受托方已代收代缴的消费税。

相关思考 3-1

消费税纳税人如何确定计税依据

纳税人用于换取生产资料和消费资料、投资入股和抵偿债务等方面的应税消费品，应当以纳税人同类应税消费品的“最高”销售价格作为计税依据计算征收消费税。

纳税人将自己生产的应税消费品用于其他方面的（如发放福利），以纳税人最近时期同类货物的“平均”销售价格作为计税依据计算征收消费税。

2. 从量定额计算方法

（1）从量定额征收消费税，应纳税额取决于消费品的应税数量和单位税额两个因素。计算公式如下：

应纳消费税＝应税消费品的销售数量×单位税额

（2）销售数量的确定。销售数量是指纳税人生产、加工和进口应税消费品的数量。

具体规定如下：

① 销售应税消费品的，以销售数量为计税依据。

② 自产自用应税消费品的，以移送使用数量为计税依据。

③ 委托加工应税消费品的，以加工收回数量为计税依据。

④ 进口应税消费品的，以海关核定的进口数量为计税依据。

3. 从价定率和从量定额复合计算方法

（1）从价定率和从量定额复合计算方法，是以两种方法计算的应纳税额之和为该应税消费品的应纳税额。在现行消费税的征收范围中，我国目前只对卷烟和白酒（粮食白酒和薯类白酒）采用复合征收方法。

应纳消费税＝应税消费品的销售额×比例税率＋应税消费品的销售数量×单位税额

引入案例解析

烟类企业如何计算应纳消费税

卷烟的消费税实行复合计征，外购已税烟丝连续生产卷烟的，已纳消费税可以扣除。

应纳消费税＝500×56％＋150×80÷10 000－60×30％×60％＝270.4(万元)

(2) 销售额为纳税人生产销售卷烟、白酒向购买方收取的全部价款和价外费用。销售数量为纳税人生产销售、进口、委托加工、自产自用卷烟或白酒的销售数量、海关核定数量、委托方收回数量和移送使用数量。

3.2 消费税的会计核算

3.2.1 会计科目的设置

缴纳消费税的企业应主要设置以下两个科目。

1.“应交税费——应交消费税”

为了正确、及时地反映企业应缴、已缴、欠缴消费税等相关涉税事项，纳税人应在“应交税费”科目下设置“应交消费税”明细科目进行会计处理。该明细账户采用三栏式科目记账，贷方核算企业按规定应缴纳的消费税，借方核算企业实际缴纳的消费税、允许抵扣的消费税。期末，贷方余额表示尚未缴纳的消费税税额，借方余额表示企业多缴的消费税税额。

2.“税金及附加”

为了反映由此产生的消费税费用，企业还应设置“税金及附加”科目。该科目用于核算因销售应税产品而负担的消费税金及其附加(城市维护建设税，教育费附加等)。

企业计算应缴消费税时，借记“税金及附加”科目，贷记“应交税费——应交消费税”科目。实际缴纳时，借记“应交税费——应交消费税”科目，贷记“银行存款”科目。期末，应将“税金及附加”科目的余额转入“本年利润”科目，结转后本科目无余额。

3.2.2 企业生产销售应税消费品的会计核算

1. 直接销售应税消费品的会计核算

企业生产出应税消费品对外销售，由于消费税属价内税，企业销售应税消费品的售价包含消费税(不含增值税)，因此，企业缴纳的消费税应记入“税金及附加”科目，用销售收入补偿。销售实现时，按规定计算应缴消费税。

【例3-1】 某汽车制造公司为增值税一般纳税人，销售乘用车200辆(气缸容量2.2升)，每辆车的不含税销售价为8万元，货款尚未收到。每辆车的成本价为5万元，该乘用车的增值税税率为13％，消费税税率为9％。

应向购买方收取的增值税税额＝80 000×200×13％＝2 080 000(元)

应纳消费税税额＝80 000×200×9％＝1 440 000(元)

会计分录如下：

借：应收账款　　18 080 000
　　贷：主营业务收入　　16 000 000
　　　　应交税费——应交增值税（销项税额）　　2 080 000
借：主营业务成本　　10 000 000
　　贷：库存商品　　10 000 000
借：税金及附加　　1 440 000
　　贷：应交税费——应交消费税　　1 440 000

2. 企业以自产的应税消费品对外投资，或用于在建工程、非应税项目等方面的会计核算

企业将生产的应税消费品作为投资应视同销售缴纳消费税，但在会计处理上投资不宜作销售处理。因为投资与销售两者性质不同，投资作价与用于投资的应税消费品账面成本之间的差额应由整个投资期间的损益来承担，而不应仅由投资当期损益承担。现行税法要求作销售处理，主要是考虑不影响所得税的计算。

企业在投资时，借记“长期股权投资”“存货跌价准备”科目等，按该应税消费品的账面成本，贷记“产成品”或“自制半成品”科目等，按投资的应税消费品售价或组成计税价格计算的应缴增值税、消费税，贷记“应交税费”科目，按投资时支付的相关税费（增值税、消费税除外），贷记“银行存款”科目。

【例 3-2】 某汽车制造公司为增值税一般纳税人，以自产的某型乘用车（气缸容量 2.2 升）20 辆投资于某出租公司。按照双方协议，每辆车的不含税销售价为 75 000 元。每辆车的成本价为 50 000 元，该乘用车的增值税税率为 13%，消费税税率为 9%。

增值税税额＝75 000×20×13%＝195 000（元）

消费税税额＝75 000×20×9%＝135 000（元）

会计分录如下：

借：长期股权投资　　1 695 000
　　贷：主营业务收入　　1 500 000
　　　　应交税费——应交增值税（销项税额）　　195 000
借：主营业务成本　　1 000 000
　　贷：库存商品　　1 000 000
借：税金及附加　　135 000
　　贷：应交税费——应交消费税　　135 000

3. 外购应税消费品已纳税款扣除的会计核算

（1）对于将外购应税消费品用于直接销售的，外购应税消费品的已纳税款应计入所销售消费品的成本中，其会计分录如下：

借：在途物资
　　贷：应付账款（银行存款等科目）

【例 3-3】 某公司外购一批成套高档化妆品，不含税销售价为 30 000 元。增值税税率为 13%，消费税税率为 15%。款项已支付，该公司将该批高档化妆品用于直接出售。

应纳增值税税额＝30 000×13%＝3 900（元）

应纳消费税税额＝30 000×15%＝4 500（元）

会计分录如下：

借：在途物资 30 000
　　应交税费——应交增值税（进项税额） 3 900
　　贷：银行存款 33 900

（2）对于将外购应税消费品用于企业连续加工生产应税消费品的，外购应税消费品的已纳税款准予按规定抵扣，在会计处理中，应借记"应交税费——应交消费税"科目。其会计分录如下：

借：应交税费——应交消费税
　　贷：应付账款（银行存款等科目）

【例3-4】 在[例3-3]中，如果公司将外购的该批成套高档化妆品用于连续生产化妆品，外购化妆品的已纳税款可准予按规定抵扣。会计分录如下：

借：在途物资 25 500
　　应交税费——应交消费税 4 500
　　　　　　——应交增值税（进项税额） 3 900
　　贷：银行存款 33 900

特别提示3-4

外购应税消费品已纳税款扣除

对外购已税消费品直接出售的，出售时不再缴纳消费税（除了卷烟批发环节、超豪华小汽车的零售环节还需要加征消费税外），相应地外购应税消费品已纳消费税税款也就不能扣除。

4. 应税消费品包装物及包装物押金的会计核算

（1）随同产品出售的包装物应税消费品的会计核算。

按税法规定，随同产品出售的包装物，无论是否单独计价，也不论在会计上如何进行核算，均应并入应税消费品的销售额，按其税率计征消费税。随同产品出售不单独计价的包装物，因包装物价款已包含在销售额中，会计处理同直接对外销售应税消费品。随同产品出售单独计价的包装物，因其销售收入记入"其他业务收入"科目，所以按规定缴纳消费税的会计分录如下：

借：税金及附加
　　贷：应交税费——应交消费税

（2）出租、出借包装物逾期未收回而没收的押金消费税的会计核算。

纳税人出租、出借包装物逾期未收回而没收的押金，应从"其他应付款"科目转入"其他业务收入"科目，并按应缴纳的消费税额，借记"税金及附加"科目，贷记"应交税费——应交消费税"科目。

3.2.3 委托加工应税消费品的会计核算

委托方发出委托加工材料，向受托方支付加工费和代收代缴消费税时，借记"委托加工物资"等科目，贷记"应付账款""银行存款"科目等。

(1) 在将收回的委托加工应税消费品不再加工而直接销售时,如果直接出售(不加价),因为不缴消费税,消费品则不必作应交消费税的会计分录。

【例3-5】 某卷烟厂委托甲厂加工烟丝,卷烟厂和甲厂均为一般纳税人。卷烟厂提供烟叶55 000元,甲厂收取加工费20 000元,增值税税额2 600元。烟丝按入库价格对外销售时,不再缴纳消费税。卷烟厂作会计分录如下:

① 发出材料时:

借:委托加工物资	55 000	
贷:原材料		55 000

② 支付加工费时:

借:委托加工物资	20 000	
应交税费——应交增值税(进项税额)	2 600	
贷:银行存款		22 600

③ 支付代收代缴消费税时:

$$代收代缴消费税=(55\ 000+20\ 000)\div(1-30\%)\times30\%=32\ 143(元)$$

借:委托加工物资	32 143	
贷:银行存款		32 143

④ 加工的烟丝入库时:

借:库存商品	107 143	
贷:委托加工物资		107 143

(2) 委托加工应税消费品收回后,如果委托方在受托方计税基础上加价出售,则委托加工应税计税并作应交消费税的会计分录。

借:应交税费——应交消费税
　　贷:应付账款(银行存款等科目)

(3) 委托加工应税消费品收回后用于连续生产应税消费品的会计核算。

借:应交税费——应交消费税
　　贷:应付账款(银行存款等科目)

相关思考3-2

增值税和消费税抵扣的差异点

增值税和消费税抵扣的不同点:在计算增值税一般纳税人的当期增值税应纳税额时,如果取得了增值税专用发票并通过认证的,可以全额抵扣,与当期生产领用数量无关,增值税采用的是"购进扣税法";但在计算消费税时,对于外购或委托加工收回的应税消费品用于连续生产应税消费品的,准予抵扣的消费税与当期生产领用数量有关,强调的是配比原则。

增值税和消费税抵扣的相同点:消费税抵扣的目的和增值税一样,也是避免重复征税。

3.2.4 进口应税消费品的会计核算

对于进口的应税消费品,应在进口报关时计算征收消费税。对于将进口的应税消费品用于直接销售的，其在进口环节应纳的消费税，应计入进口消费品的成本中，会计分录如下：

借：在途物资（材料采购等科目）

　　贷：应付账款（银行存款等科目）

对于将进口的应税消费品用于企业连续加工生产应税消费品的，其在进口环节的已纳税款准予按规定抵扣，会计分录如下：

借：应交税费——应交消费税

　　贷：应付账款（银行存款等科目）

【例3-6】 某公司（该公司不单独核算关税）从国外进口一批成套高档化妆品，用于直接出售。经海关审定的完税价格为60 000元，关税税率为10%，消费税税率为15%，增值税税率为13%。款项已经支付，化妆品已验收入库。

应纳关税税额＝60 000×10%＝6 000（元）

应纳消费税税额＝（60 000＋6 000）÷（1－15%）×15%＝11 647（元）

应纳增值税税额＝（60 000＋6 000＋11 647）×13%＝10 094（元）

其会计分录如下：

借：库存商品	77 647	
应交税费——应交增值税（进项税额）	10 094	
贷：银行存款		87 741

3.2.5 出口应税消费品的会计核算

企业出口应税消费品，应区分不同情况进行会计核算。

(1) 有出口经营权的生产性企业自营出口自产的应税消费品，免税不退税，可以不缴纳应纳消费税。

(2) 有出口经营权的外贸企业购进应税消费品直接出口，其会计分录如下：

① 购进应税消费品时：

借：在途物资（库存商品等科目）

　　应交税费——应交增值税（进项税额）

　　贷：银行存款等科目

② 报关出口后申请退税时：

借：其他应收款——出口退税

　　贷：主营业务成本

③ 收到出口应税消费品退回的税金时：

借：银行存款

　　贷：其他应收款——出口退税

【例3-7】 某外贸企业本月从驻远汽车制造厂购入小轿车10辆（气缸容量2.2升），价款为120万元，驻远汽车制造厂已缴纳的增值税为15.6万元，消费税为10.8万元，款项以银行存款支付。然后外贸公司将该批小轿车出口到国外，并收到出口退税。

外贸企业购入汽车时的会计分录如下：

借：库存商品　　　　1 200 000
　　应交税费——应交增值税（进项税额）　　　　156 000
　　贷：银行存款　　　　1 356 000

外贸公司将该批小轿车出口到国外，按规定申请消费税出口退税时的会计分录如下：

借：其他应收款——出口退税　　　　108 000
　　贷：主营业务成本　　　　108 000

外贸公司收到出口退税款存入银行的会计分录如下：

借：银行存款　　　　108 000
　　贷：其他应收款——出口退税　　　　108 000

3.2.6　缴纳消费税的会计核算

纳税人缴纳消费税通过“应交税费——应交消费税”以及“银行存款”两个科目来进行核算。纳税人应当按照应缴纳的消费税额作会计分录如下：

借：应交税费——应交消费税
　　贷：银行存款

税务直通车 3-1

税务总局关于延长对废矿物油再生油品免征消费税政策实施期限的通知

为进一步促进资源综合利用和环境保护，经国务院批准，《财政部　国家税务总局关于对废矿物油再生油品免征消费税的通知》（财税〔2013〕105 号）实施期限延长 5 年，自 2018 年 11 月 1 日至 2023 年 10 月 31 日止。自 2018 年 11 月 1 日至本通知下发前，纳税人已经缴纳的消费税，符合本通知免税规定的予以退还。

3.3　消费税纳税申报表的填制

消费税纳税人应按规定及时办理纳税申报，准确填写消费税纳税申报表。目前消费税纳税申报表分为《烟类应税消费品消费税纳税申报表》《卷烟消费税纳税申报表（批发）》《酒类应税消费品消费税纳税申报表》《小汽车消费税纳税申报表》《成品油消费税纳税申报表》和《其他应税消费品消费税纳税申报表》。

《消费税纳税申报表》填表说明

一、本表仅限小汽车消费税纳税人使用。

二、纳税人生产的改装、改制车辆，应按照《财政部　国家税务总局关于调整和完善消费税政策的通知》（财税〔2006〕33 号）中规定的适用税目、税率填写本表。

三、本表“销售数量”为《中华人民共和国消费税暂行条例》《中华人民共和国消费税暂行条例实施细则》规定的当期应申报缴纳消费税的小汽车类应税消费品销售（不含出口免税）数量。

四、本表“销售额”为《中华人民共和国消费税暂行条例》《中华人民共和国消费税暂行条例实施细则》规定的当期应申报缴纳消费税的小汽车类应税消费品销售（不含出口免税）收入。

五、根据《中华人民共和国消费税暂行条例》的规定，本表“应纳税额”计算公式如下：应纳税额＝销售额×比例税率。

六、本表“本期减(免)税额”不含出口退(免)税额。

七、本表“期初未缴税额”填写本期期初累计应缴未缴的消费税额,多缴为负数。其数值等于上期“期末未缴税额”。

八、本表“本期缴纳前期应纳税额”填写本期实际缴纳入库的前期消费税额。

九、本表“本期预缴税额”填写纳税申报前已预先缴纳入库的本期消费税额。

十、本表“本期应补(退)税额”计算公式如下,多缴为负数:

本期应补(退)税额=应纳税额(合计栏金额)-本期减(免)税额-本期预缴税额

十一、本表“期末未缴税额”计算公式如下,多缴为负数:

期末未缴税额=期初未缴税额+本期应补(退)税额-本期缴纳前期应纳税额

十二、本表为竖式,所有数字小数点后保留两位。一式二份,一份纳税人留存,一份税务机关留存。

现以[例3-7]为例,驻远汽车制造厂进行消费税纳税申报表的填制,如表3-3所示。

表3-3 小汽车消费税纳税申报表

税款所属期: 年 月 日至 年 月 日

纳税人名称(公章):驻远汽车制造厂

纳税人识别号:

填表日期: 年 月 日　　　　单位:辆、元(列至角分)

项目 应税消费品名称	适用税率	销售数量	销售额	应纳税额
气缸容量≤1.0升	1%			
1.0升<气缸容量≤1.5升	3%			
1.5升<气缸容量≤2.0升	5%			
2.0升<气缸容量≤2.5升	9%	10	1 200 000.00	108 000.00
2.5升<气缸容量≤3.0升	12%			
3.0升<气缸容量≤4.0升	25%			
气缸容量>4.0升	40%			
中轻型商用客车	5%			
合计	—	—	—	108 000.00

本期准予扣除税额:0.00 本期减(免)税额:0.00 期初未缴税额:0.00 本期缴纳前期应纳税额:0.00 本期预缴税额:0.00 本期应补(退)税额:0.00	**声明** 此纳税申报表是根据国家税收法律、法规规定填报的,我确定它是真实的、可靠的、完整的。 声明人(签章):
期末未缴税额:0.00	(如果你已委托代理人申报,请填写) **授权声明** 为代理一切税务事宜,现授权____(地址)________为本纳税人的代理申报人,任何与本申报表有关的往来文件,都可寄予此人。 授权人(签章):

以下由税务机关填写

受理人(签字):　　　受理日期: 年 月 日　　　受理税务机关(公章):

本章小结

本章主要讲解了消费税的税目和税率，消费税应纳税额的计算，包括从价定率、从量定额和从价定率与从量定额复合计征的计算方法。学生要掌握消费税的会计核算，明确企业生产销售应税消费品的会计核算、委托加工应税消费品的会计核算、进口应税消费品的会计核算、出口应税消费品的会计核算、缴纳消费税的会计核算；了解消费税纳税申报表的填制、消费税和增值税会计处理的异同。

重要概念

从价定率征收　从量定额征收　价外费用　自产自用应税消费品　委托加工应税消费品

本章练习

一、单选题

1. 消费税共有(　　)个税目。

A. 13　　B. 12　　C. 15　　D. 11

2. 下列属于消费税征收范围的产品有(　　)。

A. 烟丝　　B. 烟叶　　C. 护发素　　D. 洗发水

3. 乘用车气缸容量在2.0升以上至2.5升(含2.5升)的税率是(　　)。

A. 3%　　B. 9%　　C. 5%　　D. 12%

4. 高档美容、修饰类化妆品，高档护肤类化妆品和成套化妆品的税率是(　　)。

A. 10%　　B. 15%　　C. 20%　　D. 5%

5. 缴纳消费税时，应借记的科目是(　　)。

A. “银行存款”　　B. “应交消费税”

C. “税金及附加”　　D. “应交税费——应交消费税”

二、多选题

1. 下列关于消费税税率的说法中，正确的有(　　)。

A. 纳税人之间批发销售的卷烟按11%缴纳消费税

B. 每标准条卷烟对外调拨价在70元以下的，从价定率税率为36%

C. 娱乐业、饮食业自制啤酒消费税单位税额为250元/吨

D. 甲类卷烟税率为56%

2. 下列各项中，外购应税消费品已纳消费税不允许扣除的有(　　)。

A. 以外购已税珠宝、玉石为原料生产的金银镶嵌首饰

B. 用外购已税高档手表生产的高档手表

C. 用外购已税烟丝生产的卷烟

D. 用外购已税高档化妆品生产的高档化妆品

3. 委托加工应税消费品，由受托方代收税款，会计分录正确的是(　　)。

A. 借：应收账款　　B. 借：银行存款

C. 贷：税金及附加　　D. 贷：应交税金——应交消费税

4. 以下属于消费税税率形式的是(　　)。

A. 固定税率　　B. 变动税率　　C. 比例税率　　D. 定额税率

5. 成本利润率为5%的消费税项目种类有(　　)。

A. 薯类白酒　　B. 化妆品　　C. 乙类卷烟　　D. 雪茄烟

三、判断题

1. 透明皂属于消费税征收范围的产品。　(　　)

2. 生产销售环节是消费税征收的主要环节。　(　　)

3. 对外购已税消费品直接出售的，出售时不再缴纳消费税(除了卷烟批发环节、超豪华小汽车的零售环节还需要加征消费税外)。　(　　)

4. 不可再生和替代的石油类消费品，如成品油等属于消费税的征税范围。　(　　)

5. 征收消费税时价格中应该去除增值税，增值税里面不包含消费税。　(　　)

四、简答题

1. 从量定额计税方法，销售数量的确定有哪些？

2. 简述增值税和消费税抵扣的异同。

五、业务题

1. 某涂料生产企业为增值税一般纳税人，2019年12月10日，向当地一家大型商场销售一批涂料，开出增值税专用发票一张，取得不含税增值税销售收入700 000元，增值税额91 000元，涂料的消费税税率为4%。要求：

(1) 计算该企业应纳消费税。

(2) 对该企业本月缴纳消费税进行账务处理。

2. 乙公司是一家白酒生产企业，为增值税一般纳税人，2019年12月销售粮食白酒50吨，取得不含增值税销售额200万元；薯类白酒40吨，取得不含增值税销售额160万元，白酒消费税比例税率为20%，定额税率为0.5元/500克。

要求：计算乙公司上述业务的应纳消费税。

六、案例分析题

甲酒厂本年12月将一批自产的葡萄酒用作职工福利，葡萄酒的成本为18 000元，该葡萄酒无同类产品市场销售价格，其成本利润率为5%，消费税税率为10%。

要求：根据甲酒厂上述业务内容，计算应纳消费税额，并解释原因。

第 4 章　企业所得税的会计核算

内容提要

本章主要讲解了企业所得税概述、企业所得税会计基础、企业所得税的会计处理方法、企业所得税纳税申报表的填制等。

重点难点

本章重点为企业所得税应纳税额的确定、暂时性差异的划分、资产负债表债务法的会计处理;难点为企业所得税的会计核算、企业所得税纳税申报表的填制等。

学习目标

通过本章学习,学生应掌握企业所得税应纳税所得额与应纳所得税额的确认、计量与申报方法;掌握企业所得税的记录方法及其会计处理方法;理解纳税会计重点,企业所得税会计与财务会计中的企业所得税会计处理的区别与联系;了解企业所得税的税制构成要素。

知识框架

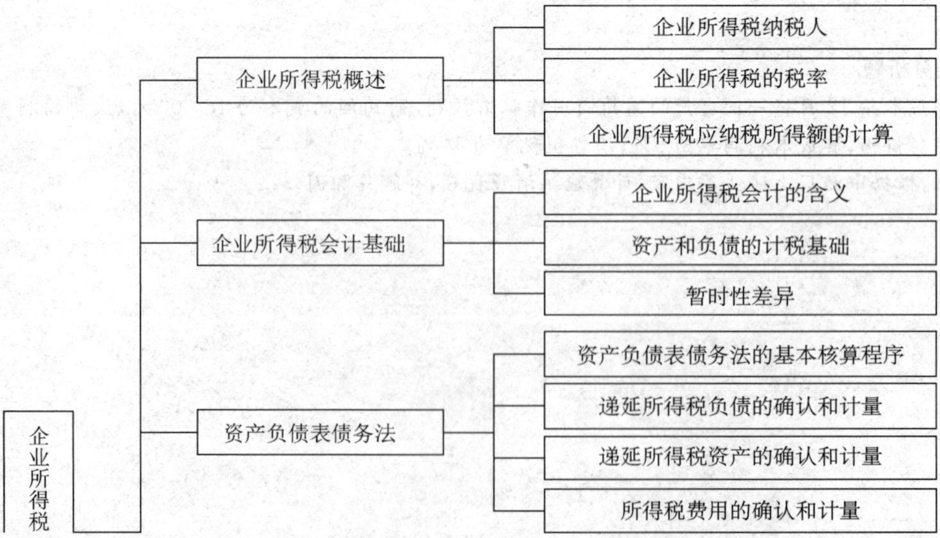

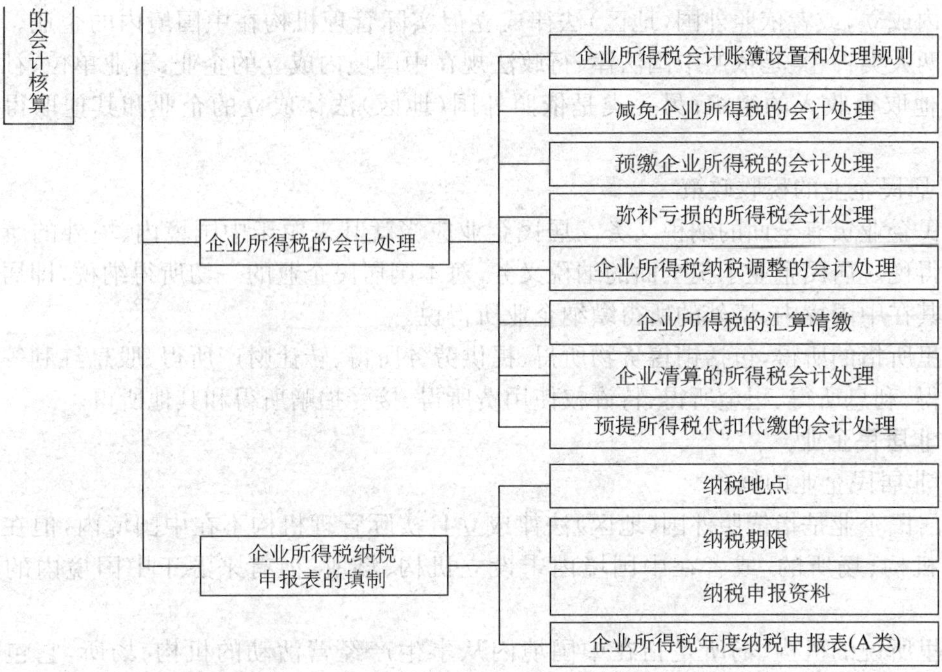

引入案例　企业所得税汇算清缴后续管理风险如何应对

在金税三期构建的大数据抓取和比对的基础上，通过对《企业所得税年度纳税申报表》上填写的详细信息与企业日常申报和披露的信息的比对，税务机关提出的风险提示越来越指向精准。而缺少了税务局的"事前审批"，有些企业感觉应对后续管理时充满不可控的"无力感"。

C公司是一家医疗企业，公司聘请一位教授提供培训服务，该教授为独立经营者。在支付劳务报酬时，C公司认为该费用无法取得发票，因此通过使用其他"替票"的方法作为入账凭证。此类行为给C公司带来了较高的企业所得税风险，取得的"替票"与业务合同和实质明显不符，并不能达到相关费用税前扣除的目的。

思考：C公司应该如何处理以规避风险？

4.1 企业所得税概述

企业所得税是指对我国境内的企业和其他取得收入的组织的生产经营所得和其他所得征收的一种所得税。它是我国实行改革开放政策以来，在《中华人民共和国企业所得税暂行条例》和《中华人民共和国外商投资企业和外国企业所得税法》实践的基础上，为了创建一个公平的竞争环境，适应市场经济的要求，在合并内外资企业所得税的基础上对在中国境内企业的纯收益征收的一种所得税。2007 年 3 月 16 日，我国第十届全国人民代表大会第五次会议审议通过了《中华人民共和国企业所得税法》(简称《企业所得税法》)，于 2008 年 1 月 1 日起施行。

4.1.1 企业所得税的纳税人

1. 居民企业

1）居民企业的概念

《企业所得税法》第二条规定：企业分为居民企业和非居民企业。居民企业是指依法在中国境内成立，或者依照外国（地区）法律成立但实际管理机构在中国境内的企业。居民企业包括两大类：一类是依照中国法律、行政法规在中国境内成立的企业、事业单位、社会团体以及其他取得收入的组织；另一类是依照外国（地区）法律成立的企业和其他取得收入的组织。

2）居民企业的税收政策

居民企业负有全面的纳税义务。居民企业应当就其来源于中国境内、境外的所得缴纳企业所得税。居民企业承担全面的纳税义务，对本国居民企业的一切所得纳税，即居民企业应当就其在中国境内、境外的所得缴纳企业所得税。

这里所指的所得，包括销售货物所得、提供劳务所得、转让财产所得、股息红利等权益性投资所得、利息所得、租金所得、特许权使用费所得、接受捐赠所得和其他所得。

2. 非居民企业

1）非居民企业的概念

非居民企业是指依照外国（地区）法律成立且实际管理机构不在中国境内，但在中国境内设立机构、场所的，或者在中国境内未设立机构、场所，但有来源于中国境内的所得的企业。

这里所说的机构、场所是指在中国境内从事生产经营活动的机构、场所，它包括以下情形：

（1）管理机构、营业机构、办事机构。管理机构是指对企业生产经营活动作出管理决策的机构；营业机构是指企业开展日常生产经营活动的固定场所，如商场等；办事机构是指企业在当地设立的从事联络和宣传等活动的机构，如外国企业在中国设立的代表处，往往为开拓中国市场进行调查和宣传等工作，为企业到中国开展经营活动打下基础。

（2）工厂、农场、开采自然资源的场所。这三类场所属于企业开展生产经营活动的场所。工厂是工业企业，如制造业的生产厂房、车间所在地；农场是农业、牧业等生产经营的场所；开采自然资源的场所主要是采掘业的生产经营活动场所，如矿山、油田等。

（3）提供劳务的场所。提供劳务的场所包括从事交通运输、仓储租赁、咨询经纪、科学研究、技术服务、教育培训、餐饮住宿、中介代理、旅游、娱乐、加工以及其他劳务服务活动的场所。

（4）从事建筑、安装、装配、修理、勘探等工程作业的场所，包括建筑工地、港口码头、地质勘探场地等工程作业场所。

（5）其他从事生产经营活动的机构、场所。

（6）非居民企业委托营业代理人在中国境内从事生产经营活动的，包括委托单位和个人经常代其签订合同，或者储存、交付货物等，该营业代理人视为非居民企业在中国境内设立的机构、场所。

2）非居民纳税人的税收政策

（1）非居民企业在中国境内设立机构、场所的，应当就其所设机构、场所取得的来源于中国境内的所得，以及发生在中国境外但与其所设机构、场所有实际联系的所得，缴纳企业所得税。

这里所说的实际联系是指非居民企业在中国境内设立的机构、场所拥有据以取得所得的股权、债权，以及拥有、管理、控制据以取得所得的财产等。例如，韩国一家企业在中国设立营业机构(非实际管理机构),属于中国的非居民企业。但是,如果该营业机构对中国境内的一家中国企业进行股权投资,其所获得的股息、红利等权益性收益就可以被认定为与该营业机构有实际联系的所得,应就其股息、红利所得缴纳企业所得税。

(2) 非居民企业在中国境内未设立机构、场所的,或者虽设立机构、场所但取得的所得与其所设机构、场所没有实际联系的,应当就其来源于中国境内的所得缴纳企业所得税。

由于非居民企业的税收政策相对复杂,且适用较为复杂的税率制度,这里对非居民企业适用的税率归纳如图 4-1 所示。

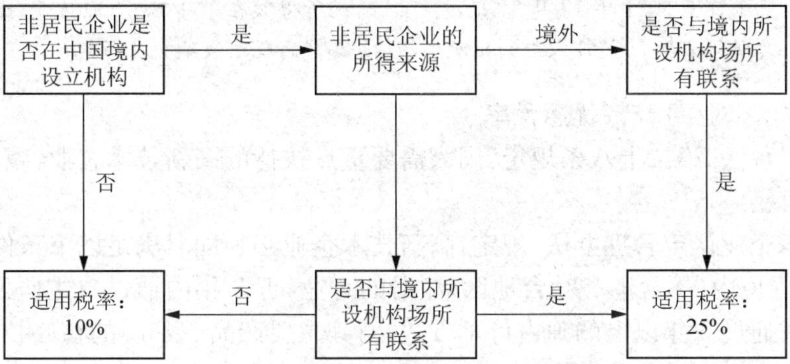

图 4-1 非居民企业适用的税率

居民企业和非居民企业都属于企业所得税的纳税人,我国之所以对居民企业与非居民企业进行合理划分,关键是为了区分纳税义务的不同,当然,这对纳税主体的税收实践将会产生深远影响。

4.1.2 企业所得税的税率

1. 企业所得税的基本税率

《企业所得税法》第四条规定:企业所得税的税率为25%。无论内资企业还是外资企业,一律执行相同的基本税率,在一定程度上保持了税收的公平性,是我国整体降低企业所得税负担的重要表现。

在中国没有设立机构场所,或者虽然设立了机构场所,但来源于中国境内的、与所设机构场所没有实际联系的所得,适用 20%的企业所得税税率。按《企业所得税法实施条例》的规定,上述所得减按 10%的税率征收企业所得税。比如,一家美国建筑设计公司在中国境内没有设立机构场所,那么对其来自上海某建设单位的设计费收入应按 10%的税率征收企业所得税。

2. 企业所得税的优惠税率

1) 小型微利企业的 20%低税率

《企业所得税法》第二十八条规定,符合条件的小型微利企业,减按 20%的税率征收企业所得税。

小型微利企业是指从事国家非限制和禁止行业,且同时符合年度应纳税所得额不超过 300 万元、从业人数不超过 300 人,资产总额不超过 5 000 万元等三个条件的企业。

【例 4-1】 华东公司为一家小微企业,2019 年度该公司的应纳税所得额为 300 万元,其应交企业所得税税额是多少?

应交企业所得税税额$=100\times25\%\times20\%+(300-100)\times50\%\times20\%=25$(万元)

符合条件的小型微利企业在当年预缴申报企业所得税时，须向主管税务机关提供上一纳税年度符合小型微利企业条件的相关证明材料。

税务直通车 4-1

自 2019 年 1 月 1 日至 2021 年 12 月 31 日，对年应纳税所得额低于 100 万元(含 100 万元)的小型微利企业，其所得减按 25%计入应纳税所得额，按 20%的税率缴纳企业所得税。

自 2019 年 1 月 1 日至 2021 年 12 月 31 日，对年应纳税所得额在 100 万～300 万元(含 300 万元)之间的小型微利企业，其所得减按 50%计入应纳税所得额，按 20%的税率缴纳企业所得税。

2）高新技术企业的 15%优惠税率

《企业所得税法》第二十八条规定：国家需要重点扶持的高新技术企业，减按 15%的税率征收企业所得税。

《高新技术企业认定管理办法》规定，高新技术企业必须同时满足以下条件：

(1) 在中国境内(不含港、澳、台地区)注册的企业，近 3 年内通过自主研发、受让、受赠、并购等方式，或通过 5 年以上的独占许可方式，对其主要产品(服务)的核心技术拥有自主知识产权。

(2) 产品(服务)属于《国家重点支持的高新技术领域》规定的范围。

(3) 具有大学专科以上学历的科技人员占企业当年职工总数的 30%以上，其中研发人员占企业当年职工总数的 10%以上。

(4) 企业为获得科学技术(不包括人文、社会科学)新知识，创造性地运用科学技术新知识，或实质性改进技术、产品(服务)而持续进行了研究开发活动，且近三个会计年度的研究开发费用总额占销售收入总额的比例符合如下要求：一是最近 1 年销售收入小于 5 000 万元的企业，比例不低于 6%；二是最近 1 年销售收入在 5 000 万元至 20 000 万元的企业，比例不低于 4%；三是最近 1 年销售收入在 20 000 万元以上的企业，比例不低于 3%。其中，企业在中国境内发生的研究开发费用总额占全部研究开发费用总额的比例不低于 60%。企业注册成立时间不足 1 年的，按实际经营年限计算。

(5) 高新技术产品(服务)收入占企业当年总收入的 60%以上。

(6) 企业研究开发组织管理水平、科技成果转化能力、自主知识产权数量、销售与总资产成长性等指标符合《高新技术企业认定管理工作指引》的要求。

4.1.3 企业所得税应纳税所得额的计算

《中华人民共和国企业所得税法实施条例》(简称《企业所得税法实施条例》)第九条规定，企业应纳税所得额的计算，以权责发生制为原则，属于当期的收入和费用，不论款项是否收付，均作为当期的收入和费用；不属于当期的收入和费用，即使款项已经在当期收付，均不作为当期的收入和费用。

权责发生制以企业经济权利和经济义务是否发生作为计算应纳税所得额的依据，注重强调企业收入与费用的时间配比，要求企业收入与费用的确认时间不得提前或滞后。企业在不同纳税期间享受不同的税收优惠政策时，坚持按权责发生制原则计算应纳税所得额，可以有效防止企业利用收入和支出确认时间的不同规避税收。另外,《企业会计准则》规定,企业要以权责发生制为原则确认当期收入与费用,计算企业生产经营成果。《企业所得税法》与《企业会计准则》采用同一原则确认当期收入与费用,有利于减少两者的差距,减轻纳税人的税收遵从成本。

《企业所得税法》第五条规定,企业每一纳税年度的收入总额,减除不征税收入、免税收入、各项扣除以及允许弥补的以前年度亏损后的余额,为应纳税所得额。所以,应纳税所得额的计算公式可以表示如下:

应纳税所得额＝收入总额－不征税收入－免税收入－各项扣除－允许弥补的以前年度亏损

在计算应纳税所得额时,企业财务、会计处理办法与税收法律、行政法规的规定不一致的,应当依照税收法律、行政法规的规定计算纳税。

1. 收入项目

1) 收入的类型

为防止纳税人将应征税的经济利益排除在应税收入之外,《企业所得税法》将企业以货币形式和非货币形式取得的收入,都作为收入总额来对待。

《企业所得税法实施条例》将企业取得收入的货币形式界定为取得的现金、存款、应收账款、应收票据、准备持有至到期的债券投资以及债务的豁免等;将企业取得收入的非货币形式界定为固定资产、生物资产、无形资产、股权投资、存货、不准备持有至到期的债券投资、劳务以及有关权益等。由于取得收入的货币形式的金额是确定的,而取得收入的非货币形式的金额不确定,企业在计算非货币形式的收入时,必须按一定标准折算为确定的金额,即企业以非货币形式取得的收入,按照公允价值确定收入额。

收入总额中的下列收入为不征税收入:财政拨款;依法收取并纳入财政管理的行政事业性收费、政府性基金;国务院规定的其他不征税收入。

企业的下列收入为免税收入:国债利息收入;符合条件的居民企业之间的股息、红利等权益性投资收益;在中国境内设立机构、场所的非居民企业从居民企业取得的与该机构、场所有实际联系的股息、红利等权益性投资收益;符合条件的非营利公益组织的收入。

相关思考 4-1

A 公司和 B 公司均为我国的居民企业,A 公司从 2011 年开始持有 B 公司 40%的股权。2019 年,B 公司将税后净利润中的 100 万元用于分配,A 公司分得股息收入 50 万元。请问,A 公司取得的股息收入是否可以享受免征企业所得税的优惠?

2) 收入的确认时间

(1) 股息、红利等权益性投资收益,是指企业因权益性投资从被投资方取得的收入。股息、红利等权益性投资收益,除国务院财政、税务主管部门另有规定外,按照被投资方作出利润分配决定的日期确认收入的实现。

(2) 利息收入,是指企业将资金提供他人使用但不构成权益性投资,或者因他人占用本企业资金取得的收入,包括存款利息、贷款利息、债券利息、欠款利息等收入。利息收入,按照合同约定的债务人应付利息的日期确认收入的实现。

(3) 租金收入,是指企业提供固定资产、包装物或者其他有形资产的使用权取得的收入。按照合同约定的承租人应付租金的日期确认收入的实现。

(4) 特许权使用费收入，是指企业提供专利权，非专利技术、商标权、著作权以及其他特许权的使用权取得的收入。按照合同约定的特许权使用人应付特许权使用费的日期确认收入的实现。

(5) 接受捐赠收入，是指企业接受的来自其他企业、组织或者个人无偿给予的货币性资产、非货币性资产。按照实际收到捐赠资产的日期确认收入的实现。

(6) 其他收入，是指企业取得的除《企业所得税法》第六条第(一)项至第(八)项规定的收入外的其他收入，包括企业资产溢余收入、逾期未退包装物押金收入、确实无法偿付的应付款项、已作坏账损失处理后又收回的应收款项、债务重组收入、补贴收入、违约金收入、汇兑收益等。

3) 分期确认收入的项目

(1) 以分期收款方式销售货物的，按照合同约定的收款日期确认收入的实现。

这是纳税必要资金原则的体现，即在没有纳税必要资金的情况下，可允许企业将资产转让所得递延，直至该资产被最终处置时才确认该所得的实现。

(2) 企业受托加工、制造大型机械设备、船舶、飞机等，以及从事建筑、安装、装配工程业务或者提供其他劳务，持续时间超过12个月的，按照纳税年度内完工进度或者完成的工作量确认收入的实现。

(3) 企业受托加工、制造大型机械设备、船舶、飞机等，以及从事建筑、安装、装配工程业务或者提供其他劳务，持续时间通常分属于不同的纳税年度，甚至会跨越数个纳税年度，而且涉及的金额一般比较大。为了及时反映各纳税年度的应税收入，一般情况下，不能等到合同完工时或进行结算时才确认应税收入。企业按照完工进度或者完成的工作量对跨年度的特殊劳务确认收入和扣除进行纳税，也有利于保证跨纳税年度的收入在不同纳税年度得到及时确认，保证税收收入的均衡入库。因此，对企业受托加工、制造大型机械设备、船舶等，以及从事建筑、安装、装配工程业务和提供劳务，持续时间跨越纳税年度的，应当按照纳税年度内完工进度或者完成的工作量确认收入。

除受托加工、制造大型机械设备、船舶、飞机等，以及从事建筑、安装、装配工程业务或者提供其他劳务之外，其他跨纳税年度的经营活动，通常情况下持续时间短、金额小，按照纳税年度内完工进度或者完成的工作量确认应税收入没有实际意义。另外，这些经营活动在纳税年度末的收入和相关的成本费用不易确定，相关的经济利益能否流入企业也不易判断，因此，一般不采用按照纳税年度内完工进度或者完成的工作量确认收入的办法。

2. 税前扣除项目

1) 税前允许扣除的项目

(1) 企业实际发生的与取得收入有关的、合理的支出，包括成本、费用、税金、损失和其他支出，准予在计算应纳税所得额时扣除。

(2) 企业发生的公益性捐赠支出，在年度利润总额12%以内的部分，准予在计算应纳税所得额时扣除。

(3) 企业按照规定计算的固定资产折旧，准予扣除。但下列固定资产不得计算折旧扣除：房屋、建筑物以外未投入使用的固定资产；以经营租赁方式租入的固定资产；以融资租赁方式租出的固定资产；已足额提取折旧但仍继续使用的固定资产；与经营活动无关的固定资产；单独估价作为固定资产入账的土地；其他不得计算折旧扣除的固定资产。

(4) 企业按照规定计算的无形资产摊销费用，准予扣除。但下列无形资产不得计算摊销费用扣除：自行开发的支出已在计算应纳税所得额时扣除的无形资产；自创商誉；与经营活动无关的无形资产；其他不得计算摊销费用扣除的无形资产。

(5) 企业发生的下列支出，作为长期待摊费用，按照规定摊销的，准予扣除：已足额提取折旧的固定资产的改建支出；租入固定资产的改建支出；固定资产的大修理支出；其他应当作为长期待摊费用的支出。

(6) 企业对外投资期间，投资资产的成本在计算应纳税所得额时不得扣除。

(7) 企业使用或者销售存货，按照规定计算的存货成本，准予在计算应纳税所得额时扣除。

(8) 企业转让资产，该项资产的净值，准予在计算应纳税所得额时扣除。

(9) 企业纳税年度发生的亏损，准予向以后年度结转，用以后年度的所得弥补，但结转年限最长不得超过5年。

2) 不得扣除的项目

(1) 向投资者支付的股息、红利等权益性投资。

(2) 企业所得税税款。

(3) 税收滞纳金。

(4) 罚金、罚款和被没收财物的损失。

(5)《企业所得税法》第九条规定以外的捐赠支出。

(6) 赞助支出。

(7) 未经核定的准备金支出。

(8) 与取得收入无关的其他支出。

3) 弥补亏损

可以弥补的亏损是企业财务报表中的亏损额经主管税务机关按税法规定核实调整后的金额，不是企业财务报表中反映的亏损额。亏损是指企业依照《企业所得税法》和《中华人民共和国企业所得税法实施条例》(以下简称《企业所得税法实施条例》)的规定，将每一纳税年度的收入总额减除不征税收入、免税收入和各项扣除后小于零的数额，税法规定，企业某一纳税年度发生的亏损可以用下一年度的所得弥补，下一年度的所得不足以弥补的，可以逐年延续弥补，但最长不得超过5年。自2018年1月1日起，高新技术企业和科技型中小企业的亏损结转年限由5年延长至10年。此外，企业在汇总计算缴纳企业所得税时，其境外营业机构的亏损不得抵减境内营业机构的盈利。

税务直通车 4-2

财政部 税务总局

关于延长高新技术企业和科技型中小企业亏损结转年限的通知

财税〔2018〕76号

各省、自治区、直辖市、计划单列市财政厅(局)，国家税务总局各省、自治区、直辖市、计划单列市税务局，新疆生产建设兵团财政局：

为支持高新技术企业和科技型中小企业发展，现就高新技术企业和科技型中小企业亏损结转年限政策通知如下：

一、自2018年1月1日起，当年具备高新技术企业或科技型中小企业资格（以下统称资格）的企业，其具备资格年度之前5个年度发生的尚未弥补完的亏损，准予结转以后年度弥补，最长结转年限由5年延长至10年。

二、本通知所称高新技术企业，是指按照《科技部　财政部　国家税务总局关于修订印发〈高新技术企业认定管理办法〉的通知》（国科发火〔2016〕32号）规定认定的高新技术企业；所称科技型中小企业，是指按照《科技部　财政部　国家税务总局关于印发〈科技型中小企业评价办法〉的通知》（国科发政〔2017〕115号）规定取得科技型中小企业登记编号的企业。

三、本通知自2018年1月1日开始执行。

财政部　税务总局

2018年7月11日

4.2 企业所得税会计基础

4.2.1 企业所得税会计的含义

企业所得税会计是研究处理会计收益和应税收益差异的会计理论和方法，是会计学科的一个分支。

我国企业所得税会计采用了资产负债表债务法，要求企业从资产负债表出发，通过比较资产负债表上列示的资产、负债按照会计准则规定确定的账面价值与按照税法规定确定的计税基础，对于两者之间的差异分别应纳税暂时性差异与可抵扣暂时性差异，确认相关的递延所得税负债与递延所得税资产，并在此基础上确定每一会计期间利润表中的所得税费用。

资产负债表债务法是从本质上来看，该方法中涉及两张资产负债表：一个是按照会计准则规定编制的资产负债表，有关资产、负债在该表上以其账面价值体现；另外一个是假定按照税法规定进行核算编制的资产负债表，其中资产、负债列示的价值量为其计税基础，即从税法的角度来看，企业持有的有关资产、负债的金额。

4.2.2 资产和负债的计税基础

1. 资产的计税基础

资产的计税基础是指企业收回资产账面价值过程中，计算应纳税所得额时按照税法规定可以自应税经济利益中抵扣的金额，即某一项资产在未来期间计税时可以税前扣除的金额。从税收的角度考虑，资产的计税基础是假定企业按照税法规定进行核算所提供的资产负债表中资产的应有金额。

资产在初始确认时，其计税基础一般为取得成本。从所得税角度考虑，某一单项资产产生的所得是指该项资产产生的未来经济利益流入扣除其取得成本之后的金额。一般情况下，税法认定的资产取得成本为购入时实际支付的金额。在资产持续持有的过程中，可在未来期间税前扣除的金额是指资产的取得成本减去以前期间按照税法规定已经税前扣除的金额后的余额。如固定资产、无形资产等长期资产，在某一资产负债表日的计税基础是指其成本扣除按照税法规定已在以前期间税前扣除的累计折旧额或累计摊销额后的金额。企业应当按照适用的税收法规规定计算确定资产的计税基础。如固定资产、无形资产等的计税基础可确定如下。

1）固定资产

以各种方式取得的固定资产，初始确认时入账价值基本上是被税法认可的，即取得时其账面价值一般等于计税基础。固定资产在持有期间进行后续计量时，会计上的基本计量模式是“成本－累计折旧－固定资产减值准备”，税收上的基本计量模式是“成本－按照税法规定计算确定的累计折旧”。会计与税收处理的差异主要来自折旧方法、折旧年限的不同以及固定资产减值准备的计提。

(1) 折旧方法、折旧年限产生的差异。会计准则规定，企业可以根据固定资产经济利益的预期实现方式合理选择折旧方法，如可以按年限平均法计提折旧，也可以按照双倍余额递减法、年数总和法等计提折旧，前提是有关的方法能够反映固定资产为企业带来经济利益的实现情况。税法一般会规定固定资产的折旧方法，除某些按照规定可以加速折旧的情况外，基本上可以税前扣除的是按照直线法计提的折旧。另外，税法一般规定每一类固定资产的折旧年限，而会计处理时按照会计准则规定是由企业按照固定资产能够为企业带来经济利益的期限估计确定的。因为折旧年限的不同，也会产生固定资产账面价值与计税基础之间的差异。

(2) 因计提固定资产减值准备产生的差异。持有固定资产的期间内，在对固定资产计提了减值准备以后，因所计提的减值准备在计提当期不允许税前扣除，也会造成固定资产的账面价值与计税基础的差异。

【例 4-2】 华夏公司于 2×18 年 1 月 1 日开始计提折旧的某项固定资产，原价为 3 000 000元，使用年限为 10 年，采用年限平均法计提折旧，预计净残值为零。税法规定类似固定资产采用加速折旧法计提的折旧可予税前扣除，该企业在计税时采用双倍余额递减法计提折旧，预计净残值为零。2×19 年 12 月 31 日，企业估计该项固定资产的可收回金额为 2 200 000 元。

解析：2×19 年 12 月 31 日，该项固定资产的账面价值＝3 000 000－300 000×2－200 000＝2 200 000(元)，计税基础＝3 000 000－3 000 000×20%－2 400 000×20%＝1 920 000(元)，该项固定资产账面价值 2 200 000 元与其计税基础 1 920 000 元之间的 280 000元差额，代表着将于未来期间计入企业应纳税所得额的金额，产生未来期间应交所得税的增加，应确认为递延所得税负债。

【例 4-3】 华夏公司 2×16 年 12 月 20 日取得某设备，成本为 16 000 000 元，预计使用 10 年，预计净残值为零，采用年限平均法计提折旧。2×19 年 12 月 31 日，根据该设备生产产品的市场占有情况，华夏公司估计其可收回金额为 9 200 000 元。假定税法规定的折旧方法、折旧年限与会计准则相同，企业的资产在发生实质性损失时可予税前扣除。

解析：2×19 年 12 月 31 日，华夏公司该设备的账面价值＝16 000 000－1 600 000×3＝11 200 000(元)，可收回金额为 9 200 000 元，应当计提 2 000 000 元固定资产减值准备，计提该减值准备后，固定资产的账面价值为 9 200 000 元。该设备的计税基础＝16 000 000－1 600 000×3＝11 200 000(元)，资产的账面价值 9 200 000 元小于其计税基础 11 200 000 元，产生可抵扣暂时性差异。

2）无形资产

除内部研究开发形成的无形资产以外，以其他方式取得的无形资产，初始确认时其入账价值与税法规定的成本之间一般不存在差异。

（1）内部研究开发形成的无形资产，会计准则规定有关研究开发支出区分两个阶段，研究阶段的支出应当费用化计入当期损益，而开发阶段符合资本化条件的支出应当计入所形成无形资产的成本；税法规定，自行开发的无形资产，以开发过程中该资产符合资本化条件后至达到预定用途前发生的支出为计税基础。对于研究开发费用的加计扣除，税法中规定企业为开发新技术、新产品、新工艺发生的研究开发费用，未形成无形资产计入当期损益的，在按照规定据实扣除的基础上，按照研究开发费用的50%加计扣除；形成无形资产的，按照无形资产成本的150%摊销。对于内部研究开发形成的无形资产，一般情况下初始确认时按照会计准则规定确定的成本与其计税基础应当是相同的。对于享受税收优惠的研究开发支出，在形成无形资产时，按照会计准则规定确定的成本为研究开发过程中符合资本化条件后至达到预定用途前发生的支出，而因税法规定按照无形资产成本的150%摊销，则其计税基础应在会计入账价值的基础上加计50%，因而产生账面价值与计税基础在初始确认时的差异，但如果该无形资产的确认不是产生于企业合并交易、同时在确认时既不影响会计利润也不影响应纳税所得额，按照所得税会计准则的规定，不确认该暂时性差异的所得税影响。

科技型中小企业开展研究与开发活动中实际发生的研究与开发费用，未形成无形资产计入当期损益的，在按规定据实扣除的基础上，再按照实际发生额的75%在税前加计扣除；形成无形资产的，在上述期间按照无形资产成本的175%在税前摊销。

企业开展研究与开发活动中实际发生的研究与开发费用，未形成无形资产计入当期损益的，在按规定据实扣除的基础上，在2018年1月1日至2020年12月31日期间，再按照实际发生额的75%在税前加计扣除；形成无形资产的，在上述期间按照无形资产成本的175%在税前摊销。

（2）无形资产在后续计量时，会计与税收的差异主要产生于对无形资产是否需要摊销及无形资产减值准备的计提。会计准则规定应根据无形资产使用寿命情况，区分为使用寿命有限的无形资产和使用寿命不确定的无形资产。对于使用寿命不确定的无形资产，不要求摊销，在会计期末应进行减值测试。税法规定，企业取得无形资产的成本，应在一定期限内摊销，有关摊销额允许税前扣除。在对无形资产计提减值准备的情况下，因所计提的减值准备不允许税前扣除，也会造成其账面价值与计税基础的差异。

【例4-4】 华夏公司2×19年12月31日，对于一项非专利技术按照资产减值的原则进行了减值测试，测试表明，该非专利技术已发生400 000元的减值损失。

计提减值准备的会计分录如下：

借：资产减值损失	400 000	
贷：无形资产减值准备——非专利技术		400 000

纳税调整：

无形资产的账面价值与计税基础产生暂时性差异400 000元，在计算所得税时应作纳税调整，调增应纳税所得额400 000元。

借：递延所得税资产	100 000	
贷：所得税费用		100 000

税务直通车 4-3

财政部 税务总局 科技部
关于提高研究开发费用税前加计扣除比例的通知
财税〔2018〕99号

各省、自治区、直辖市、计划单列市财政厅(局)、科技厅(局),国家税务总局各省、自治区、直辖市、计划单列市税务局,新疆生产建设兵团财政局、科技局:

为进一步激励企业加大研发投入,支持科技创新,现就提高企业研究开发费用(以下简称研发费用)税前加计扣除比例有关问题通知如下:

一、企业开展研发活动中实际发生的研发费用,未形成无形资产计入当期损益的,在按规定据实扣除的基础上,在2018年1月1日至2020年12月31日期间,再按照实际发生额的75%在税前加计扣除;形成无形资产的,在上述期间按照无形资产成本的175%在税前摊销。

二、企业享受研发费用税前加计扣除政策的其他政策口径和管理要求按照《财政部 国家税务总局 科技部关于完善研究开发费用税前加计扣除政策的通知》(财税〔2015〕119号)、《财政部 税务总局 科技部关于企业委托境外研究开发费用税前加计扣除有关政策问题的通知》(财税〔2018〕64号)、《国家税务总局关于企业研究开发费用税前加计扣除政策有关问题的公告》(国家税务总局公告2015年第97号)等文件规定执行。

财政部 税务总局 科技部
2018年9月20日

3) 以公允价值计量且其变动计入当期损益的金融资产

按照《企业会计准则第22号——金融工具确认和计量》的规定,对于以公允价值计量且其变动计入当期损益的金融资产,其于某一会计期末的账面价值为公允价值,如果税法规定按照会计准则确认的公允价值变动损益在计税时不予考虑,即有关金融资产在某一会计期末的计税基础为其取得成本,会造成该类金融资产账面价值与计税基础之间的差异。

【例4-5】 华夏公司2×19年7月以520 000元取得乙公司股票50 000股作为交易性金融资产核算,2×19年12月31日,甲公司尚未出售所持有乙公司股票,乙公司股票公允价值为每股12元。税法规定,资产在持有期间公允价值的变动不计入当期应纳税所得额,待处置时一并计算应计入应纳税所得额的金额。

解析:作为交易性金融资产的乙公司股票在2×19年12月31日的账面价值为600 000元(12×50 000),计税基础为原取得成本不变,即520 000元,两者之间产生80 000元的应纳税暂时性差异。

4) 其他资产

因企业会计准则规定与税法规定不同,企业持有的其他资产,可能造成其账面价值与计税基础之间存在差异。

(1) 投资性房地产。投资性房地产,企业持有的投资性房地产进行后续计量时,会计准则规定可以采用两种模式:一种是成本模式,采用该种模式计量的投资性房地产其账面价值与计税基础的确定与固定资产、无形资产相同;另一种是在符合规定条件的情况下,可以采用公允价值模式对投资性房地产进行后续计量。对于采用公允价值进行后续计量的投资性房地产,其计税基础的确定类似于以公允价值模式计量且其变动计入当期损益的金融资产。

(2) 采用权益法核算的长期股权投资。对于采用权益法核算的长期股权投资，其账面价值与计税基础产生的有关暂时性差异是否确认相关的所得税影响，应当考虑该项投资的持有意图：如果企业准备长期持有，一般情况下不确认相关的所得税影响；如果企业改变持有意图拟近期对外出售，均应确认相关的所得税影响。

(3) 其他计提了资产减值准备的各项资产。有关资产计提减值准备后，其账面价值会随之下降，而税法规定资产在发生实质性损失之前，不允许税前扣除，即其计税基础不会因减值准备的提取而变化，造成在计提资产减值准备以后，资产的账面价值与计税基础之间产生差异。

2. 负债的计税基础

负债的计税基础是指负债的账面价值减去未来期间计算应纳税所得额时按照税法规定可予抵扣的金额。即假定企业按照税法规定进行核算，在其按照税法规定确定的资产负债表上有关负债的应有金额。负债的确认与偿还一般不会影响企业未来期间的损益，也不会影响其未来期间的应纳税所得额，因此未来期间计算应纳税所得额时按照税法规定可予抵扣的金额为 0，计税基础即为账面价值。例如，企业的短期借款、应付账款等。但是，某些情况下，负债的确认可能会影响企业的损益，进而影响不同期间的应纳税所得额，使其计税基础与账面价值之间产生差额，如按照会计规定确认的某些预计负债。

1）预计负债

按照《企业会计准则第 13 号——或有事项》规定，企业应将预计提供售后服务发生的支出在销售当期确认为费用，同时确认预计负债。如果税法规定，与销售产品相关的支出应于发生时税前扣除。因该类事项产生的预计负债在期末的计税基础为其账面价值与未来期间可税前扣除的金额之间的差额，因有关的支出实际发生时可全额税前扣除，其计税基础为 0。因其他事项确认的预计负债，应按照税法规定的计税原则确定其计税基础。某些情况下，某些事项确认的预计负债，税法规定其支出无论是否实际发生均不允许税前扣除，即未来期间按照税法规定可予抵扣的金额为 0，则其账面价值与计税基础相同。

【例 4-6】 华夏公司 2×19 年因销售产品承诺提供 3 年的保修服务，在当年度利润表中确认了 8 000 000 元销售费用，同时确认为预计负债，当年度发生保修支出 2 000 000 元，预计负债的期末余额为 6 000 000 元。假定税法规定，与产品售后服务相关的费用在实际发生时税前扣除。

解析：该项预计负债在甲公司 2×19 年 12 月 31 日的账面价值为 6 000 000 元。该项预计负债的计税基础＝账面价值－未来期间计算应纳税所得额时按照税法规定可予抵扣的金额＝6 000 000－6 000 000＝0。

该预计负债的账面价值与计税基础之间产生了 6 000 000 元的差额，该项差额将于未来期间减少企业的应纳税所得额和相应的应交所得税，属于可抵扣暂时性差异。

2）预收账款

企业在收到客户预付的款项时，因不符合收入确认条件，会计上将其确认为负债。税法对于收入的确认原则一般与会计规定相同，即会计上未确认收入时，计税时一般亦不计入应纳税所得额，该部分经济利益在未来期间计税时可予税前扣除的金额为 0，计税基础等于账面价值。如果不符合会计准则规定的收入确认条件，但按照税法规定应计入当期应纳税所得额时,有关预收账款的计税基础为0,即因其产生时已经计入应纳税所得额,未来期间可全额税前扣除,计税基础为账面价值减去在未来期间可全额税前扣除的金额,即其计税基础为0。

【例4-7】 华夏公司于2×19年12月20日自客户那里收到一笔合同预付款,金额为2 200万元,作为预收账款核算。按照税法规定,该款项应计入取得当期应纳税所得额计算交纳所得税。

解析:该预收账款在华夏公司2×19年12月31日资产负债表中的账面价值为2 200万元。

该预收账款的计税基础=账面价值2 200-未来期间计算应纳税所得额时按照税法规定可予抵扣的金额2 200=0

负债账面价值>计税基础。

产生可抵扣暂时性差异,确认递延所得税资产。

3) 应付职工薪酬

会计准则规定,企业为获得职工提供的服务给予的各种形式的报酬以及其他相关支出均应作为企业的成本、费用,在未支付之前确认为负债。税法对于合理的职工薪酬基本允许税前扣除,相关应付职工薪酬负债的账面价值等于计税基础。

【例4-8】 华夏公司2×19年计入成本费用的职工工资总额为2 000万元,至2×19年12月31日尚未支付。按照税法规定,当期计入成本费用的2 000万元工资支出中,可予税前扣除的合理部分为2 000万元。

解析:该项应付职工薪酬负债于2×19年12月31日的账面价值为2 000万元。

该项应付职工薪酬负债于2×19年12月31日的计税基础=账面价值2 000万元-未来期间计算应纳税所得额时按照税法规定可予抵扣的金额0=2 000(万元)。

该项负债的账面价值2 000万元与计税基础2 000万元相同,不形成暂时性差异。

4) 其他负债

其他负债如企业应交的罚款和滞纳金等,在尚未支付之前按照会计规定确认为费用,同时作为负债反映。税法规定,罚款和滞纳金不能税前扣除,即该部分费用无论是在发生当期还是在以后期间均不允许税前扣除,其计税基础为账面价值减去未来期间计税时可予税前扣除的金额零之间的差额,即计税基础等于账面价值。

【例4-9】 甲公司因未按照税法规定缴纳税金,按规定需在2×19年缴纳滞纳金1 000 000元,至2×19年12月31日,该款项尚未支付,形成其他应付款1 000 000元。税法规定,企业因违反国家法律、法规规定缴纳的罚款、滞纳金不允许税前扣除。

解析:因应缴滞纳金形成的其他应付款账面价值为1 000 000元,因税法规定该支出不允许税前扣除,其计税基础=1 000 000-0=1 000 000(元)。对于罚款和滞纳金支出,会计与税收规定存在差异,但该差异仅影响发生当期,对未来期间计税不产生影响,因而不产生暂时性差异。

4.2.3 暂时性差异

暂时性差异是指资产、负债的账面价值与其计税基础不同产生的差额。由于资产、负债的账面价值与其计税基础不同，产生了在未来收回资产或清偿负债的期间内，应纳税所得额增加或减少并导致未来期间应交所得税增加或减少的情况，在这些暂时性差异发生的当期，一般应当确认相应的递延所得税负债或递延所得税资产。

根据暂时性差异对未来期间应纳税所得额的影响，分为应纳税暂时性差异和可抵扣暂时性差异。

1. 应纳税暂时性差异

应纳税暂时性差异是指在确定未来收回资产或清偿负债期间的应纳税所得额时，将导致产生应税金额的暂时性差异。该差异在未来期间转回时，会增加转回期间的应纳税所得额，即在未来期间不考虑该事项影响的应纳税所得额的基础上，由于该暂时性差异的转回，会进一步增加转回期间的应纳税所得额和应交所得税金额。在应纳税暂时性差异产生当期，应当确认相关的递延所得税负债。应纳税暂时性差异通常产生于以下情况：

(1) 资产的账面价值大于其计税基础。一项资产的账面价值代表的是企业在持续使用或最终出售该项资产时会取得的经济利益的总额，而计税基础代表的是一项资产在未来期间可予税前扣除的总金额。资产的账面价值大于其计税基础，该项资产未来期间产生的经济利益不能全部税前抵扣，两者之间的差额需要交所得税，产生应纳税暂时性差异。

(2) 负债的账面价值小于其计税基础。一项负债的账面价值为企业预计在未来期间清偿该项负债时的经济利益流出，而其计税基础代表的是账面价值在扣除税法规定未来期间允许税前扣除的金额之后的差额。因负债的账面价值与其计税基础不同产生的暂时性差异，实质上是税法规定就该项负债在未来期间可以税前扣除的金额为负数，即应在未来期间应纳税所得额的基础上调增，增加应纳税所得额和应交所得税金额，产生应纳税暂时性差异，应确认相关的递延所得税负债。

【例 4-10】 华夏公司 2×17 年 12 月 31 日，购入设备一台，其账面价值为 2 000 万元，预计使用 5 年，税法规定的折旧年限为 4 年，都是按年限平均法计提折旧，净残值为零，计算 2×19 年12 月 31 日应纳税暂时性差异余额。

解析：2×19 年 12 月 31 日设备的账面价值＝2 000－2 000÷5×2＝1 200(万元)。

计税基础＝2 000－2 000÷4×2＝1 000(万元)

应纳税暂时性差异的余额＝1 200－1 000＝200(万元)

2. 可抵扣暂时性差异

可抵扣暂时性差异是指在确定未来收回资产或清偿负债期间的应纳税所得额时，将导致产生可抵扣金额的暂时性差异。该差异在未来期间转回时会减少转回期间的应纳税所得额，减少未来期间的应交所得税。在可抵扣暂时性差异产生当期，符合确认条件的情况下，应当确认相关的递延所得税资产。可抵扣暂时性差异一般产生于以下情况：

(1) 资产的账面价值小于其计税基础。从经济含义来看，资产在未来期间产生的经济利益少，按照税法规定允许税前扣除的金额多，则企业在未来期间可以减少应纳税所得额并减少应交所得税，产生可抵扣暂时性差异。

(2) 负债的账面价值大于其计税基础。负债产生的暂时性差异实质上是税法规定就该项负债可以在未来期间税前扣除的金额。一项负债的账面价值大于其计税基础，意味着未来期间按照税法规定构成负债的全部或部分金额可以自未来应税经济利益中扣除，减少未来期间的应纳税所得额和应交所得税。

值得关注的是，对于按照税法规定可以结转以后年度的未弥补亏损及税款抵减，虽不是因资产、负债的账面价值与计税基础不同产生的，但本质上可抵扣亏损和税款递减与可抵扣暂时性差异具有同样的作用，均能够减少未来期间的应纳税所得额，进而减少未来期间的应交所得税，在会计处理上，视同可抵扣暂时性差异，在符合条件的情况下，应确认相关的递延所得税资产。

4.3 资产负债表债务法

4.3.1 资产负债表债务法的基本核算程序

我国企业所得税会计采用了资产负债表债务法，要求企业从资产负债表出发，通过比较资产负债表上列示的资产、负债按照会计准则规定确定的账面价值与按照税法规定确定的计税基础，对于两者之间的差异分别应纳税暂时性差异与可抵扣暂时性差异，确认相关的递延所得税负债与递延所得税资产，并在此基础上确定每一会计期间利润表中的所得税费用。

企业进行所得税核算时，一般应遵循以下程序：

(1) 按照会计准则规定确定资产负债表中除递延所得税资产和递延所得税负债以外的其他资产和负债项目的账面价值。其中，资产和负债项目的账面价值，是企业按照相关会计准则的规定进行核算后在资产负债表中列示的金额。例如，企业持有的应收账款账面余额为1 000万元，企业对该应收账款计提了50万元的坏账准备，账面价值为950万元，即为该应收账款在资产负债表中的列示金额。

(2) 按照会计准则中对于资产和负债计税基础的确定方法，以适用的税收法规为基础，确定资产负债表中有关资产、负债项目的计税基础。

(3) 比较资产、负债的账面价值与其计税基础，对于两者之间存在差异的，分析其性质，除会计准则中规定的特殊情况外，分别应纳税暂时性差异与可抵扣暂时性差异，确定该资产负债表日递延所得税负债和递延所得税资产的应有金额，并与期初递延所得税资产和递延所得税负债的余额相比，确定当期应予进一步确认的递延所得税资产和递延所得税负债金额或应予转销的金额，作为构成利润表中所得税费用的递延所得税费用(或收益)。

(4) 按照适用的税法规定计算确定当期应纳税所得额，将应纳税所得额与适用的所得税税率计算的结果确认为当期应交所得税，作为利润表中应予确认的所得税费用中的当期所得税部分。

(5) 确定利润表中的所得税费用。利润表中的所得税费用包括当期所得税和递延所得税两个组成部分。企业在计算确定当期所得税和递延所得税后，两者之和(或之差)，即为利润表中的所得税费用。所得税会计的关键在于确定资产、负债的计税基础。资产、负债的计税基础，虽然是会计准则中的概念，但实质上与税法法规的规定密切关联。企业应当严格遵循税收法规中对于资产的税务处理及可税前扣除的费用等规定确定有关资产、负债的计税基础。

4.3.2 递延所得税负债的确认和计量

企业在确认因应纳税暂时性差异产生的递延所得税负债时，应遵循以下原则。

1. 除会计准则中明确规定可不确认递延所得税负债的情况以外，企业对于所有的应纳税暂时性差异均应确认相关的递延所得税负债

除直接计入所有者权益的交易或事项以及企业合并外，在确认递延所得税负债的同时，应增加利润表中的所得税费用。

【例 4-11】 华夏公司于 2×19 年 1 月 1 日开始计提折旧的某设备，取得成本为 2 000 000元，采用年限平均法计提折旧，使用年限为 10 年，预计净残值为零。假定计税时允许按双倍余额递减法计提折旧，使用年限及预计净残值与会计相同。甲公司适用的所得税税率为 25%。假定该企业不存在其他会计与税收处理的差异。

解析：2×19 年该项固定资产按照会计规定计提的折旧额为 200 000 元，计税时允许扣除的折旧额为 400 000 元，则该固定资产的账面价值 1 800 000 元与其计税基础 1 600 000 元的差额构成应纳税暂时性差异，企业应确认递延所得税负债 50 000 元[(1 800 000－1 600 000)×25%]。

【例 4-12】 B 企业 2×19 年 12 月 31 日购入成本为 400 万元的设备，预计使用年限 5 年，预计净残值为零，会计采用年限平均法计提折旧，税法允许采用双倍余额递减法计提折旧。B 企业适用的所得税税率为 25%。

表 4-1 暂时性差异及其对所得税影响数计算表 单位：万元

项目	2×19 年	2×20 年	2×21 年	2×22 年	2×23 年	2×24 年
账面价值	400	320	240	160.0	80.0	0
计税基础	400	240	144	86.4	43.2	0
暂时性差异	0	80	96	73.6	36.8	0
递延所得税负债余额	0	20	24	18.4	9.2	0
递延所得税负债发生额	0	20＋	4＋	5.6－	9.2－	9.2－

(1) 2×20 年：

年末账面价值＝400－400/5＝320(万元)

年末计税基础＝400－400×40%＝240(万元)

年末账面价值大于计税基础，产生应纳税暂时性差异 80 万元。

年末递延所得税负债余额＝80×25%＝20(万元)

本年递延所得税负债发生额＝20－0＝20(万元)

年末确认递延所得税负债时：

借：所得税费用 200 000

　贷：递延所得税负债 200 000

(2) 2×21 年：

年末账面价值＝400－400÷5×2＝240(万元)

年末计税基础＝240－240×40%＝144(万元)

年末账面价值大于计税基础，产生应纳税暂时性差异 96 万元。

年末递延所得税负债余额＝96×25%＝24(万元)

本年递延所得税负债发生额＝24－20＝4(万元)

年末确认递延所得税负债时：

借：所得税费用　　40 000

　贷：递延所得税负债　　40 000

其他年份从略。

2. 不确认递延所得税负债的特殊情况

有些情况下，虽然资产、负债的账面价值与其计税基础不同，产生了应纳税暂时性差异，但出于各方面考虑，会计准则规定不确认相关的递延所得税负债，主要包括：

(1) 商誉的初始确认。非同一控制下的企业合并中，企业合并成本大于合并中取得的被购买方可辨认净资产公允价值份额的差额，确认为商誉。因会计与税收的划分标准不同，按照税法规定作为免税合并的情况下，税法不认可商誉的价值，即从税法角度，商誉的计税基础为0，两者之间的差额形成应纳税暂时性差异。但是，确认该部分暂时性差异产生的递延所得税负债，则意味着将进一步增加商誉的价值。因商誉本身即是企业合并成本在取得的被购买方可辨认资产、负债之间进行分配后的剩余价值，确认递延所得税负债进一步增加其账面价值会影响到会计信息的可靠性，而且增加了商誉的账面价值以后，可能很快就要计提减值准备，同时其账面价值的增加还会进一步产生应纳税暂时性差异，使得递延所得税负债和商誉价值量的变化不断循环。因此，对于企业合并中产生的商誉，其账面价值与计税基础不同形成的应纳税暂时性差异，会计准则规定不确认相关的递延所得税负债。

(2) 除企业合并以外的其他交易或事项中，如果该项交易或事项发生时既不影响会计利润，也不影响应纳税所得额，则所产生的资产、负债的初始确认金额与其计税基础不同，形成应纳税暂时性差异的，交易或事项发生时不确认相应的递延所得税负债。该规定主要是考虑到由于交易发生时既不影响会计利润，也不影响应纳税所得额，确认递延所得税负债的直接结果是增加有关资产的账面价值或是降低所确认负债的账面价值，使得资产、负债在初始确认时，违背历史成本原则，影响会计信息的可靠性。

(3) 与联营企业、合营企业投资等相关的应纳税暂时性差异，一般应确认递延所得税负债，但同时满足以下两个条件的除外：一是投资企业能够控制暂时性差异转回的时间；二是该暂时性差异在可预见的未来很可能不会转回。满足上述条件时，投资企业可以运用自身的影响力决定暂时性差异的转回，如果不希望其转回，则在可预见的未来该项暂时性差异即不会转回，从而无须确认相关的递延所得税负债。

3. 递延所得税负债的计量

递延所得税负债应以应纳税暂时性差异转回期间适用的所得税税率计量。在我国，除享受优惠政策的情况以外，企业适用的所得税税率在不同年度之间一般不会发生变化，企业在确认递延所得税负债时，可以现行适用所得税税率为基础计算确定。对于享受优惠政策的企业，如国家需要重点扶持的高新技术企业，享受一定时期的税率优惠，则所产生的暂时性差异应以预计其转回期间的适用所得税税率为基础计量。另外，无论应纳税暂时性差异的转回期间如何，递延所得税负债不要求折现。

4.3.3 递延所得税资产的确认和计量

1. 递延所得税资产的确认原则

资产、负债的账面价值与其计税基础不同产生可抵扣暂时性差异的，在估计未来期间能够取得足够的应纳税所得额用来利用该可抵扣暂时性差异的，应当以很可能取得用来抵扣可抵扣暂时性差异的应纳税所得额为限，确认相关的递延所得税资产。同递延所得税负债的确认相同，有关交易或事项发生时，对会计利润或是应纳税所得额产生影响的，所确认的递延所得税资产应作为利润表中所得税费用的调整；有关的可抵扣暂时性差异产生于直接计入所有者权益的交易或事项，则确认的递延所得税资产也应计入所有者权益；企业合并时产生的可抵扣暂时性差异的所得税影响，应相应调整企业合并中确认的商誉或是应计入当期损益的金额。

确认递延所得税资产时，应关注以下问题：

(1) 递延所得税资产的确认应以未来期间可能取得的应纳税所得额为限。在可抵扣暂时性差异转回的未来期间内，企业无法产生足够的应纳税所得额用来抵减可抵扣暂时性差异的影响，使得与递延所得税资产相关的经济利益无法实现的，该部分递延所得税资产不应确认。

(2) 企业有确凿的证据表明其于可抵扣暂时性差异转回的未来期间能够产生足够的应纳税所得额，进而利用可抵扣暂时性差异的，则应以可能取得的应纳税所得额为限，确认相关的递延所得税资产。

对于按照税法规定可以结转以后年度的未弥补亏损和税款抵减，应视同可抵扣暂时性差异处理。在预计可利用可弥补亏损或税款递减的未来期间内能够取得足够的应纳税所得额时，应当以很可能取得的应纳税所得额为限，确认相关的递延所得税资产，同时减少确认当期的所得税费用。

【例 4-13】 B 企业为高新技术企业，2×19 年 12 月购入价值为 2 500 万元的环保设备，预计使用寿命 5 年，不考虑净残值，企业按照会计政策采用年数总和法计提折旧，税法规定采用年限平均法按 5 年计提折旧，亦不考虑净残值。该企业使用的所得税税率为 15%。暂时性差异及其对所得税影响数计算表如表 4-2 所示。

表 4-2 暂时性差异及其对所得税影响数计算表 单位：万元

项目	2×19 年	2×20 年	2×21 年	2×22 年	2×23 年	2×24 年
账面价值	2 500	1 667	1 000	500	167	0
计税基础	2 500	2 000	1 500	1 000	500	0
暂时性差异	0	333	500	500	333	0
递延所得税资产余额	0	50	75	75	50	0
递延所得税资产发生额	0	50+	25+	0	25−	50−

(1) 2×20 年：

年末账面价值=2 500−2 500×5÷15=1 667(万元)

年末计税基础=2 500−2 500÷5=2 000(万元)

年末账面价值小于计税基础，产生可抵扣暂时性差异 333 万元。

年末递延所得税资产余额=333×15%=50(万元)

年末递延所得税资产发生额=50−0=50(万元)

年末确认递延所得税资产时：

借：递延所得税资产　　500 000
　贷：所得税费用　　500 000

(2) 2×21 年：

年末账面价值＝1 667－2 500×4÷15＝1 000(万元)
年末计税基础＝2 500－2 500÷5×2＝1 500(万元)

年末账面价值小于计税基础 500 万元。

年末递延所得税资产余额＝500×15％＝75(万元)
本年递延所得税资产发生额＝75－50＝25(万元)

年末确定递延所得税资产时：

借：递延所得税资产　　250 000
　贷：所得税费用　　250 000

(3) 2×22 年：

年末账面价值＝1 000－2 500×3÷15＝500(万元)
年末计税基础＝2 500－2 500÷5×3＝1 000(万元)

年末账面价值小于计税基础 500 万元。

年末递延所得税资产余额＝500×15％＝75(万元)
本年递延所得税资产发生额＝75－75＝0

年末对于递延所得税资产不需作账务处理。

(4) 2×23 年：

年末账面价值＝500－2 500×2÷15＝167(万元)
年末计税基础＝2 500－2 500÷5×4＝500(万元)

年末账面价值小于计税基础 333 万元。

年末递延所得税资产余额＝333×15％＝50(万元)
本年递延所得税资产发生额＝50－75＝－25(万元)

年末转回递延所得税资产时：

借：所得税费用　　250 000
　贷：递延所得税资产　　250 000

(5) 2×24 年：

年末账面价值＝167－2 500×1÷15＝0
年末计税基础＝2 500－2 500÷5×5＝0

年末账面价值等于计税基础，递延所得税资产余额为 0。

本年递延所得税资产发生额＝0－50＝－50(万元)

年末转回递延所得税资产时：

借：所得税费用　　500 000
　贷：递延所得税资产　　500 000

2. 不确认递延所得税资产的特殊情况

某些情况下，如果企业发生的某些交易或事项不是企业合并，并且交易发生时既不影响会计利润也不影响应纳税所得额，且该项交易中产生的资产、负债的初始确认金额与其计税基础不同，产生可抵扣暂时性差异的，企业会计准则中规定在交易或事项发生时不确定相应的递延所得税资产。

3. 递延所得税资产的计量

（1）适用税率的确定。确认递延所得税资产时，应估计相关可抵扣暂时性差异的转回时间，采用转回期间适用的所得税税率为基础计算确定。另外，无论相关的可抵扣暂时性差异转回期间如何，递延所得税资产均不予折现。

（2）递延所得税资产的减值。与其他资产相一致，资产负债表日，企业应当对递延所得税资产的账面价值进行复核。如果未来期间很可能无法取得足够的应纳税所得额用来利用递延所得税资产的利益，应当减记递延所得税资产的账面价值。对于预期无法实现的部分，一般应确认为当期所得税费用，同时减少递延所得税资产的账面价值；对于原确认时计入所有者权益的递延所得税资产，其减记金额亦应计入所有者权益，不影响当期所得税费用。递延所得税资产的账面价值因上述原因减记以后，以后期间根据新的环境和情况判断能够产生足够的应纳税所得额用来利用可抵扣暂时性差异，使得递延所得税资产包含的经济利益能够实现的，应相应恢复递延所得税资产的账面价值。

4.3.4 所得税费用的确认和计量

企业核算所得税，主要是为确定当期应交所得税以及利润表中的所得税费用，从而确定各期实现的净利润。确认递延所得税资产和递延所得税负债，最终日的也是解决不同会计期间所得税费用的分配问题。按照资产负债表债务法进行核算的情况下，利润表中的所得税费用由两个部分组成：当期所得税费用和递延所得税费用（或收益）。

1. 当期所得税

当期所得税是指企业按照税法规定计算确定的针对当期发生的交易或事项，应缴纳给税务机关的所得税金额，即应交所得税。当期所得税应当以适用的税收法规为基础计算确定。企业在确定当期所得税时，对于当期发生的交易或事项，会计处理与税收处理是不同的，应在会计利润的基础上，按照适用税收法规的要求进行调整（即纳税调整），计算出当期应纳税所得额，按照应纳税所得额与适用所得税税率计算确定当期应交所得税。一般情况下，应纳税所得额可在会计利润的基础上，考虑会计与税收规定之间的差异，按照以下公式计算确定：

应纳税所得额＝会计利润＋按照会计准则规定计入利润表但计税时不允许税前扣除的费用
＋（或－）计入利润表的费用与按照税法规定可予税前抵扣的金额之间的差额
＋（或－）计入利润表的收入与按照税法规定应计入应纳税所得额的收入之间的差额
－税法规定的不征税收入＋（或－）其他需要调整的因素

2. 递延所得税

递延所得税是指按照企业会计准则规定应予确认的递延所得税资产和递延所得税负债在会计期末应有的金额相对于原已确认金额之间的差额，即递延所得税资产和递延所得税负债的当期发生额，但不包括计入所有者权益的交易或事项的所得税影响。用公式表示即为：

递延所得税＝(期末递延所得税负债－期初递延所得税负债)－(期末递延所得税资产－期初递延所得税资产)

值得注意的是，如果某项交易或事项按照会计准则规定应计入所有者权益，由该交易或事项产生的递延所得税资产或递延所得税负债及其变化亦应计入所有者权益，不构成利润表中的递延所得税费用(或收益)。

【例4-14】 华夏公司2×19年度利润总额为200万元，其中包括本年收到的国债利息收入50万元。该企业适用的所得税税率为25%。

华夏公司当年按税法核定的全年计税工资为200万元，全年实发工资为180万元；当年的营业外支出中，有10万元为税款滞纳金支出。除上述事项外，华夏公司无其他纳税调整事项。

要求：

(1) 计算华夏公司2×19年度应纳税所得额。

(2) 计算华夏公司2×19年度应交所得税额。

(3) 编制华夏公司应交所得税的会计分录。

(4) 计算华夏公司2×19年度实现的净利润。

(5) 编制华夏公司年末结平"所得税费用"科目的会计分录。

解析：华夏公司的会计处理如下：

(1) 甲企业2×19年度应纳税所得额＝200－50＋10＝160(万元)

(2) 甲企业2×19年度应交所得税额＝160×25%＝40(万元)

(3) 借：所得税费用	400 000	
贷：应交税费——应交所得税		400 000

(4) 甲企业2×19年度实现的净利润＝200－40＝160(万元)

(5) 借：本年利润	400 000	
贷：所得税费用		400 000

4.4 企业所得税的会计处理

4.4.1 企业所得税会计账簿设置和处理规则

在企业所得税的会计记录中，需要设置的最主要账簿是"应交企业所得税"，它既可以作为"应交税费"总账科目下的一个明细科目，又可以作为总账科目，反映企业所得税的应交、实际上缴和退补等情况。本科目的贷方反映应交和应补交的企业所得税，借方反映实际上缴和补交的企业所得税；贷方余额反映应交未交的企业所得税，借方余额反映多交的企业所得税。对应交的企业所得税，借记"所得税费用——当期所得税费用"科目，贷记本(明细)科目；实际缴纳时，借记本(明细)科目，贷记"银行存款"科目。

执行《小企业会计准则》的企业，企业所得税会计处理保持与税法的一致性，体现两者合一；执行《企业会计准则》的企业，企业所得税会计处理呈现与税法的差异，体现两者分离。在一套账簿体系下，以借记"所得税费用"总账金额是否与贷记"应交税费——应交企业所得税”金额一致为识别标准。如果在贷记“应交企业所得税”依税法确认计量后，借方科目金额不再按会计准则重新确认计量，说明会计准则服从税法，即借方服从贷方，属于财务会计与税务会计两者合一模式。如果在贷记“应交企业所得税”依税法确认计量后，借方科目金额按会计准则重新确认计量（采用纳税影响会计法），说明财务会计和税务会计两者分离，其差额可以通过“递延税款”或“递延所得税资产”“递延所得税负债”予以反映，以保持会计记录的借贷相等。

特别提示 4-1

本节阐述的是税务会计范畴的所得税会计，即以企业所得税法为导向的所得税会计。

4.4.2 减免企业所得税的会计处理

纳税人符合减免所得税规定时，应在年度终了后两个月内向主管税务机关提供以下书面资料：减免税申请报告（主要包括减免税依据、范围、年限、金额、企业的基本情况等）；同期财务会计报表；工商营业执照和税务登记证的复印件；根据不同减免税项目，税务机关要求提供的其他材料。

1. 直接减免

企业仍然需要计算应交所得税，待税务机关审批之后再确认减免税。企业在计算应纳所得税时，借记“所得税费用”科目，贷记“应交税费——应交企业所得税”科目，税务机关确认减免时，借记“应交税费——应交企业所得税”科目，贷记“所得税费用”科目。

2. 即征即退与先征后退

企业在计算应纳所得税时，借记“所得税费用”科目，贷记“应交税费——应交企业所得税”科目；缴纳时，借记“应交税费——应交企业所得税”科目，贷记“银行存款”科目；确认应退税额并收到退税款时，借记“银行存款”科目，贷记“所得税费用”科目。

3. 有指定用途的退税

所得税退税款作为国家投资的，形成国家资本。企业收到退税时，借记“银行存款”科目，贷记“实收资本——国家资本金”科目。对有指定用途的政策性减免，可将减免的所得税额贷记“资本公积”科目。

企业按照国务院财政、税务主管部门有关文件规定，实际收到具有专门用途的先征后返所得税税款，按照会计准则规定应计入取得当期的利润总额，但不作为当期的应纳税所得额。

4.4.3 预缴企业所得税的会计处理

企业分月或分季预缴企业所得税时，应当按照月度或季度的实际利润额预缴。按实际利润额预缴有困难的，可以根据上一纳税年度应纳税所得额的月度或者季度平均额预缴，或者按照经税务机关认可的其他方法预缴。预缴方法一经确定，该纳税年度内不得随意变更。

实际利润额为按会计准则核算的利润总额减去以前年度待弥补亏损以及不征税收入、免税收入后的余额。对不征税收入，在所得税预缴或汇算清缴时，按照“调表不调账”的原则，作纳税调减处理。对于免税收入，有的形成永久性差异（如国债利息收入），有的属于暂时性差异（投资收益），企业应视具体情况进行分析。

【例 4-15】 甲公司某年第一季度会计利润总额为 200 万元(含国债利息收入 10 万元),以前年度未弥补亏损 40 万元,企业所得税税率为 25%。企业“长期借款”账户记载:年初向工商银行借款 60 万元,年利率为 6%;向乙公司借款 90 万元,年利率为 8%,上述款项全部用于生产经营。另外,计提固定资产减值损失 10 万元。假设无其他纳税调整事项。

(1) 第一季度预缴所得税的计算和会计处理。

企业预缴的基数为会计利润总额 200 万元,扣除以前年度未弥补亏损 40 万元以及不征税收入和免税收入 10 万元后,实际利润额为 150 万元。对于其他永久性差异,如长期借款利息超支的 1.8 万元[90×(8%－6%)]和暂时性差异(固定资产减值损失 10 万元),季度预缴时不作纳税调整。会计分录如下:

① 反映应交所得税时:

借:所得税费用 375 000
　　贷:应交税费——应交企业所得税 375 000

② 下月月初,实际缴纳企业所得税时:

借:应交税费——应交企业所得税 375 000
　　贷:银行存款 375 000

(2) 假设第二季度企业累计实现利润 270 万元,则所得税费用为 30 万元[(270－150)×25%]。会计分录如下:

① 第二季度末,反映应交所得税时:

借:所得税费用 300 000
　　贷:应交税费——应交企业所得税 300 000

② 下月月初缴纳企业所得税时:

借:应交税费——应交企业所得税 300 000
　　贷:银行存款 300 000

(3) 第三季度累计实现利润－40 万元。累计利润为亏损,不缴税也不作会计处理。

(4) 第四季度累计实现利润 240 万元,税法规定应先预缴税款,再汇算清缴。由于第四季度累计利润小于以前季度(第二季度)累计实现利润总额,暂不缴税也不作会计处理。

(5) 会计准则规定,暂时性差异产生的对递延所得税的影响,应该在产生时立即确认,而非在季末或者年末确认。上述资产减值损失形成的暂时性差异,在当月计提时,应作会计分录如下:

借:递延所得税资产 25 000
　　贷:所得税费用——递延所得税费用 25 000

4.4.4 弥补亏损的所得税会计处理

除高新技术企业和科技型中小企业亏损弥补年限为 10 年外,其他企业年度发生的亏损,税前扣除期限最长不得超过 5 年;按照《企业会计准则》的规定,企业预计在未来期间能够产生足够的应纳税所得额来抵扣亏损时,应确认相应的递延所得税资产,即将亏损视为可抵扣暂时性差异。对因亏损弥补而产生的暂时性差异,要在以后亏损抵扣期内持续反映,进行相关计算并作相应的会计处理。

税务直通车 4-4

关于延长高新技术企业和科技型中小企业亏损结转弥补年限有关企业所得税处理问题的公告

为支持高新技术企业和科技型中小企业发展，根据《中华人民共和国企业所得税法》及其实施条例、《财政部 税务总局关于延长高新技术企业和科技型中小企业亏损结转年限的通知》(财税〔2018〕76 号，以下简称《通知》)规定，现就延长高新技术企业和科技型中小企业亏损结转弥补年限有关企业所得税处理问题公告如下：

一、《通知》第一条所称当年具备高新技术企业或科技型中小企业资格(以下统称"资格")的企业，其具备资格年度之前 5 个年度发生的尚未弥补完的亏损，是指当年具备资格的企业，其前 5 个年度无论是否具备资格，所发生的尚未弥补完的亏损。

2018 年具备资格的企业，无论 2013 年至 2017 年是否具备资格，其 2013 年至 2017 年发生的尚未弥补完的亏损，均准予结转以后年度弥补，最长结转年限为 10 年。2018 年以后年度具备资格的企业，以此类推，进行亏损结转弥补税务处理。

二、高新技术企业按照其取得的高新技术企业证书注明的有效期所属年度，确定其具备资格的年度。

科技型中小企业按照其取得的科技型中小企业入库登记编号注明的年度，确定其具备资格的年度。

三、企业发生符合特殊性税务处理规定的合并或分立重组事项的，其尚未弥补完的亏损，按照《财政部 国家税务总局关于企业重组业务企业所得税处理若干问题的通知》(财税〔2009〕59 号)和本公告有关规定进行税务处理：

(一) 合并企业承继被合并企业尚未弥补完的亏损的结转年限，按照被合并企业的亏损结转年限确定；

(二) 分立企业承继被分立企业尚未弥补完的亏损的结转年限，按照被分立企业的亏损结转年限确定；

(三) 合并企业或分立企业具备资格的，其承继被合并企业或被分立企业尚未弥补完的亏损的结转年限，按照《通知》第一条和本公告第一条规定处理。

四、符合《通知》和本公告规定延长亏损结转弥补年限条件的企业，在企业所得税预缴和汇算清缴时，自行计算亏损结转弥补年限，并填写相关纳税申报表。

五、本公告自 2018 年 1 月 1 日起施行。

【例 4-16】 A 公司执行《企业会计准则》，企业所得税税率为 25%，能够持续经营。如果发生亏损，预计未来期间能够产生足够的应纳税所得额来弥补该可抵扣的亏损。假定在相关业务中不存在永久性差异，此前没有产生过暂时性差异(时间性差异)。

第 1 年应税亏损 80 万元，没有产生其他暂时性差异；

第 2 年预计实现利润总额 40 万元，本年没有产生除上年度结转亏损之外的其他暂时性差异；

第 3 年预计实现利润总额 6 万元，计提 30 万元的坏账准备；

第 4 年预计实现利润总额 70 万元，转回第 3 年已计提的坏账准备 10 万元。

根据上述资料，按会计与税法的要求，分别对各年进行所得税会计处理。

(1) 第 1 年：按照所得税会计准则的规定，年末对因发生亏损所确认的递延所得税资产按照预期弥补该亏损期间适用的企业所得税税率进行计量。预计未来期间公司能够产生足够的应纳税所得额以抵扣亏损，年末确认因该亏损而产生的递延所得税资产 20 万元(80×25%)。作会计分录如下：

借：递延所得税资产——第1年亏损　200 000
　　贷：所得税费用——递延所得税费用　200 000

(2) 第2年：本年度应纳税所得额为本年度的会计利润总额40万元，全部用于弥补上年度结转的亏损。弥补亏损后的应纳税所得额为负数，本年不需要缴纳企业所得税，但应转销上年度因该亏损而确认的递延所得税资产，转销金额为10万元(40×25%)。

所得税费用按会计准则的要求计算，在没有发生永久性差异且不采用应付税款法核算所得税费用的情况下，企业当期的所得税费用等于当期的税前会计利润总额与适用的企业所得税税率的乘积，与当期是否需要弥补以前年度结转的税前亏损无关，因此，本年度的所得税费用为10万元(40×25%)。作会计分录如下：

借：所得税费用——递延所得税费用　100 000
　　贷：递延所得税资产——第1年亏损　100 000

(3) 第3年：税法规定，企业计提的资产减值损失不得在税前扣除。

该年度应纳税所得额 = 会计利润总额 + 计提的资产减值损失 = 6 + 30 = 36(万元)

36万元的应纳税所得额需要用于弥补第1年结转的税前亏损，弥补亏损后的应纳税所得额为负数，不需缴纳企业所得税，但应将第1年因发生该亏损而确认的递延所得税资产予以转销，转销的金额为9万元(36×25%)，应确认的所得税费用为9万元。相关会计分录如下：

借：所得税费用——递延所得税费用　90 000
　　贷：递延所得税资产——第1年亏损　90 000

同时，需要反映因计提坏账准备应确认的递延所得税资产和相应的递延所得税费用，作会计分录如下：

借：递延所得税资产——第3年坏账准备　75 000
　　贷：所得税费用——递延所得税费用　75 000

(4) 第4年：本年度弥补第1年结转亏损后的应纳税所得额＝第1年亏损＋第2年应纳税所得额＋第3年应纳税所得额＋第4年应纳税所得额＝－80＋40＋6＋30＋(70－10)＝56(万元)，应缴纳企业所得税＝56×25%＝14(万元)。

转回第1年因发生亏损而确认递延所得税资产的金额为1万元(20－10－9)，或者等于至第3年年末尚未弥补的亏损额×25%，即(－80＋40＋36)×25%＝－4×25%＝－1(万元)，转回第3年因计提坏账准备而确认的递延所得税资产金额＝10×25%＝2.5(万元)。

应确认的所得税费用 = 70 × 25% = 17.5(万元)

其中　递延所得税费用 = 1 + 2.5 = 3.5(万元)
　　　当期所得税费用 = (70 − 10 − 4) × 25% = 14(万元)

已将转回的坏账准备10万元对本期损益的影响剔除，因为按照税法的规定，转回的资产减值准备虽然增加了本期的会计利润，但该部分不属于应税所得额，在计算转回当期的应税所得额时应作纳税调减，其对损益的影响应通过递延所得税明细来反映。会计分录如下：

借：所得税费用——递延所得税费用 35 000
——当期所得税费用 140 000
贷：递延所得税资产——第1年亏损 10 000
——第3年坏账准备 25 000
应交税费——应交企业所得税 140 000

4.4.5 所得税纳税调整的会计处理

在资产负债表债务法下，当企业所得税纳税调整时，如果不通过"递延所得税资产（负债）"核算，则既不影响流转税的计缴，又不影响企业所得税的计缴。但若未通过"递延所得税资产（负债）"核算，则可能会出现因"遗忘"可抵扣暂时性差异而多缴企业所得税的情况。

相关思考4-2

企业在2019年度同时发生扶贫捐赠和其他公益性捐赠，如何进行税前扣除处理

企业所得税法规定，企业发生的公益性捐赠支出准予按年度利润总额的12%在税前扣除，超过部分准予结转以后3年内扣除。《关于企业扶贫捐赠所得税税前扣除政策的公告》（财政部 税务总局 国务院扶贫办公告2019年第49号，以下简称《公告》），明确企业发生的符合条件的扶贫捐赠支出准予据实扣除。企业同时发生扶贫捐赠支出和其他公益性捐赠支出时，符合条件的扶贫捐赠支出不计算在公益性捐赠支出的年度扣除限额内。

如，企业2019年度的利润总额为100万元，当年度发生符合条件的扶贫方面的公益性捐赠17万元，发生符合条件的教育方面的公益性捐赠12万元。则2019年度该企业的公益性捐赠支出税前扣除限额为12万元（100×12%），教育捐赠支出12万元在扣除限额内，可以全额扣除；扶贫捐赠无须考虑税前扣除限额，准予全额税前据实扣除。2019年度，该企业的公益性捐赠支出共计29万元，均可在税前全额扣除。

【例4-17】 税收征管人员到甲公司进行常规检查，发现公司在被检查年度的前1年，将其自产的成本为150万元、正常对外销售价格为190万元的产品用于广告宣传，仅作了借记"销售费用"150万元、贷记"库存商品"150万元的会计分录。已知该公司当年可税前列支的广告费为60万元。

因公司未将自产产品用于广告宣传按视同销售的规定计缴企业所得税，税务部门要求公司调增应税所得额40万元（190－150）；由于当年可税前列支的广告费为60万元，公司实际扣除了150万元，税务部门还要求公司调增应税所得额90万元。两项合计调增应税所得额130万元。公司在当年按照25%的税率补缴了32.5万元的企业所得税，但仅作会计分录如下：

借：所得税费用 325 000
贷：应交税费——应交企业所得税 325 000
借：本年利润 325 000
贷：所得税费用 325 000

当时，甲公司并未意识到自己处理有误，此次税务部门再次检查，发现甲公司未将上一年度纳税调整的金额予以转回。这样，公司因没有转回上一年度的可抵扣暂时性差异，多计算了被检查年度的应税所得额90万元。

原因是在企业被检查年度的前1年进行所得税纳税调整时，未通过“递延所得税资产”账户进行核算。仍以上一年度调增的应税所得额为例，第1年度汇算清缴时，公司应作会计分录如下：

借：所得税费用——当期所得税费用　　325 000
　贷：应交税费——应交企业所得税　　325 000
借：递延所得税资产——可抵扣暂时性差异　　325 000
　贷：所得税费用——递延所得税费用　　325 000

第2年度汇算清缴时，企业已经被认定为高新技术企业，所得税税率改为15%，应根据转回的可抵扣暂时性差异90万元，作会计分录如下：

借：应交税费——应交企业所得税　　135 000
　贷：所得税费用——当期所得税费用　　135 000
借：所得税费用——递延所得税费用　　135 000
　本年利润　　190 000
　贷：递延所得税资产——可抵扣暂时性差异　　325 000

4.4.6 企业所得税的汇算清缴

企业所得税的汇算清缴一般属于财务会计中的资产负债表日后事项。对资产负债表日后事项中的调整事项，凡涉及上年度损益调整的事项，均应通过“以前年度损益调整”科目调整纳税年度的利润，计算由此影响的企业所得税，进行所得税的退补，并作相关会计记录；之后，才能进行有关利润分配。

“以前年度损益调整”科目的运用：对调整增加的以前年度利润或调整减少的以前年度亏损，借记有关科目，贷记本科目；调整减少的以前年度利润或调整增加的以前年度亏损，借记本科目，贷记有关科目。由于调整增加以前年度利润或调整减少以前年度亏损而相应增加的所得税，借记本科目，贷记“应交税费——应交企业所得税”科目；由于调整减少以前年度利润或调整增加以前年度亏损而相应减少的所得税，作相反方向的会计分录。经调整后，应将该科目的余额转入“利润分配——未分配利润”科目，如为贷方余额，借记本科目，贷记“利润分配——未分配利润”科目；如为借方余额，作相反会计分录。结转后，本科目无余额。

【例4-18】 2×19年年末，A企业“利润分配——未分配利润”科目借方余额110万元，企业申报亏损也是110万元。税务机关进行纳税检查时发现，企业当年不得在税前列支的金额为130万元，扣除账面亏损后，企业还盈利20万元。

A企业应作会计分录如下：

$$\text{应补缴所得税} = 200\ 000 \times 25\% = 50\ 000(\text{元})$$

税前不得支出的130万元属永久性差异，企业仍在税前扣除，造成虚报亏损，按逃税定性，130万元视同应税所得，假定罚款按逃税额的100%计算，则应罚款325 000元（1 300 000×25%×100%）。

(1) 补缴所得税时：

借：所得税费用　　50 000
　贷：应交税费——应交企业所得税　　50 000

借：应交税费——应交企业所得税　　50 000

　　贷：银行存款　　50 000

（2）缴纳罚款时：

借：营业外支出——税收罚款　　325 000

　　贷：银行存款　　325 000

相关思考 4-3

假定[例 4-18]不是上述情况，而是查出企业将 20 万元收入存入小金库而未入账，应如何进行账务处理？

应调减亏损 20 万元，调整后，仍然亏损 90 万元。这种情况，只罚不补。假定罚款按逃税额的 100%计算，应作会计分录如下：

（1）将未入账现金入账时：

借：银行存款　　200 000

　　贷：以前年度损益调整　　200 000

（2）缴纳罚款时：

借：营业外支出——税收罚款　　50 000

　　贷：银行存款　　50 000

在企业所得税汇算清缴时，若发现以前年度实际发生的、按税法规定可在税前扣除而未扣除或者少扣除的支出，企业作出专项申报说明后，准予追补至该项目发生年度计算扣除，但追补确认期限不得超过 5 年。企业因此而多缴的企业所得税和相应利息，可以在追补确认年度企业所得税应交税款中抵扣，不足抵扣的，可以向以后年度递延抵扣或申请退税。亏损企业追补确认以前年度未在企业所得税前扣除的支出，或盈利企业经过追补确认后出现亏损的，应首先调整该项支出所属年度的亏损额，然后按照弥补亏损的原则计算以后年度多缴的企业所得税款，并按规定处理。

假设某公司在本年企业所得税汇算清缴时，发现 3 年前的一笔金额为 1 万元的符合税法规定应扣除而未扣除的会务费支出。在企业作出专项申报及说明后，凭相关支出确已发生的真实、合规凭据，可以追补至发生年度计算扣除。对因追补扣除造成 3 年前年度多缴的企业所得税税款，可在追补确认的本年度企业所得税应纳税款中抵扣，不足抵扣的，可以向以后年度递延抵扣或申请退税。如果该公司 3 年前是年度亏损，或虽盈利但在追补确认税前扣除后出现亏损，应首先调整该项支出所属年度的亏损额，然后按照弥补亏损原则计算下一年度及其后年度应缴的企业所得税款。

4.4.7　企业清算的所得税会计处理

企业清算是指企业按章程规定解散以及因破产或其他原因宣布终止经营后，对企业的财产、债权、债务进行全面清查，并收取债权、清偿债务和分配剩余财产的经济活动。进行所得税清算的企业应按《中华人民共和国公司法》（以下简称《公司法》）、《中华人民共和国企业破产法》等规定需要进行清算的企业，还有企业重组、合并分立中需要按清算处理的企业。不论哪一种清算，均应按有关法规正确进行所得税处理。企业清算的所得税处理是企业在不能持续经营，发生结束自身业务、处置资产、偿还债务以及向所有者分配剩余财产等经济行为时，对清算所得、清算所得税、股息分配等事项的处理。企业清算的所得税处理包括：

(1) 全部资产均应按可变现价值或交易价格确认转让所得或损失。

(2) 确认债权清理、债务清偿的所得或损失。

(3) 对预提或待摊性质的费用进行处理。

(4) 依法弥补亏损。

(5) 计算并缴纳清算所得税。

(6) 确定可向股东分配的剩余财产、应付股利等。

企业的全部可变现价值或交易价格，减去资产的计税基础、清算费用、相关税费，加上债务清偿损益等后的余额为清算所得。计算公式如下：

$$\text{清算所得}=\text{资产变现收入}+\text{清算资产盘盈}-\text{资产计税基础的账面净值}-\text{清算费用}-\text{债权损失}+\text{无法偿还的债务收益}-\text{税前可弥补亏损}$$

或

$$=\left(\text{资产变现收入}+\text{清算资产盘盈}\right)-\text{清算费用}-\text{债权损失}-\left[\text{未付职工工资}+\text{欠税}+\left(\text{尚未偿付的其他各类债务}-\text{无法偿还的债务}\right)\right]-\text{累计未分配利润}-\text{资本公积}-\text{注册资本}-\text{税前可弥补亏损}$$

企业全部资产的可变现价值或交易价格减去清算费用、职工工资、社会保险费用和法定补偿金，清算所得税、以前年度欠税等税款，清偿企业债务后，按规定可向所得者分配的资产为剩余财产。剩余财产的计算公式如下：

$$\text{剩余财产}=\text{全部资产的可变现价值或交易价格}-\text{清算费用}-\text{未付职工工资、社会保险费用和法定补偿金等}-\text{未结清税费}-\text{其他公司债务}$$

式中，

$$\text{未结清税费}=\text{清算前未交税费}+\text{清算过程中产生的除企业所得税外的相关税费}+\text{清算所得应纳所得税税额}$$

$$\text{投资转让所得(损失)}=\text{剩余财产}-\text{股息所得}-\text{投资成本}$$

股息所得为剩余财产中相当于被清算企业累计未分配利润和累计盈余公积中按该股东所占股份比例计算的部分。

【例4-19】 税务部门对甲企业实行定率核定征收企业所得税，核定应税所得率为5%。该企业在2×19年10月份办理注销税务登记，终止经营活动。在注销过程中，清算确认其应税收入为350万元。假定甲企业属于小型微利企业，不考虑弥补亏损等因素。

甲企业清算所得税的会计处理如下：

应纳税所得额＝3 500 000×5%＝175 000(元)

清算所得应交企业所得税＝175 000×25%×20%＝8 750(元)

会计分录如下：

借：所得税费用	8 750	
贷：应交税费——应交企业所得税		8 750

借：应交税费——应交企业所得税　　8 750

　　贷：银行存款　　8 750

4.4.8　预提所得税代扣代缴的会计处理

外国企业在中国境内未设立机构、场所，但有来源于中国境内的利润（股息）、利息、租金、特许权使用费和其他所得，按规定其所得税应由支付人在每次支付的款项中扣除，并在7天内缴入国库。扣缴时应借记“其他应付款——应付利息”科目等，贷记“应交税费——应交预提所得税”科目。

【例4-20】 A公司系B公司和境外C公司共同出资成立的合资企业。境外C公司占51%的股权，以欧元注册资本，股权成本价为2 600 000欧元，2×19年1月10日，境外C公司将其注册资本51%的股权转让给B公司，51%的股权转让价为6 500 000欧元，并完成相关变更手续。假设股权转让日的汇率中间价为1欧元=7.5元人民币。

股权转让所得 = 6 500 000 − 2 600 000 = 3 900 000(欧元)

股权转让收益(折合人民币) = 3 900 000 × 7.5 = 29 250 000(元)

应交企业所得税 = 29 250 000 × 10% = 2 925 000(元)

会计分录如下：

（1）应交企业所得税时：

借：其他应付款——境外C公司　　2 925 000

　　贷：应交税费——应交预提所得税　　2 925 000

（2）缴纳企业所得税时：

借：应交税费——应交预提所得税　　2 925 000

　　贷：银行存款　　2 925 000

税务直通车4-5

国家税务总局关于非居民企业所得税源泉和扣缴有关问题的公告

一、《企业所得税法》第十九条第二项规定的转让财产所得包含转让股权等权益性投资资产（以下称“股权”）所得。股权转让收入减除股权净值后的余额为股权转让所得应纳税所得额。

股权转让收入是指股权转让人转让股权所收取的对价，包括货币形式和非货币形式的各种收入。

股权净值是指取得该股权的计税基础。股权的计税基础是股权转让人投资入股时向中国居民企业实际支付的出资成本，或购买该项股权时向该股权的原转让人实际支付的股权受让成本。股权在持有期间发生减值或者增值，按照国务院财政、税务主管部门规定可以确认损益的，股权净值应进行相应调整。企业在计算股权转让所得时，不得扣除被投资企业未分配利润等股东留存收益中按该项股权所可能分配的金额。

多次投资或收购的同项股权被部分转让的，从该项股权全部成本中按照转让比例计算确定被转让股权对应的成本。

二、扣缴义务人支付或者到期应支付的款项以人民币以外的货币支付或计价的，分别按以下情形进行外币折算：

（一）扣缴义务人扣缴企业所得税的，应当按照扣缴义务发生之日人民币汇率中间价折合成人民币，计算非居民企业应纳税所得额。扣缴义务发生之日为相关款项实际支付或者到期应支付之日。

（二）取得收入的非居民企业在主管税务机关责令限期缴纳税款前自行申报缴纳应源泉扣缴税款的，

应当按照填开税收缴款书之日前1日人民币汇率中间价折合成人民币，计算非居民企业应纳税所得额。

（三）主管税务机关责令取得收入的非居民企业限期缴纳应源泉扣缴税款的，应当按照主管税务机关作出限期缴税决定之日前1日人民币汇率中间价折合成人民币，计算非居民企业应纳税所得额。

4.5 企业所得税纳税申报表的填制

4.5.1 纳税地点

除税收法律、行政法规另有规定外，居民企业以企业登记注册地为纳税地点；但登记注册地在境外的，以实际管理机构所在地为纳税地点。

居民企业在中国境内设立不具有法人资格的营业机构的，应当汇总计算并缴纳企业所得税。企业在汇总计算并缴纳企业所得税时，实行“统一计算、分级管理、就地预缴、汇总清算、财政调库”的企业所得税征收管理办法。总机构和具有主体生产经营职能的二级分支机构，就地分摊缴纳企业所得税。

非居民企业在中国境内设立机构、场所的，应当就其所设机构、场所取得的来源于中国境内的所得，以及发生在中国境外但与其所设机构、场所有实际联系的所得，以机构、场所所在地为纳税地点。非居民企业在中国境内设立两个或者两个以上机构、场所的，经税务机关审核批准，可以选择由其主要机构、场所汇总缴纳企业所得税。非居民企业在中国境内未设立机构、场所的，或者虽设立机构、场所但取得的所得与其所设机构、场所没有实际联系的，以扣缴义务人所在地为纳税地点。

引入案例解析

企业所得税汇算清缴后续管理风险如何应对

税务机关对于企业的凭证管理要求日益趋严，通过大数据的运用，已经初步实现了直接从电子底账中筛选关键词来分析和鉴别企业费用列支情况的功能。尤其是针对医药、零售、高新技术等行业，发票管理的风险极高，也是税务机关检查的重点关注领域。建议企业能够实施有效的凭证管理措施，区分发票不能及时收集和无法取得发票的情况，有针对性地进行处理应对。特别是对于个人劳务发票，可以考虑采用税务局代开方式获取合规的税务列支凭据，而不是使用“替票”。

4.5.2 纳税期限

企业所得税按年计征，分月或者分季预缴，年终汇算清缴，多退少补。

按月或按季预缴的，自月份或者季度终了之日起15日内，企业应向税务机关报送预缴企业所得税纳税申报表，预交税款。

企业所得税的纳税年度，自公历1月1日起至12月31日止。企业在一个纳税年度的中间开业，或者由于合并、关闭等原因终止经营活动，使该纳税年度的实际经营期不足12个月的，应当以其实际经营期为一个纳税年度。企业清算时，应当以清算期间作为一个纳税年度。

自年度终了之日起5个月内，企业应向税务机关报送年度企业所得税纳税申报表，并汇算清缴，结清应缴应退税款。

企业在年度中间终止经营活动的，应当自实际经营终止之日起60日内，向税务机关办理当期企业所得税汇算清缴。

4.5.3 纳税申报资料

企业在纳税年度内无论盈利还是亏损，均应依照税法规定的期限，向税务机关报送预缴企业所得税纳税申报表、年度企业所得税纳税申报表、财务会计报告和税务机关规定应当报送的其他资料。

为贯彻落实《企业所得税法》及其有关政策，《国家税务总局关于发布〈中华人民共和国企业所得税年度纳税申报表（A类，2017年版）〉的公告》［国家税务总局公告2017年第54号，以下简称《年度纳税申报表（A类，2017年版）》］修订了企业所得税年度纳税申报表。上述公告适用于查账征收的企业所得税纳税人2017年度及以后年度汇算清缴纳税申报。

《年度纳税申报表（A类，2017年版）》由37张表单组成，即1张基础信息表、1张主表、6张收入费用明细表、13张纳税调整表、1张亏损弥补表、9张税收优惠表、4张境外所得抵免表和2张汇总纳税表。

知识拓展4-1

从使用频率角度看，绝大部分纳税人实际填报表单的数量在8～10张左右，除两张必填表外，《一般企业收入明细表》《一般企业成本支出明细表》《期间费用明细表》《纳税调整项目明细表》《职工薪酬支出及纳税调整明细表》《减免所得税优惠明细表》等为常用表单。其余则应根据纳税人所在行业类型、业务发生情况正确选择填报适合本企业的表单。

1. 基础信息表

此表反映纳税人的基本信息，包括名称、注册地、行业、注册资本、从业人数、股东结构、会计政策、存货办法、对外投资情况等，这些信息既可以替代企业备案资料（如借助资产情况及变化、从业人数，可以判断纳税人是否属于小微企业，而小微企业在享受优惠政策后，就无须再报送其他资料），也是税务机关进行管理所需要的信息。

2. 主表

主表体现企业所得税纳税流程，即在会计利润的基础上，按照税法进行纳税调整，计算应纳税所得额，扣除税收优惠数额，进行境外税收抵免，最后计算应补（退）税款。

3. 收入费用明细表

收入费用明细表主要反映企业按照会计政策所发生的成本、费用情况。这些表格是企业进行纳税调整的主要数据来源。

4. 纳税调整表

纳税调整是所得税管理的重点和难点，为减轻纳税人填报负担，本次修订取消了原有的《固定资产加速折旧、扣除明细表》（A105081）和《资产损失（专项申报）税前扣除及纳税调整明细表》（A105091），目前共有13张纳税调整表。申报表将所有因税收与会计的差异而需要调整的事项，按照收入、成本和资产三大类，通过表格的方式进行计算反映。这样既便于纳税人填报，又便于税务机关进行纳税评估和分析。

5. 亏损弥补表

本表反映企业发生亏损如何结转的问题，既准确计算了亏损结转年度和限额，又便于税务机关进行管理。

6. 税收优惠表

本次修订取消了原有的《综合利用资源生产产品取得的收入优惠明细表》(A107012)和《金融、保险等机构取得的涉农利息、保费收入优惠明细表》(A107013),目前共有9张税收优惠表。申报表将目前我国的企业所得税税收优惠项目,按照税基、应纳税所得额、税额扣除等进行分类,通过表格的方式反映税收优惠的情况和计算过程。这样既便于纳税人填报,又便于税务机关掌握税收减免信息,核实优惠的合理性,进行优惠效益分析。

7. 境外所得抵免表

境外所得抵免表反映企业缴纳境外所得税后如何抵免以及抵免的具体计算问题。

8. 汇总纳税表

汇总纳税表反映汇总纳税企业的总、分机构如何分配税额的问题。

4.5.4 企业所得税年度纳税申报表(A类)

此处仅列示部分纳税申报表(见表4-3至表4-8)。

表4-3 A100000中华人民共和国企业所得税年度纳税申报表(A类)

行次	类别	项 目	金额
1	利润总额计算	一、营业收入(填写A101010\101020\103000)	
2		减:营业成本(填写A102010\102020\103000)	
3		减:税金及附加	
4		减:销售费用(填写A104000)	
5		减:管理费用(填写A104000)	
6		减:财务费用(填写A104000)	
7		减:资产减值损失	
8		加:公允价值变动收益	
9		加:投资收益	
10		二、营业利润(1-2-3-4-5-6-7+8+9)	
11		加:营业外收入(填写A101010\101020\103000)	
12		减:营业外支出(填写A102010\102020\103000)	
13		三、利润总额(10+11-12)	
14	应纳税所得额计算	减:境外所得(填写A108010)	
15		加:纳税调整增加额(填写A105000)	
16		减:纳税调整减少额(填写A105000)	
17		减:免税、减计收入及加计扣除(填写A107010)	
18		加:境外应税所得抵减境内亏损(填写A108000)	
19		四、纳税调整后所得(13-14+15-16-17+18)	
20		减:所得减免(填写A107020)	

（续表）

行次	类别	项　　目	金额
21	应纳税所得额计算	减:弥补以前年度亏损(填写 A106000)	
22		减:抵扣应纳税所得额(填写 A107030)	
23		五、应纳税所得额(19－20－21－22)	
24	应纳税额计算	税率(25%)	
25		六、应纳所得税额(23×24)	
26		减:减免所得税额(填写 A107040)	
27		减:抵免所得税额(填写 A107050)	
28		七、应纳税额(25－26－27)	
29		加:境外所得应纳所得税额(填写 A108000)	
30		减:境外所得抵免所得税额(填写 A108000)	
31		八、实际应纳所得税额(28＋29－30)	
32		减:本年累计实际已缴纳的所得税额	
33		九、本年应补(退)所得税额(31－32)	
34		其中:总机构分摊本年应补(退)所得税额(填写 A109000)	
35		财政集中分配本年应补(退)所得税额(填写 A109000)	
36		总机构主体生产经营部门分摊本年应补(退)所得税额(填写 A109000)	

表 4-4　A101010 一般企业收入明细表

行次	项目	金额
1	一、营业收入(2＋9)	
2	(一) 主营业务收入(3＋5＋6＋7＋8)	
3	1. 销售商品收入	
4	其中:非货币性资产交换收入	
5	2. 提供劳务收入	
6	3. 建造合同收入	
7	4. 让渡资产使用权收入	
8	5. 其他	
9	(二) 其他业务收入(10＋12＋13＋14＋15)	
10	1. 销售材料收入	
11	其中:非货币性资产交换收入	
12	2. 出租固定资产收入	
13	3. 出租无形资产收入	

（续表）

行次	项目	金额
14	4. 出租包装物和商品收入	
15	5. 其他	
16	二、营业外收入(17＋18＋19＋20＋21＋22＋23＋24＋25＋26)	
17	(一) 非流动资产处置利得	
18	(二) 非货币性资产交换利得	
19	(三) 债务重组利得	
20	(四) 政府补助利得	
21	(五) 盘盈利得	
22	(六) 捐赠利得	
23	(七) 罚没利得	
24	(八) 确实无法偿付的应付款项	
25	(九) 汇兑收益	
26	(十) 其他	

表 4-5　A102010 一般企业成本支出明细表

行次	项目	金额
1	一、营业成本(2＋9)	
2	(一) 主营业务成本(3＋5＋6＋7＋8)	
3	1. 销售商品成本	
4	其中:非货币性资产交换成本	
5	2. 提供劳务成本	
6	3. 建造合同成本	
7	4. 让渡资产使用权成本	
8	5. 其他	
9	(二) 其他业务成本(10＋12＋13＋14＋15)	
10	1. 销售材料成本	
11	其中:非货币性资产交换成本	
12	2. 出租固定资产成本	
13	3. 出租无形资产成本	
14	4. 包装物出租成本	
15	5. 其他	

（续表）

行次	项目	金额
16	二、营业外支出（17＋18＋19＋20＋21＋22＋23＋24＋25＋26）	
17	（一）非流动资产处置损失	
18	（二）非货币性资产交换损失	
19	（三）债务重组损失	
20	（四）非常损失	
21	（五）捐赠支出	
22	（六）赞助支出	
23	（七）罚没支出	
24	（八）坏账损失	
25	（九）无法收回的债券股权投资损失	
26	（十）其他	

表 4-6　A104000 期间费用明细表

行次	项　　目	销售费用	其中：境外支付	管理费用	其中：境外支付	财务费用	其中：境外支付
		1	2	3	4	5	6
1	一、职工薪酬		*		*	*	*
2	二、劳务费					*	*
3	三、咨询顾问费					*	*
4	四、业务招待费		*		*	*	*
5	五、广告费和业务宣传费		*		*	*	*
6	六、佣金和手续费						
7	七、资产折旧摊销费		*		*	*	*
8	八、财产损耗、盘亏及毁损损失		*		*	*	*
9	九、办公费		*		*	*	*
10	十、董事会费		*		*	*	*
11	十一、租赁费					*	*
12	十二、诉讼费		*		*	*	*
13	十三、差旅费		*		*	*	*
14	十四、保险费		*		*	*	*
15	十五、运输、仓储费					*	*

（续表）

行次	项　　目	销售费用	其中：境外支付	管理费用	其中：境外支付	财务费用	其中：境外支付
		1	2	3	4	5	6
16	十六、修理费					*	*
17	十七、包装费		*		*	*	*
18	十八、技术转让费					*	*
19	十九、研究费用					*	*
20	二十、各项税费		*		*	*	*
21	二十一、利息收支	*	*	*	*		
22	二十二、汇兑差额	*	*	*	*		
23	二十三、现金折扣	*	*	*	*		*
24	二十四、党组织工作经费	*	*		*	*	*
25	二十五、其他						
26	合计(1＋2＋3＋…25)						

表4-7　A105000纳税调整项目明细表

行次	项　　目	账载金额	税收金额	调增金额	调减金额
		1	2	3	4
1	一、收入类调整项目(2＋3＋…8＋10＋11)	*	*		
2	(一)视同销售收入(填写A105010)	*			*
3	(二)未按权责发生制原则确认的收入(填写A105020)				
4	(三)投资收益(填写A105030)				
5	(四)按权益法核算长期股权投资对初始投资成本调整确认收益	*	*	*	
6	(五)交易性金融资产初始投资调整	*	*		*
7	(六)公允价值变动净损益		*		
8	(七)不征税收入	*	*		
9	其中:专项用途财政性资金(填写A105040)	*	*		
10	(八)销售折扣、折让和退回				
11	(九)其他				
12	二、扣除类调整项目(13＋14＋…24＋26＋27＋28＋29＋30)	*	*		

（续表）

行次	项　　目	账载金额	税收金额	调增金额	调减金额
		1	2	3	4
13	（一）视同销售成本（填写 A105010）	*		*	
14	（二）职工薪酬（填写 A105050）				
15	（三）业务招待费支出				*
16	（四）广告费和业务宣传费支出（填写 A105060）	*	*		
17	（五）捐赠支出（填写 A105070）				
18	（六）利息支出				
19	（七）罚金、罚款和被没收财物的损失		*		*
20	（八）税收滞纳金、加收利息		*		*
21	（九）赞助支出		*		*
22	（十）与未实现融资收益相关在当期确认的财务费用				
23	（十一）佣金和手续费支出				*
24	（十二）不征税收入用于支出所形成的费用	*	*		*
25	其中：专项用途财政性资金用于支出所形成的费用（填写 A105040）	*	*		*
26	（十三）跨期扣除项目				
27	（十四）与取得收入无关的支出		*		*
28	（十五）境外所得分摊的共同支出	*	*		*
29	（十六）党组织工作经费				
30	（十七）其他				
31	三、资产类调整项目（32＋33＋34＋35）	*	*		
32	（一）资产折旧、摊销（填写 A105080）				
33	（二）资产减值准备金		*		
34	（三）资产损失（填写 A105090）				
35	（四）其他				
36	四、特殊事项调整项目（37＋38＋…＋42）	*	*		
37	（一）企业重组及递延纳税事项（填写 A105100）				
38	（二）政策性搬迁（填写 A105110）	*	*		
39	（三）特殊行业准备金（填写 A105120）				
40	（四）房地产开发企业特定业务计算的纳税调整额（填写 A105010）	*			

（续表）

行次	项　目	账载金额	税收金额	调增金额	调减金额
		1	2	3	4
41	（五）合伙企业法人合伙人应分得的应纳税所得额				
42	（六）其他	*	*		
43	五、特别纳税调整应税所得	*	*		
44	六、其他	*	*		
45	合计(1+12+31+36+43+44)	*	*		

表4-8　A107010免税、减计收入及加计扣除优惠明细表

行次	项　目	金　额
1	一、免税收入(2+3+6+7+8+9+10+11+12+13+14+15+16)	
2	（一）国债利息收入免征企业所得税	
3	（二）符合条件的居民企业之间的股息、红利等权益性投资收益免征企业所得税(填写A107011)	
4	其中:内地居民企业通过沪港通投资且连续持有H股满12个月取得的股息红利所得免征企业所得税(填写A107011)	
5	内地居民企业通过深港通投资且连续持有H股满12个月取得的股息红利所得免征企业所得税(填写A107011)	
6	（三）符合条件的非营利组织的收入免征企业所得税	
7	（四）符合条件的非营利组织(科技企业孵化器)的收入免征企业所得税	
8	（五）符合条件的非营利组织(国家大学科技园)的收入免征企业所得税	
9	（六）中国清洁发展机制基金取得的收入免征企业所得税	
10	（七）投资者从证券投资基金分配中取得的收入免征企业所得税	
11	（八）取得的地方政府债券利息收入免征企业所得税	
12	（九）中国保险保障基金有限责任公司取得的保险保障基金等收入免征企业所得税	
13	（十）中国奥委会取得北京冬奥组委支付的收入免征企业所得税	
14	（十一）中国残奥委会取得北京冬奥组委分期支付的收入免征企业所得税	
15	（十二）其他1	
16	（十三）其他2	
17	二、减计收入(18+19+23+24)	
18	（一）综合利用资源生产产品取得的收入在计算应纳税所得额时减计收入	
19	（二）金融、保险等机构取得的涉农利息、保费减计收入(20+21+22)	
20	1.金融机构取得的涉农贷款利息收入在计算应纳税所得额时减计收入	

（续表）

行次	项　　目	金　额
21	2. 保险机构取得的涉农保费收入在计算应纳税所得额时减计收入	
22	3. 小额贷款公司取得的农户小额贷款利息收入在计算应纳税所得额时减计收入	
23	（三）取得铁路债券利息收入减半征收企业所得税	
24	（四）其他	
25	三、加计扣除(26＋27＋28＋29＋30)	
26	（一）开发新技术、新产品、新工艺发生的研究开发费用加计扣除(填写 A107012)	
27	（二）科技型中小企业开发新技术、新产品、新工艺发生的研究开发费用加计扣除(填写 A107012)	
28	（三）企业为获得创新性、创意性、突破性的产品进行创意设计活动而发生的相关费用加计扣除	
29	（四）安置残疾人员所支付的工资加计扣除	
30	（五）其他	
31	合计(1＋17＋25)	

【例 4-21】 华夏有限责任公司 2019 年生产经营业务情况如下：

(1) 取得销售产品收入 9 473 000 元。

(2) 取得其他业务收入 1 180 000 元。

(3) 销售产品成本 3 338 790 元。

(4) 销售材料成本 323 000 元。

(5) 税金及附加 1 050 000 元；本年度企业已预缴企业所得税 600 000 元。

(6) 销售费用共发生 2 750 000 元。其中，广告费用 1 760 000 元；经营租金 540 000 元；职工薪酬 450 000 元。

(7) 管理费用共发生 819 240 元。其中，业务招待费 100 000 元；差旅费 57 000 元；咨询顾问费 70 000 元；办公费 205 000 元；职工薪酬 387 240 元。

(8) 财务费用共发生 114 000 元。其中，利息收入 30 000 元；利息支出 130 000 元(均属银行利息)；汇兑支出 6 000 元；公司与具有合法经营资格的中介服务企业签订了中介服务合同 20 万元，通过银行转账支付手续费 8 000 元，取得了合法有效的增值税专用发票，并已全部计入了当期损益。

(9) 资产折旧与摊销。该企业拥有一处生产大楼，总价值为 600 000 元，折旧年限为 20 年，预计净残值率为 7%，以往年度已折旧 9 年，折旧费用已全部摊销入商品销售成本中。

(10) 工资福利情况。工资薪酬 1 066 940 元；职工工会经费 30 000 元；发生的职工教育经费 42 100 元；支出的职工福利费 160 000 元(实际发生额与账载金额相等)。

要求：华夏有限责任公司年末填制企业所得税年度纳税申报表(主表)(见表 4-9)。

表4-9 中华人民共和国企业所得税年度纳税申报表(A类)

税款所属期间:2019年01月01日至2019年12月31日

纳税人名称:华夏有限责任公司　　　　金额单位: 人民币元(列至角分)

纳税人识别号	9	1	3	7	0	2	1	4	0	1	2	3	4	5	6	7	8	9

行次	类别	项目	金额
1	利润总额计算	一、营业收入(填写A101010\101020\103000)	10 653 000.00
2		减:营业成本(填写A102010\102020\103000)	3 661 790.00
3		减:税金及附加	1 050 000.00
4		减:销售费用(填写A104000)	2 750 000.00
5		减:管理费用(填写A104000)	819 240.00
6		减:财务费用(填写A104000)	114 000.00
7		减:资产减值损失	
8		加:公允价值变动收益	
9		加:投资收益	
10		二、营业利润(1－2－3－4－5－6－7＋8＋9)	2 257 970.00
11		加:营业外收入(填写A101010\101020\103000)	
12		减:营业外支出(填写A102010\102020\103000)	
13		三、利润总额(10＋11－12)	2 257 970.00
14	应纳税所得额计算	减:境外所得(填写A108010)	
15		加:纳税调整增加额(填写A105000)	228 074.60
16		减:纳税调整减少额(填写A105000)	
17		减:免税、减计收入及加计扣除(填写A107010)	
18		加:境外应税所得抵减境内亏损(填写A108000)	
19		四、纳税调整后所得(13－14＋15－16－17＋18)	2 486 044.60
20		减:所得减免(填写A107020)	
21		减:弥补以前年度亏损(填写A106000)	
22		减:抵扣应纳税所得额(填写A107030)	
23		五、应纳税所得额(19－20－21－22)	2 486 044.60
24	应纳税额计算	税率(25%)	25%
25		六、应纳所得税额(23×24)	621 511.15
26		减:减免所得税额(填写A107040)	
27		减:抵免所得税额(填写A107050)	
28		七、应纳税额(25－26－27)	621 511.15
29		加:境外所得应纳所得税额(填写A108000)	
30		减:境外所得抵免所得税额(填写A108000)	
31		八、实际应纳所得税额(28＋29－30)	621 511.15
32		减:本年累计实际已缴纳的所得税额	600 000.00
33		九、本年应补(退)所得税额(31－32)	21 511.15
34		其中:总机构分摊本年应补(退)所得税额(填写A109000)	
35		财政集中分配本年应补(退)所得税额(填写A109000)	
36		总机构主体生产经营部门分摊本年应补(退)所得税额(填写A109000)	

本章小结

本章主要学习企业所得税的会计核算包括递延所得税资产的确认和计量、递延所得税负债的确认和计量、所得税费用的确认及计量，以及企业所得税纳税申报表的填制等，为掌握企业涉及的各项企业所得税核算奠定良好的基础。

重要概念

资产负债表债务法　应纳税暂时性差异　可抵扣暂时性差异　递延所得税资产　递延所得税负债　计税基础　应纳税所得额

本章练习

一、单选题

1. 以下不属于企业所得税的征税对象的是（　　）。

A. 生产经营所得　　B. 其他所得

C. 清算所得　　D. 个人独资企业的经营所得

2.《企业所得税法》规定的转让财产收入不包括转让（　　）所获得的收入。

A. 无形资产　　B. 存货　　C. 股权　　D. 债权

3. 企业取得的下列收入，不属于企业所得税免税收入的有（　　）。

A. 国债利息收入

B. 金融债券的利息收入

C. 居民企业直接投资于其他居民企业取得的投资收益

D. 符合条件的非营利组织从事非营利活动取得的收入

4. 在计算企业所得税应纳税所得额时不得扣除的项目不包括（　　）。

A. 为企业子女入托支付给幼儿园的赞助支出

B. 利润分红支出

C. 企业违反销售协议被采购方索取的罚款

D. 违反食品卫生法被政府处以的罚款

5. 2006 年财政部下发了新的《企业会计准则》，规定（　　）是企业所得税的唯一核算方法。

A. 资产负债表债务法　　B. 收入费用观

C. 所得税费用法　　D. 资产负债观

二、多选题

1. 所得税核算的技术方法包括（　　）。

A. 直接法　　B. 间接法　　C. 负债法　　D. 所得税法

2. 应纳税暂时性差异产生的情况有（　　）。

A. 资产的账面价值大于计税基础　　B. 负债的账面价值小于计税基础

C. 资产的账面价值小于计税基础　　D. 负债的账面价值大于计税基础

3. 可抵扣暂时性差异产生的情况有（　　）。

A. 资产的账面价值大于计税基础
B. 负债的账面价值小于计税基础
C. 资产的账面价值小于计税基础
D. 负债的账面价值大于计税基础

4. 暂时性差异可分为(　　)。

A. 应纳税暂时性差异
B. 可抵扣暂时性差异
C. 递延所得税资产
D. 递延所得税负债

5. 以下说法中,正确的有(　　)。

A. 递延所得税资产产生于可抵扣暂时性差异

B. 所得税费用等于当期所得税加递延所得税

C. 根据《企业所得税法实施条例》规定,企业的各项资产都以历史成本为计税对象

D. 根据税法的规定,存货计提的跌价准备是不计入应纳税所得额的

三、判断题

1. 对国家需要重点扶持的高新技术企业,减按15%的税率征收企业所得税。 (　　)

2. 在企业发生的与生产经营活动有关的业务招待费支出,按照发生额的60%扣除,最高不得超过当年销售(营业)收入的5‰。 (　　)

3. 烟草企业的烟草广告费一律不得在计算应纳税所得额时扣除,但业务宣传费支出可以扣除。 (　　)

4. 自2018年1月1日起,高新技术企业和科技型中小企业的亏损结转年限由5年延长至10年。 (　　)

5. 企业所得税的纳税年度,自公历1月1日起至12月31日止。 (　　)

四、简答题

1. 资产负债表债务法的核算程序是什么?

2. 企业所得税核算的技术方法有哪些?

五、业务题

1. 2×16年12月31日,中国琴岛公司一台设备的账面价值为1 500万元,假定会计规定的折旧年限为5年,税法规定的折旧年限为3年,都是按直线法计提折旧,净残值为零。计算2019年12月31日应纳税暂时性差异余额。

2. 中国琴岛公司2×18年12月31日,甲商品的账面成本为100万元,但由于甲商品的市场价格下跌,预计可变现净值为90万元。2×19年7月10日,甲商品售出,取得销售收入(不含增值税)102万元。试进行相关会计处理及纳税调整。

六、案例分析题

中国琴岛公司所得税采用资产负债表债务法核算,使用所得税税率为25%。递延所得税资产及递延所得税负债不存在期初余额。2×19年度实现销售收入10 000万元,利润总额为1 798万元。当年会计与税法之间的差异包括以下事项:

(1) 2×19年1月外购取得一项专利,成本为200万元,由于使用寿命无法合理估计,会计未摊派成本。税法规定应按10年期限平均摊销。

(2) 取得国债利息收入20万元。

(3) 持有一项交易性金融资产,当年取得成本为150万元,年末公允价值为140万元。

(4) 公司仓库积压一批存货,成本为1 200万元,年末清查该存货估计可变现净值为1 000万元,当期计提存货跌价准备200万元。

(5) 发生业务招待费80万元。

要求：

(1) 分析计算当年的应纳税暂时性差异和可抵扣暂时性差异(见表4-10)。(单位:万元)

表 4-10　当年的应纳税暂时性差异和可抵扣暂时性差异

项目	账面价值	计税基础	应纳税暂时性差异	可抵扣暂时性差异
无形资产				
交易性金融资产				
存货				

(2) 计算中国琴岛公司2×19年度应纳所得税额。

(3) 计算中国琴岛公司递延所得税资产或递延所得税负债。

(4) 计算中国琴岛公司的所得税费用,并编制有关所得税的会计分录。

第 5 章　个人所得税的会计核算

内容提要

本章主要讲解了个人所得税应纳税额的计算，包括个人所得税的纳税人、征税对象、税率、个人所得税会计科目的设置、代扣代缴个人所得税的会计核算、自行申报个人所得税的会计核算、纳税申报表的填制等，并分为三节课进行讲解。本章重点为个人所得税应纳税额的计算、个人所得税的会计核算。

重点难点

本章重点为个人所得税应纳税额的计算、代扣代缴个人所得税的会计核算；难点为个人所得税的税目和税率、个人所得税的会计核算。

学习目标

通过本章学习，学生应掌握个人所得税的纳税人、征税对象、个人所得税的税率、个人所得税会计科目的设置、代扣代缴个人所得税的会计核算、自行申报个人所得税的会计核算；明确个人所得税的会计账务处理，了解个人所得税纳税申报表的填制。

知识框架

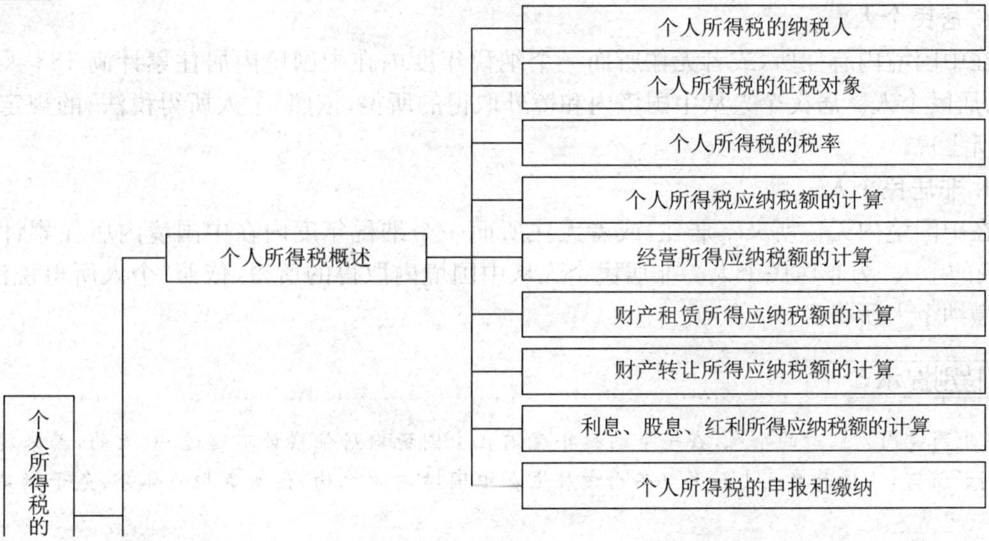

- 会计核算
  - 个人所得税的会计核算
    - 会计科目的设置
    - 扣缴义务人代扣代缴个人所得税的会计核算
    - 自行申报个人所得税的会计核算
  - 个人所得税纳税申报表的填制

引入案例　如何计算应预扣预缴的个人所得税税额

员工张强2015年入职一家公司，2019年每月的应发工资均为35 000元，每月的减除费用为5 000元，“三险一金”等专项扣除为4 500元，享受子女教育专项附加扣除共计2 000元，没有减免收入及减免税额等情况。

思考：该案例中员工张强1～3月每月应预扣预缴的个人所得税税额是多少？

5.1 个人所得税概述

5.1.1 个人所得税的纳税人

个人所得税是指以自然人取得的各项应税所得为征税对象所征收的一种所得税，是政府利用税收对个人收入进行调节的一种手段。1980年9月10日第五届全国人民代表大会第三次会议审议通过并公布实施了《中华人民共和国个人所得税法》(以下简称《个人所得税法》)，1993年10月31日第八届全国人民代表大会常务委员会第四次会议公布了修改后的《个人所得税法》，并自1994年1月1日起施行。多年来，《个人所得税法》通过了多次修改，目前适用的《个人所得税法》是2018年8月31日第十三届全国人民代表大会常务委员会第五次会议修改通过并公布的，并自2019年1月1日起施行。

个人所得税的纳税人，依据住所和居住时间两个标准分为居民个人和非居民个人。

1. 居民个人

在中国境内有住所，或者无住所而一个纳税年度内在中国境内居住累计满183天的个人，为居民个人。居民个人从中国境内和境外取得的所得，依照《个人所得税法》的规定缴纳个人所得税。

2. 非居民个人

在中国境内无住所又不居住，或者无住所而一个纳税年度内在中国境内居住累计不满183天的个人，为非居民个人。非居民个人从中国境内取得的所得，依照《个人所得税法》的规定缴纳个人所得税。

特别提示5-1

在中国境内无住所的个人，在一个纳税年度内在中国境内居住累计不超过90天的，其来源于中国境内的所得，由境外雇主支付并且不由该雇主在中国境内的机构、住所负担的部分，免予缴纳个人所得税。

5.1.2 个人所得税的征税对象

1. 工资、薪金所得

在中国境内有住所，或者无住所而一个纳税年度内在中国境内居住累计满183天的个人，为居民个人。居民个人从中国境内和境外取得的所得，依照《个人所得税法》的规定缴纳个人所得税。

2. 劳务报酬所得

劳务报酬所得是指个人独立从事各种非雇佣的劳务所取得的所得。

3. 稿酬所得

稿酬所得是指个人因其作品以图书、报刊形式出版、发表而取得的所得。

4. 特许权使用费所得

特许权使用费所得是指个人提供专利权、商标权、著作权、非专利技术以及其他特许权的使用权取得的所得。

5. 经营所得

经营所得是指：

(1) 个体工商户从事生产经营活动取得的所得，个人独资企业投资人、合伙企业的个人合伙人来源于境内注册的个人独资企业、合伙企业生产经营的所得。

(2) 个人依法从事办学、医疗、咨询以及其他有偿服务活动取得的所得。

(3) 个人对企业、事业单位承包经营、承租经营以及转包、转租取得的所得。

(4) 个人从事其他生产经营活动取得的所得。

6. 利息、股息、红利所得

利息、股息、红利所得是指个人拥有债权、股权而取得的利息、股息、红利所得。利息是指个人拥有债权而取得的利息，包括存款利息、贷款利息和各种债券的利息。

7. 财产租赁所得

财产租赁所得是指个人出租建筑物、土地使用权、机器设备、车船以及其他财产取得的所得。

8. 财产转让所得

财产转让所得是指个人转让有价证券、股权、建筑物、土地使用权、机器设备、车船以及其他财产取得的所得。

9. 偶然所得

偶然所得是指个人得奖、中奖、中彩以及其他偶然性质的所得。

5.1.3 个人所得税的税率

《个人所得税法》分别就不同个人所得项目规定了超额累进税率和比例税率两种形式。

1. 综合所得(包括工资、薪金所得，劳务报酬所得，稿酬所得和特许权使用费所得)的适用税率

综合所得适用七级超额累进税率，税率为3%~45%，如表5-1所示。

表 5-1　个人所得税税率表一(综合所得适用)

级数	全年应纳税所得额	税率	速算扣除数
1	不超过 36 000 元的	3%	0
2	超过 36 000 元至 144 000 元的部分	10%	2 520
3	超过 144 000 元至 300 000 元的部分	20%	16 920
4	超过 300 000 元至 420 000 元的部分	25%	31 920
5	超过 420 000 元至 660 000 元的部分	30%	52 920
6	超过 660 000 元全 960 000 元的部分	35%	85 920
7	超过 960 000 元的部分	45%	181 920

2. 经营所得的适用税率

经营所得适用五级超额累进税率，税率为 5%～35%，如表 5-2 所示。

表 5-2　个人所得税税率表二(经营所得适用)

级数	全年应纳税所得额	税率	速算扣除数
1	不超过 30 000 元的	5%	0
2	超过 30 000 元至 90 000 元的部分	10%	1 500
3	超过 90 000 元至 300 000 元的部分	20%	10 500
4	超过 300 000 元至 500 000 元的部分	30%	40 500
5	超过 500 000 元的部分	35%	65 500

3. 其他所得项目的适用税率

利息、股息、红利所得，财产租赁所得，财产转让所得，偶然所得适用 20%的比例税率。

特别提示 5-2

为了有效地调控居民收入分配，我国的个人所得税制度对有关项目作了减征的规定。稿酬所得的收入额减按 70%计算。为了配合国家住房制度改革，支持住房租赁市场的健康发展，从 2008 年 3 月 1 日起，对个人出租房屋取得的所得暂减按 10%的税率征收个人所得税。

5.1.4　个人所得税应纳税额的计算

1. 居民个人综合所得应纳税额的计算

1) 居民个人综合所得应纳税额的预扣预缴方法

扣缴义务人在向居民个人支付工资、薪金所得，劳务报酬所得，稿酬所得，特许权使用费所得时，应按以下方法预扣预缴个人所得税，并向主管税务机关报送《个人所得税扣缴申报表》。年度预扣预缴税额与年度应纳税额不一致的，由居民个人于次年 3 月 1 日至 6 月 30 日向主管税务机关办理综合所得年度汇算清缴，税款多退少补。

累计预扣法是指扣缴义务人在一个纳税年度内预扣预缴税款时，以纳税人在本单位截至当前月份工资、薪金所得的累计收入额减除累计免税收入、累计减除费用、累计专项扣除、累计专项附加扣除和累计依法确定的其他扣除后的余额为累计预扣预缴应纳税所得额，适用《个人所得税预扣率表一》(如表 5-3 所示)。计算累计应预扣预缴税额，再减除累计减免税额和累计已预扣预缴税额，其余额为本期应预扣预缴税额。当余额为负值时，暂不退税。如果在纳税年度终了后余额仍为负值，由纳税人办理综合所得年度汇算清缴，税款多退少补。

(1) 工资、薪金所得预扣预缴税款的计算。扣缴义务人在向居民个人支付工资、薪金所得时，应当按照累计预扣法计算预扣税款，并按月办理全员全额扣缴申报。具体计算公式如下：

$$\text{本期应预扣预缴税额}=\left(\text{累计预扣预缴应纳税所得额}\times\text{预扣率}-\text{速算扣除数}\right)-\text{累计减免税额}-\text{累计已预扣预缴税额}$$

$$\text{累计预扣预缴应纳税所得额}=\text{累计收入}-\text{累计免税收入}-\text{累计减除费用}-\text{累计专项扣除}-\text{累计专项附加扣除}-\text{累计依法确定的其他扣除}$$

其中，累计减除费用按照 5 000 元/月乘以纳税人当年截至本月在本单位的任职受雇月份数计算。也就是说，如果纳税人当年 5 月入职，则扣缴义务人在发放 5 月工资并扣缴税款时，减除费用按 5 000 元计算，在发放 6 月工资并扣缴税款时，减除费用按 10 000 元计算，以此类推。

表 5-3 个人所得税预扣率表一(居民个人工资、薪金所得预扣预缴适用)

级数	累计预扣预缴应纳税所得额	预扣率	速算扣除数
1	不超过 36 000 元的	3%	0
2	超过 36 000 元至 144 000 元的部分	10%	2 520
3	超过 144 000 元至 300 000 元的部分	20%	16 920
4	超过 300 000 元至 420 000 元的部分	25%	31 920
5	超过 420 000 元至 660 000 元的部分	30%	52 920
6	超过 660 000 元全 960 000 元的部分	35%	85 920
7	超过 960 000 元的部分	45%	181 920

应纳税所得额的确定：

① 费用扣除。居民个人的工资、薪金所得实行按月预扣的方法，每月可以减除费用 5 000 元。

② 专项扣除和专项附加扣除。在按月计算居民个人工资、薪金所得的应纳税所得额时，可以扣除居民个人按照国家规定的范围和标准缴纳的基本养老保险、基本医疗保险、失业保险等社会保险费和住房公积金等。

在按月计算居民个人工资、薪金所得的应纳税所得额时，可以扣除居民个人的子女教育、继续教育、住房贷款利息、住房租金以及赡养老人等专项附加扣除。居民个人向扣缴义务人提供专项附加扣除信息的,扣缴义务人在按月预扣预缴税款时应当按照规定予以扣除,不得拒绝。

③ 依法确定的其他扣除。依法确定的其他扣除包括个人缴付符合国家规定的企业年金、职业年金,个人购买符合国家规定的商业健康保险、税收递延型商业养老保险的支出,以及国务院规定可以扣除的其他项目。

引入案例解析

如何计算应预扣预缴的个人所得税税额

员工张强1月应预扣预缴的个人所得税税额=(35 000−5 000−4 500−2 000)×3%−0=705(元)

2月应预扣预缴的个人所得税税额=(35 000×2−5 000×2−4 500×2−2 000×2)×10%−2 520−705=1 475(元)

3月应预扣预缴的个人所得税税额=(35 000×3−5 000×3−4 500×3−2 000×3)×10%−2 520−705−1475=2 350(元)

张强每月应预扣预缴的个人所得税税额,如表5-4所示。

表5-4 每月应预扣预缴的个人所得税税额

月份	累计工资、薪金税前收入(元)	累计“五险一金”(元)	累计专项附加扣除(元)	累计应预扣预缴的应税所得额(元)	预扣率	累计应预扣预缴税额(元)	累计已预扣预缴税额(元)	本期应预扣预缴税额(元)
1	35 000	4 500	2 000	23 500	3	705	0	705
2	70 000	9 000	4 000	47 000	10	2 180	705	1 475
3	105 000	13 500	6 000	70 500	10	4 530	2 180	2 350

(2) 劳务报酬所得、稿酬所得、特许权使用费所得预扣预缴税款的计算。扣缴义务人向居民个人支付劳务报酬所得、稿酬所得、特许权使用费所得,按次或者按月预扣预缴个人所得税。具体预扣预缴方法如下:

劳务报酬所得、稿酬所得、特许权使用费所得以收入减除费用后的余额为收入额。其中,稿酬所得的收入额减按70%计算。

① 减除费用。劳务报酬所得、稿酬所得、特许权使用费所得每次收入不超过4 000元的,减除费用按800元计算;每次收入4 000元以上的,减除费用按20%计算。

② 应纳税所得额。劳务报酬所得、稿酬所得、特许权使用费所得,以每次收入额为预扣预缴应纳税所得额。劳务报酬所得适用20%~40%的超额累进预扣率(如表5-5所示)。稿酬所得、特许权使用费所得适用20%的比例预扣率。

特别提示5-3

劳务报酬所得、稿酬所得、特许权使用费所得属于一次性收入的,以取得该项收入为一次;属于同一项目连续性收入的,以1个月内取得的收入为一次。

劳务投酬所得应预扣预缴税额=预扣预缴应纳税所得额×预扣率−速算扣除数

稿酬所得、特许权使用费所得应预扣预缴税额=预扣预缴应纳税所得额×20%

表 5-5　个人所得税预扣率表二(居民个人劳务报酬所得预扣预缴适用)

级数	预扣预缴应纳税所得额	预扣率	速算扣除数
1	不超过 20 000 元的	20%	0
2	超过 20 000 元至 50 000 元的部分	30%	2 000
3	超过 50 000 元的部分	40%	7 000

【例 5-1】 某居民个人取得稿酬所得 45 000 元,计算该居民这笔所得应预扣预缴的个人所得税税额。

分析:

收入额 =(45 000 - 45 000 × 20%)× 70% = 25 200(元)

应预扣预缴的个人所得税税额 = 25 200 × 20% = 5 040(元)

2) 综合所得应纳税额的计算及汇算清缴

劳务报酬所得、稿酬所得、特许权使用费所得以收入减除20%费用后的余额为收入额。稿酬所得的收入额减按70%计算。个人将其所得对教育、扶贫、济困等公益慈善事业进行捐赠,捐赠额未超过纳税人申报的应纳税所得额30%的部分,可以从其应纳税所得额中扣除;国务院规定对公益慈善事业捐赠实行全额税前扣除的,从其规定。

居民个人的综合所得以每一纳税年度的收入额减除费用6万元以及专项扣除、专项附加扣除和依法确定的其他扣除后的余额,为应纳税所得额。

专项扣除包括居民个人按照国家规定的范围和标准缴纳的基本养老保险、基本医疗保险、失业保险等社会保险费和住房公积金等。专项附加扣除包括子女教育、继续教育、大病医疗、住房贷款利息或者住房租金、赡养老人等支出,具体范围、标准和实施步骤由国务院确定,并报全国人民代表大会常务委员会备案。

专项扣除、专项附加扣除和依法确定的其他扣除以居民个人一个纳税年度的应纳税所得额为限额;一个纳税年度扣除不完的,不结转以后年度扣除。

趣味阅读 5-1

纳税人如何开具个人所得税《纳税记录》

根据《国家税务总局关于将个人所得税〈税收完税证明〉(文书式)调整为〈纳税记录〉有关事项的公告》(国家税务总局公告2018年第55号)规定:

从2019年1月1日起,纳税人申请开具税款所属期为2019年1月1日(含)以后的个人所得税缴(退)税情况证明的,税务机关不再开具《税收完税证明》(文书式),调整为开具《纳税记录》(具体内容及式样见附件);纳税人申请开具税款所属期为2018年12月31日(含)以前个人所得税缴(退)税情况证明的,税务机关继续开具《税收完税证明》(文书式)。

纳税人2019年1月1日以后取得应税所得并由扣缴义务人向税务机关办理了全员全额扣缴申报,或根据税法规定自行向税务机关办理纳税申报的,不论是否实际缴纳税款,均可以申请开具《纳税记录》。

纳税人可以通过电子税务局、手机APP申请开具本人的个人所得税《纳税记录》,也可到办税服务厅申请开具。

纳税人可以委托他人持下列证件和资料到办税服务厅代为开具个人所得税《纳税记录》:

(1) 委托人及受托人有效身份证件原件；

(2) 委托人书面授权资料。

2. 非居民个人应纳税额的计算

扣缴义务人在向非居民个人支付工资、薪金所得、劳务报酬所得、稿酬所得和特许权使用费所得时，应当按以下方法按月或者按次代扣代缴个人所得税：

(1) 非居民个人的工资、薪金所得以每月收入额减除费用 5 000 元后的余额为应纳税所得额。劳务报酬所得、稿酬所得、特许权使用费所得以每次收入额为应纳税所得额，适用按月换算后的非居民个人月度税率表，《个人所得税税率表三》如表 5-6 所示。计算应纳税额。其中，劳务报酬所得、稿酬所得、特许权使用费所得以收入减除 20%的费用后的余额为收入额。稿酬所得的收入额减按 70%计算。

$$\text{非居民个人的工资、薪金所得、劳务报酬所得、稿酬所得、特许权使用费所得的应纳税额}=\text{应纳税所得额}\times\text{税率}-\text{速算扣除数}$$

(2) 非居民个人的工资、薪金所得实行按月计征的方法，其应纳税所得额为月收入减除费用 5000 元后的余额。计算公式如下：

$$\text{应纳税所得额}=\text{月工资、薪金收入}-5\,000$$

(3) 非居民个人取得工资、薪金所得，劳务报酬所得，稿酬所得和特许权使用费所得，有扣缴义务人的，由扣缴义务人按月或者按次代扣代缴税款，不办理汇算清缴。

表 5-6　个人所得税税率表三(非居民个人的工资、薪金所得、劳务报酬所得、稿酬所得、特许权使用费所得适用)

级数	应纳税所得额	税率	速算扣除数
1	不超过 3 000 元的	3%	0
2	超过 3 000 元至 12 000 元的部分	10%	210
3	超过 12 000 元至 25 000 元的部分	20%	1 410
4	超过 25 000 元至 35 000 元的部分	25%	2 660
5	超过 35 000 元至 55 000 元的部分	30%	4 410
6	超过 55 000 元全 80 000 元的部分	35%	7 160
7	超过 80 000 元的部分	45%	15 160

【例 5-2】 某非居民个人取得劳务报酬所得 25 000 元，计算该笔所得的应扣缴税额。

分析：

$$\text{应扣缴税额}=(25\,000-25\,000\times20\%)\times20\%-1\,410=2\,590(\text{元})$$

5.1.5　经营所得应纳税额的计算

1. 应纳税所得额的确定

经营所得以每一纳税年度的收入总额减除成本、费用以及损失后的余额，为应纳税所得额。

对于取得经营所得的个人，如果没有综合所得，在计算其每一纳税年度的应纳税所得额时，应当减除费用(6万元)、专项扣除、专项附加扣除以及依法确定的其他扣除。专项附加扣除在办理汇算清缴时减除。

2. 经营所得个人所得税的计算公式

经营所得个人所得税的计算公式如下：

应纳税额＝应纳税所得额×适用税率－速算扣除数

＝(全年收入总额－成本、费用、损失)×适用税率－速算扣除数

5.1.6 财产租赁所得应纳税额的计算

1. 应纳税所得额的确定

财产租赁所得的费用扣除计算方法与劳务报酬所得、稿酬所得、特许权使用费所得的费用扣除计算方法相同。财产租赁所得以1个月内取得的收入为一次。

对于财产租赁所得来说，每次收入不超过4 000元的，减除费用为800元；在4 000元以上的，减除20%的费用，其余额为应纳税所得额。在确定财产租赁的应纳税所得额时，纳税人在出租财产过程中缴纳的税金和教育费附加，可持完税(缴款)凭证，从其财产租赁收入中扣除。此外，准予扣除的项目除了规定费用和有关税费外，还准予扣除能够提供有效、准确凭证，证明由纳税人负担的该出租财产实际开支的修缮费用。

2. 财产租赁所得应纳税额的计算公式

(1) 每次(月)收入不超过4 000元的，应纳税所得额的计算公式如下：

应纳税所得额＝每次(月)收入额－准予扣除项目－修缮费用(800元为限)－800元

(2) 每次(月)收入超过4 000元的：应纳税所得额的计算公式如下：

应纳税所得额＝[每次(月)收入额－准予扣除项目－修缮费用(800元为限)]×(1－20%)

相关思考5-1

800元修缮费用一次扣除不完怎么办

纳税人负担的该出租财产实际发生的修缮费用，允许扣除的修缮费用以每次800元为限，一次扣除不完的，准予在下一次继续扣除，直到扣完为止。

5.1.7 财产转让所得应纳税额的计算

1. 应纳税所得额的确定

财产转让所得以转让财产的收入额减除财产原值和合理费用后的余额，为应纳税所得额。

2. 财产转让所得应纳税额的计算公式

财产转让所得应纳税额的计算公式如下：

应纳税额＝应纳税所得额×适用税率

＝(收入总额－财产原值－合理税费)×20%

5.1.8 利息、股息、红利所得应纳税额的计算

1. 应纳税所得额的确定

利息、股息、红利所得和偶然所得个人所得税按次征收。利息、股息、红利所得，以支付利息、股息、红利时取得的收入为一次。偶然所得，以每次取得该项收入为一次。利息、股息、红利所得和偶然所得的应纳税所得额即为每次收入额。

2. 利息、股息、红利所得应纳税额的计算公式

利息、股息、红利所得和偶然所得个人所得应纳税额的计算公式如下：

应纳税额＝应纳税所得额(每次收入额)×适用税率

5.1.9 个人所得税的申报和缴纳

我国个人所得税采取源泉扣缴和自行申报纳税两种纳税方法。

个人所得税以所得人为纳税人，以支付所得的单位或者个人为扣缴义务人。扣缴义务人向个人支付应税款项时，应当依照《个人所得税法》的规定预扣或者代扣税款，按时缴库。

非居民个人取得工资、薪金所得、劳务报酬所得、稿酬所得和特许权使用费所得，有扣缴义务人的，由扣缴义务人按月或者按次代扣代缴税款，不办理汇算清缴。

纳税人取得利息、股息、红利所得、财产租赁所得、财产转让所得和偶然所得，按月或者按次计算个人所得税，有扣缴义务人的，由扣缴义务人按月或者按次代扣代缴税款。

5.2 个人所得税的会计核算

5.2.1 会计科目的设置

个人所得税有代扣代缴和自行申报两种缴纳方式。根据缴纳方式的不同，会计科目的设置也有所不同。

个人所得税的扣缴义务人在“应交税费”科目下设置“应交预扣个人所得税”明细科目。个体工商户、个人独资企业、合伙企业等取得经营所得的个人属于取得应税所得没有扣缴义务人的纳税人，需要自行申报缴纳个人所得税，因此，应在“应交税费”科目下设置“应交个人所得税”明细科目。

5.2.2 扣缴义务人代扣代缴个人所得税的会计核算

1. 支付工资、新金所得时预扣税款的账务处理

支付工资、薪金所得的单位预扣的工资、薪金所得应缴纳的个人所得税税款，实际上是个人工资、薪金所得的一部分。在扣缴义务人代扣时，借记“应付职工薪酬”科目，贷记“应交税费——应交预扣个人所得税”科目。在扣缴义务人上缴预扣的个人所得税时，借记“应交税费——应交预扣个人所得税”科目，贷记“银行存款”科目。

2. 支付劳务报酬所得、稿酬所得、特许权使用费所得时应预扣税款的账务处理

在企业预扣税款时，应借记“管理费用”“主营业务成本”等科目，贷记“应交税费——应交预扣个人所得税”科目。

【例5-3】 某企业因一项设计工作，支付给外单位王工程师设计费3 500元，则支付其设计费时应代扣的个人所得税税额为多少？

应纳税额＝(3 500－800)×20％＝540(元)

企业会计分录如下：

借：管理费用　　3 500
　贷：应交税费——应交预扣个人所得税　　540
　　库存现金　　2 960

企业上缴税金时作会计分录如下：

借：应交税费——应交预扣个人所得税　　540
　贷：银行存款　　540

3. 支付财产租赁所得、财产转让所得时应代扣代缴税款的账务处理

在企业代扣税款时，借记“管理费用”等科目，贷记“应交税费——应交代扣个人所得税”科目。

【例5-4】 张某将其使用的一台机器设备转让给丙企业，售价为40 000元。在转让过程中，张某承担的相关费用为3 000元。该机器设备的原值为25 000元。

企业应代扣张某的个人所得税＝(40 000－25 000－3 000)×20％＝2 400(元)

企业会计分录如下：

取得该机器设备时：

借：固定资产　　40 000
　贷：应交税费——应交代扣个人所得税　　2 400
　　银行存款　　37 600

支付税金时作会计分录如下：

借：应交税费——应交代扣个人所得税　　2 400
　贷：银行存款　　2 400

4. 支付利息、股息、红利所得时应代扣代缴税款的账务处理

利息、股息、红利所得适用20％的比例税率，应纳税额的计算公式如下：

应纳税额＝应纳税所得额(每次收入额)×适用税率

【例5-5】 1月1日，王某购买了A企业发行的3年期企业债券，面值为5 500元，票面利率为5％，A企业于每年年末支付利息。12月31日，A企业支付了当年利息275元(5 500×5％)。

A企业代扣代缴的个人所得税＝275×20％＝55(元)

A企业会计分录如下：

支付利息时的账务处理如下：

借：财务费用　275

　贷：应交税费——应交代扣个人所得税　55

　　库存现金　220

A 企业上缴税金时：

借：应交税费——应交代扣个人所得税　55

　贷：银行存款　55

相关思考 5-2

企业未履行扣缴义务，被处以罚款，如何账务处理

企业未按税法规定履行扣缴义务，被处以罚款，上交罚款时的账务处理如下：

借：营业外支出——税收罚款

　贷：银行存款

5.2.3 自行申报人所得税的会计核算

建账建制的个体工商户及个人独资企业、合伙企业的投资者取得经营所得，按年计算个人所得税，由纳税人在月度或季度终了后 15 日内向税务机关报送纳税申报表，并预缴税款；在取得所得的次年 3 月 31 日前办理汇算清缴。可以通过"应交税费——应交个人所得税"科目和"留存收益"或"以前年度损益调整"科目核算。

【例 5-6】 某个体工商户经营儿童服装批发业务，自 9 月 1 日开业经营以来，该年度内(9～12 月)累计已实现应纳税所得额 15 000 元，已预缴所得税 500 元。该个体工商户于次年 1 月进行汇算清缴。

应纳税所得额＝15 000×5%＝750(元)

应补缴上年度所得税税款＝750－500＝250(元)

会计分录如下：

借：以前年度损益调整　250

　贷：应交税费——应交个人所得税　250

缴纳时：

借：应交税费——应交个人所得税　250

　贷：银行存款　250

5.3 个人所得税纳税申报表的填制

2019 年 1 月 31 日，国家税务总局发布了《关于修订个人所得税申报表的公告》(国家税务总局公告 2019 年第 7 号)，对个人所得税有关申报表进行了修订。需要办理汇算清缴的纳税人，应当在取得所得的次年 3 月 1 日至 6 月 30 日内，向任职、受雇单位所在地主管税务机关办理纳税申报，并报送《个人所得税年度自行纳税申报表》。

税务直通车 5-1

国家税务总局关于修订个人所得税申报表的公告

国家税务总局公告 2019 年第 7 号

根据《中华人民共和国个人所得税法》及其实施条例等相关税收法律法规规定,为保障综合与分类相结合的个人所得税制顺利实施,现将修订后的个人所得税有关申报表予以发布,自 2019 年 1 月 1 日起施行。

《国家税务总局关于发布个人所得税申报表的公告》(国家税务总局公告 2013 年第 21 号)附件 1 至附件 5、《国家税务总局关于发布生产经营所得及减免税事项有关个人所得税申报表的公告》(国家税务总局公告 2015 年第 28 号)附件 1 至附件 3、《国家税务总局关于全面实施新个人所得税法若干征管衔接问题的公告》(国家税务总局公告 2018 年第 56 号)附件 1 同时废止。

特此公告。

附件:1. 个人所得税基础信息表(A 表)(B 表)

2. 个人所得税扣缴申报表

3. 个人所得税自行纳税申报表(A 表)

4. 个人所得税年度自行纳税申报表

5. 个人所得税经营所得纳税申报表(A 表)(B 表)(C 表)

6. 合伙制创业投资企业单一投资基金核算方式备案表

7. 单一投资基金核算的合伙制创业投资企业个人所得税扣缴申报表

《个人所得税扣缴申报表》填表说明如下。

一、适用范围

本表适用于扣缴义务人向居民个人支付工资、薪金所得,劳务报酬所得,稿酬所得和特许权使用费所得的个人所得税全员全额预扣预缴申报;向非居民个人支付工资、薪金所得,劳务报酬所得,稿酬所得和特许权使用费所得的个人所得税全员全额扣缴申报,以及向纳税人(居民个人和非居民个人)支付利息、股息、红利所得,财产租赁所得,财产转让所得和偶然所得的个人所得税全员全额扣缴申报。

二、报送期限

扣缴义务人应当在每月或者每次预扣、代扣税款的次月 15 日内,将已扣税款缴入国库,并向税务机关报送本表。

三、本表各栏填写

(一) 表头项目

(1) 税款所属期:填写扣缴义务人预扣、代扣税款当月的第 1 日至最后 1 日。如:2019 年 3 月 20 日发放工资时代扣的税款,税款所属期填写"2019 年 3 月 1 日至 2019 年 3 月 31 日"。

(2) 扣缴义务人名称:填写扣缴义务人的法定名称全称。

(3) 扣缴义务人纳税人识别号(统一社会信用代码):填写扣缴义务人的纳税人识别号或者统一社会信用代码。

(二) 表内各栏

(1) 第 2 列"姓名":填写纳税人姓名。

(2) 第 3 列"身份证件类型":填写纳税人有效的身份证件名称。中国公民有中华人民共和国居民身份证的,填写居民身份证;没有居民身份证的,填写中华人民共和国护照、港澳居民来往内地通行证或者港澳居民居住证、台湾居民通行证或者台湾居民居住证、外国人永久居留身份证、外国人工作许可证或者护照等。

(3) 第 4 列"身份证件号码":填写纳税人有效身份证件上载明的证件号码。

(4) 第 5 列"纳税人识别号":有中国公民身份号码的,填写中华人民共和国居民身份证上载明的"公民身份号码";没有中国公民身份号码的,填写税务机关赋予的纳税人识别号。

(5) 第 6 列"是否为非居民个人":纳税人为居民个人的填"否"。为非居民个人的,根据合同、任职期限、预期工作时间等不同情况,填写"是,且不超过 90 天"或者"是,且超过 90 天不超过 183 天"。不填默认为"否"。

其中,纳税人为非居民个人的,填写"是,且不超过 90 天"的,当年在境内实际居住超过 90 天的次月 15 日内,填写"是,且超过 90 天不超过 183 天"。

(6) 第 7 列"所得项目":填写纳税人取得的《个人所得税法》第二条规定的应税所得项目名称。同一纳税人取得多项或者多次所得的,应分行填写。

(7) 第 8～21 列"本月(次)情况":填写扣缴义务人当月(次)支付给纳税人的所得,以及按规定各所得项目当月(次)可扣除的减除费用、专项扣除、其他扣除等。其中,工资、薪金所得预扣预缴个人所得税时扣除的专项附加扣除,按照纳税年度内纳税人在该任职受雇单位截至当月可享受的各专项附加扣除项目的扣除总额,填写至"累计情况"中第 25～29 列相应栏,本月情况中则无须填写。

① "收入额计算":包含"收入""费用""免税收入"。收入额=第 8 列－第 9 列－第 10 列。

a. 第 8 列"收入":填写当月(次)扣缴义务人支付给纳税人所得的总额。

b. 第 9 列"费用":取得劳务报酬所得、稿酬所得、特许权使用费所得时填写,取得其他各项所得时无须填写本列。居民个人取得上述所得,每次收入不超过 4 000 元的,费用填写"800"元;每次收入 4 000 元以上的,费用按收入的 20%填写。非居民个人取得劳务报酬所得、稿酬所得、特许权使用费所得,费用按收入的 20%填写。

c. 第 10 列"免税收入":填写纳税人各所得项目收入总额中,包含的税法规定的免税收入金额。其中,税法规定"稿酬所得的收入额减按 70%计算",对稿酬所得的收入额减计的 30%部分,填入本列。

② 第 11 列"减除费用":按税法规定的减除费用标准填写。如,2019 年纳税人取得工资、薪金所得按月申报时,填写 5 000 元。纳税人取得财产租赁所得,每次收入不超过 4 000 元的,填写 800 元;每次收入 4 000 元以上的,按收入的 20%填写。

③ 第 12～15 列"专项扣除":分别填写按规定允许扣除的基本养老保险费、基本医疗保险费、失业保险费、住房公积金(以下简称"三险一金")的金额。

④ 第 16～21 列"其他扣除":分别填写按规定允许扣除的项目金额。

(8) 第 22～30 列"累计情况":本栏适用于居民个人取得工资、薪金所得,保险营销员、证券经纪人取得佣金收入等按规定采取累计预扣法预扣预缴税款时填报。

① 第 22 列"累计收入额":填写本纳税年度截至当前月份,扣缴义务人支付给纳税人的工资、薪金所得,或者支付给保险营销员、证券经纪人的劳务报酬所得的累计收入额。

② 第 23 列"累计减除费用":按照 5000 元/月乘以纳税人当年在本单位的任职受雇或者从业的月份数计算。

③ 第 24 列"累计专项扣除":填写本年度截至当前月份,按规定允许扣除的"三险一金"

的累计金额。

④ 第25～29列“累计专项附加扣除”：分别填写截至当前月份，纳税人按规定可享受的子女教育、赡养老人、住房贷款利息或者住房租金、继续教育扣除的累计金额。大病医疗扣除由纳税人在年度汇算清缴时办理，此处无须填报。

⑤ 第30列“累计其他扣除”：填写本年度截至当前月份，按规定允许扣除的年金（包括企业年金、职业年金）、商业健康保险、税延养老保险及其他扣除项目的累计金额。

(9) 第31列“减按计税比例”：填写按规定实行应纳税所得额减计税收优惠的减计比例。无减计规定的，可不填，系统默认为100%。如，某项税收政策实行减按60%计入应纳税所得额，则本列填60%。

(10) 第32列“准予扣除的捐赠额”：是指按照税法及相关法规、政策规定，可以在税前扣除的捐赠额。

(11) 第33～39列“税款计算”：填写扣缴义务人当月扣缴个人所得税款的计算情况。

① 第33列“应纳税所得额”：根据相关列次计算填报。

a. 居民个人取得工资、薪金所得，填写累计收入额减除累计减除费用、累计专项扣除、累计专项附加扣除、累计其他扣除后的余额。

b. 非居民个人取得工资、薪金所得，填写收入额减去减除费用后的余额。

c. 居民个人或者非居民个人取得劳务报酬所得、稿酬所得、特许权使用费所得，填写本月（次）收入额减除其他扣除后的余额。

保险营销员、证券经纪人取得的佣金收入，填写累计收入额减除累计减除费用、累计其他扣除后的余额。

d. 居民个人或者非居民个人取得利息、股息、红利所得和偶然所得，填写本月（次）收入额。

e. 居民个人或者非居民个人取得财产租赁所得，填写本月（次）收入额减去减除费用、其他扣除后的余额。

f. 居民个人或者非居民个人取得财产转让所得，填写本月（次）收入额减除财产原值、允许扣除的税费后的余额。

其中，适用“减按计税比例”的所得项目，其应纳税所得额按上述方法计算后乘以减按计税比例的金额填报。

按照税法及相关法规、政策规定，可以在税前扣除的捐赠额，可以按上述方法计算后从应纳税所得额中扣除。

② 第34～35列“税率/预扣率”“速算扣除数”：填写各所得项目按规定适用的税率（或预扣率）和速算扣除数。没有速算扣除数的，则不填。

③ 第36列“应纳税额”：根据相关列次计算填报。第36列＝第33列×第34列－第35列。

④ 第37列“减免税额”：填写符合税法规定可减免的税额，并附报《个人所得税减免税事项报告表》。居民个人工资、薪金所得，以及保险营销员、证券经纪人取得佣金收入，填写本年度累计减免税额；居民个人取得工资、薪金以外的所得或非居民个人取得各项所得，填写本月（次）减免税额。

⑤ 第38列“已缴税额”：填写本年或本月（次）纳税人同一所得项目，已由扣缴义务人实际扣缴的税款金额。

表 5-7　个人所得税扣缴申报表

税款所属期：20××年×月×日至 20××年×月×日

扣缴义务人名称：××××

扣缴义务人纳税人识别号（统一社会信用代码）：□□□□□□□□□□□□□□□□□□□□

金额单位：人民币元（列至角分）

序号	姓名	身份证件类型	身份证件号码	纳税人识别号	是否为非居民个人	所得项目	本月（次）情况														累计情况											税款计算							
							收入额计算			减除费用	专项扣除				其他扣除						累计收入额	累计减除费用	累计专项扣除	累计专项附加扣除					累计其他扣除	减按计税比例	准予扣除的捐赠额	应纳税所得额	税率/预扣率	速算扣除数	应纳税额	减免税额	已缴税额	应补/退税额	备注
							收入	费用	免税收入		基本养老保险费	基本医疗保险费	失业保险费	住房公积金	年金	商业健康保险	税延养老保险	财产原值	允许扣除的税费	其他				子女教育	赡养老人	住房贷款利息	住房租金	继续教育											
1	2	3	4	5	6	7	8	9	10	11	12	13	14	15	16	17	18	19	20	21	22	23	24	25	26	27	28	29	30	31	32	33	34	35	36	37	38	39	40
					否	工资、薪金所得	35 000			5 000	2 400	600	300	1 200							105 000	15 000	135 000	6 000								70 500	10%	2 520	4 530		2 180	2 350	
合计																																							

谨声明：本表是根据国家税收法律法规及相关规定填报的，是真实的、可靠的、完整的。

扣缴义务人（签章）：

年　月　日

经办人签字： 经办人身份证件号码： 代理机构签章： 代理机构统一社会信用代码：	受理人： 受理税务机关（章）： 受理日期：　年　月　日

⑥ 第39列“应补/退税额”：根据相关列次计算填报。第39列＝第36列－第37列－第38列。

四、其他事项说明

以纸质方式报送本表的，应当一式两份，扣缴义务人、税务机关各留存一份。

现以引例为例进行介绍，如表5-7所示。

本章小结

本章主要学习个人所得税的纳税人、征税对象、个人所得税的税率、个人所得税会计科目的设置、代扣代缴个人所得税的会计核算、自行申报个人所得税的会计核算、纳税申报表的填制；需结合实务重点掌握个人所得税应纳税额的计算、个人所得税的会计核算，为企业涉及的各项业务处理奠定良好的基础。

重要概念

工资、薪金所得　劳务报酬所得　财产转让所得　财产租赁所得　利息、股息、红利所得　稿酬所得　偶然所得

本章练习

一、单选题

1. 以下不属于取得应税所得且没有扣缴义务人的纳税人，需要自行申报缴纳个人所得税的是(　　)。

A. 个体工商户　B. 个人独资企业　C. 合伙企业　D. 居民个人

2. 劳务报酬所得、稿酬所得、特许权使用费所得以收入减除费用后的余额为收入额。其中，稿酬所得的收入额减按(　　)计算。

A. 50%　B. 70%　C. 20%　D. 40%

3. 假设某非居民个人取得劳务报酬所得20 000元，则这笔所得的应扣缴税额是(　　)元。

A. 1 790　B. 1 800　C. 1 890　D. 1 690

4. 纳税人负担的该出租财产实际发生的修缮费用，允许扣除的修缮费用以每次(　　)元为限。

A. 1 000　B. 500　C. 800　D. 1 800

5. 补缴个人所得税时应借记的科目为(　　)。

A. “银行存款”　B. “应交税费——应交个人所得税”

C. “应交个人所得税”　D. “税金及附加”

二、多选题

1. 特许权包括(　　)。

A. 著作权　B. 商标权　C. 专利权　D. 非专利技术

E. 其他特许权

2.《个人所得税法》规定的个人所得税率形式有(　　)。

A. 超额累进税率　B. 比例税率　C. 定额税率　D. 累加税率

3. 综合所得包括(　　)。

A. 工资、薪金所得　　B. 稿酬所得
C. 劳务报酬所得　　D. 特许权使用费所得

4. 个人所得税专项附加扣除包括(　　)。

A. 继续教育　　B. 大病医疗　　C. 住房贷款利息　　D. 子女教育
E. 赡养老人

5. 适用税率为20%与30%的是(　　)。

A. 全年应纳税所得额超过36 000元至144 000元的部分
B. 全年应纳税所得额超过660 000元全960 000元的部分
C. 全年应纳税所得额超过144 000元至300 000元的部分
D. 全年应纳税所得额超过420 000元至660 000元的部分

三、判断题

1. 非居民个人取得工资、新金所得,劳务报酬所得,稿酬所得和特许权使用费所得,有扣缴义务人的,由扣缴义务人按月或者按次代扣代缴税款,不办理汇算清缴。(　　)

2. 在中国境内有住所,或者无住所而一个纳税年度内在中国境内居住累计满183天的个人,为居民个人。(　　)

3. 居民个人的工资、薪金所得实行按月预扣的方法,每月可以减除费用5 000元。(　　)

4. 特许权使用费所得是指个人提供专利权、商标权、著作权、非专利技术以及其他特许权的使用权取得的所得。(　　)

5. 偶然所得是指个人奖励、中奖、中彩、受到奖励以及其他偶然性质的所得。(　　)

四、简答题

1. 自行申报个人所得税如何进行会计核算?

2. 财产租赁所得应纳税额如何计算?

五、业务题

1. 假设某居民个人取得劳务报酬所得2 000元,计算这笔所得应预扣预缴的个人所得税税额。

2. 王某于2019年2月将其2017年1月购入的原价为170万元(含增值税)的住宅,以310万元(免增值税)的价格卖给张某。售卖房屋过程中王某按规定支付交易费等相关税费10万元。计算王某的应纳个人所得税。

六、案例分析题

A公司本年10月支付外聘兼职技术顾问张某技术咨询费28 000元,并预扣预缴了个人所得税。假设不考虑增值税等因素。要求:

(1) 计算A公司预扣预缴的个人所得税。

(2) 对A公司上述业务进行账务处理。

第6章　土地增值税的会计核算

内容提要

本章主要讲解了土地增值税的征税范围、纳税人、计税依据、税率及税额的计算方法；土地增值税的会计核算、征收管理及纳税申报表的填制。

重点难点

本章重点为土地增值税的计算与会计处理；难点为土地增值税扣除项目金额的计算、土地增值税的计算。

学习目标

通过本章学习，学生应熟悉土地增值税的征税范围、纳税人、计税依据、税率及征收管理；掌握土地增值税的计算与会计处理。

知识框架

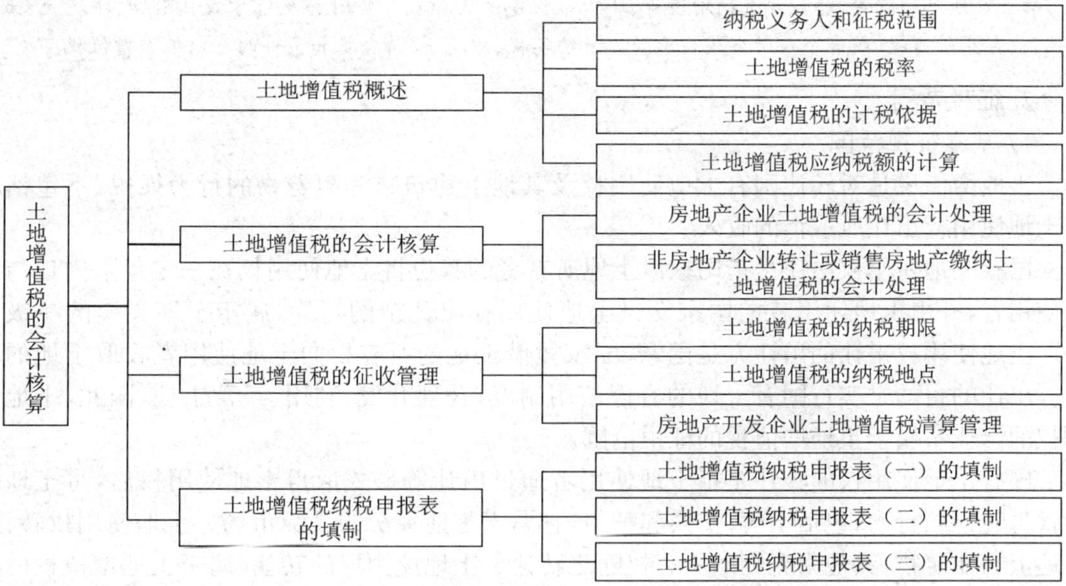

引入案例　海口江东新区起步区3宗土地挂牌出让

2019年10月10日，海南日报记者从海口市自然资源和规划局获悉，海口市江东新区起步区3宗土地将于11月1日起挂牌出让，挂牌出让截止时间为11月13日，3宗土地面积共计52.29亩。

其中，编号为B04—01、02、03、04、05地块土地总面积为17.29亩，起拍价为1.88亿余元；编号为B04—06、07、08、09地块土地总面积为17.1亩，起拍价为1.8亿余元；编号为C01—07地块土地总面积为17.9亩，起拍价为2亿余元。前两块为商务金融用地，C01—07地块为商务/商业混合用地。

上述3宗土地竞买人竞拍得土地后，须在出让合同约定动工之日起1年内动工建设，满1年未动工开发的，按土地出让价款的20%征收土地闲置费；满2年未动工开发的，无偿收回土地使用权。

思考：国有土地使用权出让所取得的收入是否需要缴纳土地增值税？

6.1 土地增值税概述

土地增值税是指对转让国有土地使用权、地上建筑物及附着物并取得收入的单位和个人，就其转让房地产所取得的增值额征收的一种税。

6.1.1 纳税义务人和征税范围

1. 纳税义务人

土地增值税的纳税义务人为转让国有土地使用权、地上建筑物及其附着物(以下简称转让房地产)并取得收入的单位和个人。

特别提示6-1

单位包括各类企业、事业单位、国家机关和社会团体及其他组织。个人包括个体经营者。

知识拓展6-1

转让房地产过程中，转让方缴纳增值税、城市维护建设税和教育费附加及地方教育附加、印花税、土地增值税、企业所得税(或者个人所得税)；承受方缴纳契税、印花税，符合抵扣条件的可以抵扣增值税。

2. 征税范围

1）基本征税范围

土地增值税是对转让国有土地使用权及其地上建筑物和附着物的行为征税，不包括国有土地使用权出让所取得的收入。

国有土地使用权出让是指国家以土地所有者的身份将土地使用权在一定年限内让与土地使用者，并由土地使用者向国家支付土地使用权出让金的行为，属于土地买卖的一级市场。土地使用权出让的出让方是国家，国家凭借土地的所有权向土地使用者收取土地的租金。出让的目的是实行国有土地的有偿使用制度，合理开发、利用、经营土地，因此，土地使用权的出让不属于土地增值税的征税范围。

国有土地使用权的转让是指土地使用者通过出让等形式取得土地使用权后，将土地使用权再转让的行为，包括出售、交换和赠与，它属于土地买卖的二级市场。土地使用权转让，其地上的建筑物、其他附着物的所有权随之转让。土地使用权的转让，属于土地增值税的征税范围。

土地增值税的征税范围不包括未转让土地使用权、房产产权的行为，是否发生转让行为主要以房地产权属（指土地使用权和房产产权）的变更为标准。凡土地使用权、房产产权未转让的（如房地产的出租），不征收土地增值税。

引入案例解析

土地使用权的出让不属于土地增值税的征税范围。因此，国有土地使用权出让所取得的收入不需要缴纳土地增值税。

土地增值税的基本征税范围如下：

（1）转让国有土地使用权。"国有土地"是指按国家法律规定属于国家所有的土地。出售国有土地使用权是指土地使用者通过出让方式，向政府缴纳了土地出让金，有偿受让土地使用权后，仅对土地进行通水、通电、通路和平整地面等土地开发，不进行房产开发，即所谓"将生地变熟地"，然后直接将空地出售出去。

（2）地上的建筑物及其附着物连同国有土地使用权一并转让。"地上的建筑物"是指建于土地上的一切建筑物，包括地上地下的各种附属设施。"附着物"是指附着于土地上的不能移动或一经移动即遭损坏的物品。纳税人取得国有土地使用权后进行房屋开发建造然后出售的，这种情况即是一般所说的房地产开发。虽然这种行为通常被称作卖房，但按照国家有关房地产法律和法规的规定，卖房的同时，土地使用权也随之发生转让。由于这种情况既发生了产权的转让又取得了收入，所以应纳入土地增值税的征税范围。

（3）存量房地产的买卖。存量房地产是指已经建成并已投入使用的房地产，其房屋所有人将房屋产权和土地使用权一并转让给其他单位和个人。这种行为按照国家有关的房地产法律和法规，应当到有关部门办理房产产权和土地使用权的转移变更手续；原土地使用权属于无偿划拨的，还应到土地管理部门补交土地出让金。

2）特殊征税范围

（1）房地产的继承、赠与。土地增值税只对有偿转让的房地产征税，对以继承、赠与等方式无偿转让的房地产，不予征税。不征收土地增值税的房地产赠与行为仅包括以下两种情况：

① 房产所有人、土地使用权所有人将房屋产权、土地使用权赠与直系亲属或承担直接赡养义务人的。

② 房产所有人、土地使用权所有人通过中国境内非营利的社会团体、国家机关将房屋产权、土地使用权赠与教育、民政和其他社会福利、公益事业的。

特别提示6-2

社会团体是指中国青少年发展基金会、希望工程基金会、宋庆龄基金会、减灾委员会、中国红十字会、中国残疾人联合会、全国老年基金会、老区促进会以及经民政部门批准成立的其他非营利性的公益性组织。

（2）房地产的出租。房地产的出租，出租人虽取得了收入，但没有发生房产产权、土地使用权的转让。因此，不属于土地增值税的征税范围。

（3）房地产的抵押。对房地产的抵押，在抵押期间不征收土地增值税。待抵押期满后，视该房地产是否转移占有而确定是否征收土地增值税。对于以房地产抵债而发生房地产权属转让的，应列入土地增值税的征税范围。

(4) 房地产的交换。这种情况是指一方以房地产与另一方的房地产进行交换的行为。由于这种行为既发生房产产权、土地使用权的转移，交换双方又取得了实物形态的收入，按《土地增值税暂行条例》规定，它属于土地增值税的征税范围。但对个人之间互换自有居住用房地产的，经当地税务机关核实，可以免征土地增值税。

(5) 合作建房。对于一方出地，一方出资金，双方合作建房，建成后按比例分房自用的，暂免征收土地增值税；建成后转让的，应征收土地增值税。

(6) 房地产的代建房行为。对于房地产开发公司而言，虽然取得了收入，但没有发生房地产权属的转移，其收入属于劳务收入性质，故不属于土地增值税的征税范围。

(7) 房地产的重新评估。这主要是指国有企业在清产核资时对房地产进行重新评估而使其升值的情况。这种情况下，房地产虽然有增值，但其既没有发生房地产权属的转移，房产产权、土地使用权人也未取得收入，所以不属于土地增值税的征税范围。

(8) 企业改制重组：

① 按照《中华人民共和国公司法》的规定，非公司制企业整体改建为有限责任公司或者股份有限公司，有限责任公司(股份有限公司)整体改建为股份有限公司(有限责任公司)，对改建前的企业将国有土地、房屋权属转移、变更到改建后的企业，暂不征收土地增值税。整体改建是指不改变原企业的投资主体，并承继原企业权利、义务的行为。

② 按照法律规定或者合同约定，两个或两个以上企业合并为一个企业，且原企业投资主体存续的，对原企业将国有土地、房屋权属转移、变更到合并后的企业，暂不征收土地增值税。

③ 按照法律规定或者合同约定，企业分设为两个或两个以上与原企业投资主体相同的企业，对原企业将国有土地、房屋权属转移、变更到分立后的企业，暂不征收土地增值税。

④ 单位、个人在改制重组时以国有土地、房屋进行投资，对其将国有土地、房屋权属转移、变更到被投资的企业，暂不征收土地增值税。

⑤ 上述改制重组有关土地增值税政策不适用于房地产开发企业。

6.1.2 土地增值税的税率

土地增值税实行四级超率累进税率：

(1) 增值额未超过扣除项目金额50%的部分，税率为30%。

(2) 增值额超过扣除项目金额50%、未超过扣除项目金额100%的部分，税率为40%。

(3) 增值额超过扣除项目金额100%、未超过扣除项目金额200%的部分，税率为50%。

(4) 增值额超过扣除项目金额200%的部分，税率为60%。

上述所列四级超率累进税率，每级“增值额未超过扣除项目金额”的比例，均包括本比例数。超率累进税率见表6-1。

表6-1 土地增值税四级超率累进税率表

级数	增值额与扣除项目金额的比率	税率	速算扣除系数
1	不超过50%的部分	30%	0
2	超过50%至100%的部分	40%	5%

（续表）

级数	增值额与扣除项目金额的比率	税率	速算扣除系数
3	超过100%至200%的部分	50%	15%
4	超过200%的部分	60%	35%

6.1.3 土地增值税的计税依据

土地增值税的计税依据是纳税人转让房地产所取得的增值额。转让房地产的增值额，是纳税人转让房地产的收入减除税法规定的扣除项目金额后的余额。土地增值额的大小，取决于转让房地产的收入额和扣除项目金额两个因素。

1. 应税收入

纳税人转让房地产取得的应税收入，应包括转让房地产的全部价款及有关的经济收益。从收入的形式来看，包括货币收入、实物收入和其他收入。

特别提示 6-3

"营改增"后，土地增值税纳税人转让房地产取得的收入为不含增值税收入。免征增值税的，确定计税依据时，转让房地产取得的收入不扣减增值税额。

2. 扣除项目

税法准予纳税人从房地产转让收入额中减除的扣除项目具体包括以下内容。

1）取得土地使用权所支付的金额

取得土地使用权所支付的金额包括以下两方面的内容：

(1) 纳税人为取得土地使用权所支付的地价款。

(2) 纳税人在取得土地使用权时按国家统一规定缴纳的有关费用和税金。它是指纳税人在取得土地使用权过程中为办理有关手续，必须按国家统一规定缴纳的有关登记、过户手续费和契税。

2）房地产开发成本

房地产开发成本是指纳税人开发房地产项目实际发生的成本，包括土地的征用及拆迁补偿费、前期工程费、建筑安装工程费、基础设施费、公共配套设施费、开发间接费用等。

3）房地产开发费用

房地产开发费用是指与房地产开发项目有关的销售费用、管理费用和财务费用。根据现行财务会计制度的规定，这三项费用作为期间费用，按照实际发生额直接计入当期损益。但在计算土地增值税时，房地产开发费用并不是按照纳税人实际发生额进行扣除，应分别按以下两种情况扣除：

(1) 财务费用中的利息支出，凡能够按转让房地产项目计算分摊并提供金融机构证明的，允许据实扣除，但最高不能超过按商业银行同类同期贷款利率计算的金额。其他房地产开发费用，按规定（即取得土地使用权所支付的金额和房地产开发成本，下同）计算的金额之和的5%以内计算扣除。其计算公式如下：

允许扣除的房地产开发费用＝利息＋（取得土地使用权所支付的金额＋房地产开发成本）×5%

(2) 财务费用中的利息支出，凡不能按转让房地产项目计算分摊利息支出或不能提供金融机构证明的，房地产开发费用按规定计算的金额之和的10%以内计算扣除。计算扣除的具体比例，由各省、自治区、直辖市人民政府规定，其计算公式如下：

允许扣除的房地产开发费用=(取得土地使用权所支付的金额+房地产开发成本)×10%

特别提示 6-4

财政部、国家税务总局对扣除项目金额中利息支出的计算问题作了两点专门规定：

一是利息的上浮幅度按国家的有关规定执行，超过上浮幅度的部分不允许扣除；

二是对于超过贷款期限的利息部分和加罚的利息不允许扣除。

4) 与转让房地产有关的税金

与转让房地产有关的税金是指在转让房地产时缴纳的城市维护建设税、印花税。纳税人在转让房地产时缴纳的教育费附加可视同税金予以扣除。

特别提示 6-5

全面"营改增"之前，房地产开发企业的印花税是在"管理费用"科目下核算的，由于"管理费用"在房地产开发费用项下计算扣除，所以在计算土地增值额时不能单独再次重复扣除。非房地产企业的印花税在"营改增"之前一般在"固定资产清理"科目核算，在计算土地增值额时可以单独计算扣除。

全面"营改增"后，根据财政部关于印发《增值税会计处理规定》的通知(财会〔2016〕22号)，印花税通过"税金及附加"科目核算，不再通过"管理费用"科目核算，但税务机关没有对房地产开发企业印花税能否单独扣除作出明确规定，实务中税务机关一般都延续执行老的不能扣除的规定。非房地产开发企业缴纳的印花税允许在此扣除。

5) 财政部确定的其他扣除项目

对从事房地产开发的纳税人可按规定计算的金额之和加计20%扣除。此条优惠只适用于从事房地产开发的纳税人，除此之外的其他纳税人不适用。

6) 旧房及建筑物的评估价格

纳税人转让旧房的，应按房屋及建筑物的评估价格、取得土地使用权所支付的地价款或出让金、按国家统一规定缴纳的有关费用和转让环节缴纳的税金作为扣除项目金额计征土地增值税。对取得土地使用权时未支付地价款或不能提供已支付的地价款凭据的，在计征土地增值税时不允许扣除。

(1) 按评估价格扣除。旧房及建筑物的评估价格是指在转让已使用的房屋及建筑物时，由政府批准设立的房地产评估机构评定的重置成本价乘以成新度折扣率后的价格。评估价格须经当地税务机关确认。

知识拓展 6-2

重置成本价是指对旧房及建筑物，按转让时的建材价格及人工费用计算，建造同样面积、同样层次、同样结构、同样建设标准的新房及建筑物所需花费的成本费用。成新度折扣率是指按旧房的新旧程度作一定比例的折扣。

(2) 按购房发票金额计算扣除。纳税人转让旧房及建筑物，凡不能取得评估价格，但能提供购房发票的，经当地税务部门确认，根据《土地增值税暂行条例》规定的扣除项目的金额，可按发票所载金额并从购买年度起至转让年度止每年加计5%计算。计算扣除项目时"每年"按购房发票所载日期起至售房发票开具之日止，每满12个月计1年；超过1年，未满12个月但超过6个月的，可以视同为1年。

对于纳税人购房时缴纳的契税，凡能够提供契税完税凭证的，准予作为"与转让房地产有关的税金"予以扣除，但不作为加计5%的基数。

(3) 对于转让旧房及建筑物，既没有评估价格，又不能提供购房发票的，地方税务机关可以实行核定征收。

6.1.4 土地增值税应纳税额的计算

土地增值税按照纳税人转让房地产所取得的增值额和规定的税率计算征收。土地增值税的计算公式如下：

应交土地增值税＝Σ(每级距的增值额×适用税率)

但在实际工作中，分步计算比较繁琐，一般可以采用速算扣除法计算。

应交土地增值税＝增值额×适用税率－扣除项目金额×速算扣除系数

根据上述计算公式，土地增值税应纳税额的计算可分为以下四步。

1. 计算增值额

增值额＝房地产转让收入－扣除项目金额

2. 计算增值率

增值率＝增值额÷扣除项目金额×100%

3. 确定适用税率

按照计算出的增值率，从土地增值税税率表中确定适用税率。

4. 计算应纳税额

应交土地增值税＝增值额×适用税率－扣除项目金额×速算扣除系数

【例6-1】 假定某房地产开发公司转让商品房一栋，取得收入总额为1 000万元，扣除项目金额合计为400万元。请计算该房地产开发公司应缴纳的土地增值税。

(1) 计算增值额：

增值额＝1 000－400＝600(万元)

(2) 计算增值额与扣除项目金额的比率：

增值额与扣除项目金额的比率＝600÷400×100%＝150%

(3) 根据上述计算方法，增值额超过扣除项目金额100%，未超过200%时，其适用的计算公式如下：

土地增值税税额＝增值额×50%－扣除项目金额×15%

(4) 计算该房地产开发公司应缴纳的土地增值税：

应交土地增值税＝600×50%－400×15%＝240(万元)

6.2 土地增值税的会计核算

6.2.1 房地产企业土地增值税的会计处理

房地产开发企业计提土地增值税时，借记“税金及附加”科目，贷记“应交税费——应交土地增值税”科目；实际缴纳土地增值税时，借记“应交税费——应交土地增值税”科目，贷记“银行存款”等科目。

纳税人采取预售方式销售房地产的，对在项目全部竣工结算前转让房地产取得的收入，税务机关可以预征土地增值税，纳税人按税法规定预缴的土地增值税，借记“应交税费——应交土地增值税”科目，贷记“银行存款”等科目；待项目办理完土地增值税清算时，借记“税金及附加”科目，贷记“应交税费——应交土地增值税”科目；若收到退回多缴的土地增值税，借记“银行存款”等科目，贷记“应交税费——应交土地增值税”科目；若补缴土地增值税，则作相反的会计分录。

【例 6-2】 某房地产开发公司在某项目竣工前，预先售出部分房地产，取得收入 200 万元，假设应预缴土地增值税 20 万元；项目竣工后，工程全部收入 500 万元，应交土地增值税 80 万元。

(1) 收到预收款时：

借：银行存款　　2 000 000
　　贷：预收账款　　2 000 000

(2) 预缴土地增值税时：

借：应交税费——应交土地增值税　　200 000
　　贷：银行存款　　200 000

(3) 实现收入、进行结算时：

借：预收账款　　2 000 000
　　银行存款　　3 000 000
　　贷：主营业务收入　　5 000 000

(4) 按土地增值税规定，计算整个工程项目收入应交土地增值税时：

借：税金及附加　　800 000
　　贷：应交税费——应交土地增值税　　800 000

(5) 缴清应交土地增值税时：

借：应交税费——应交土地增值税　　600 000
　　贷：银行存款　　600 000

6.2.2 非房地产企业转让或销售房地产缴纳土地增值税的会计处理

非房地产开发企业对于地上建筑物及其附着物连同国有土地使用权一并转让的业务，应通过“固定资产清理”等科目核算，按转让时应缴纳的土地增值税额，借记“固定资产清理”科目，贷记“应交税费——应交土地增值税”科目。实际缴纳土地增值税时，借记“应交税费——应交土地增值税”科目，贷记“银行存款”等科目。

6.3 土地增值税的征收管理

6.3.1 土地增值税的纳税期限

土地增值税的纳税人应于转让房地产合同签订之日起7日内到房地产所在地的税务机关办理纳税申报，并向税务机关提交建筑物产权、土地使用权证书，土地转让、房产买卖合同，房地产评估报告以及其他与转让房地产有关的资料。

纳税人因经常发生房地产转让而难以在每次转让后申报的，经税务机关审核同意后，可以定期进行纳税申报，具体期限由税务机关根据具体情况确定。

6.3.2 土地增值税的纳税地点

土地增值税的纳税人应向房地产所在地主管税务机关办理纳税申报，并在税务机关核定的期限内缴纳土地增值税。其中，房地产所在地是指房地产的坐落地。纳税人转让的房地产坐落地在两个或两个以上地区的，应按房地产所在地分别申报纳税。

6.3.3 房地产开发企业土地增值税清算管理

1. 土地增值税的清算单位

土地增值税以国家有关部门审批的房地产开发项目为单位进行清算，对于分期开发的项目，以分期项目为单位清算。

开发项目中同时包含普通住宅和非普通住宅的，应分别计算增值额。

2. 土地增值税的清算条件

(1) 符合下列情形之一的，纳税人应进行土地增值税的清算：

① 房地产开发项目全部竣工、完成销售的。

② 整体转让未竣工决算房地产开发项目的。

③ 直接转让土地使用权的。

(2) 符合下列情形之一的，主管税务机关可要求纳税人进行土地增值税清算：

① 已竣工验收的房地产开发项目，已转让的房地产建筑面积占整个项目可售建筑面积的比例在85%以上，或该比例虽未超过85%，但剩余的可售建筑面积已经出租或自用的。

② 取得销售(预售)许可证满3年仍未销售完毕的。

③ 纳税人申请注销税务登记但未办理土地增值税清算手续的。

④ 省税务机关规定的其他情况。

3. 非直接销售和自用房地产的收入确定

(1) 房地产开发企业将开发产品用于职工福利、奖励、对外投资、分配给股东或投资人、抵偿债务、换取其他单位和个人的非货币性资产等，发生所有权转移时应视同销售房地产，其收入按下列方法和顺序确认：

① 按本企业在同一地区、同一年度销售的同类房地产的平均价格确定。

② 由主管税务机关参照当地当年、同类房地产的市场价格或评估价值确定。

(2) 房地产开发企业将开发的部分房地产转为企业自用或用于出租等商业用途时，如果产权未发生转移，不征收土地增值税，在税款清算时不列收入，不扣除相应的成本和费用。

4. 土地增值税的扣除项目

(1) 除另有规定外，扣除取得土地使用权所支付的金额、房地产开发成本、费用及与转让房地产有关税金，须提供合法有效凭证；不能提供合法有效凭证的，不予扣除。

(2) 房地产开发企业办理土地增值税清算所附送的前期工程费、建筑安装工程费、基础设施费、开发间接费用的凭证或资料不符合清算要求或不实的，地方税务机关可参照当地建设工程造价管理部门公布的建安造价定额资料，结合房屋结构、用途、区位等因素，核定上述四项开发成本的单位面积金额标准，并据以计算扣除。具体核定方法由省税务机关确定。

(3) 房地产开发企业开发建造的与清算项目配套的居委会和派出所用房、会所、停车场(库)、物业管理场所、变电站、热力站、水厂、文体场馆、学校、幼儿园、托儿所、医院、邮电通讯等公共设施，按以下原则处理：

① 建成后产权属于全体业主所有的，其成本、费用可以扣除。

② 建成后无偿移交给政府、公用事业单位用于非营利性社会公共事业的，其成本、费用可以扣除。

③ 建成后有偿转让的，应计算收入，并准予扣除成本、费用。

(4) 房地产开发企业销售已装修的房屋，其装修费用可以计入房地产开发成本。房地产开发企业的预提费用，除另有规定外，不得扣除。

(5) 属于多个房地产项目共同的成本费用，应按清算项目可售建筑面积占多个项目可售总建筑面积的比例或其他合理的方法，计算确定清算项目的扣除金额。

(6) 房地产开发企业在工程竣工验收后，根据合同约定，扣留建筑安装施工企业一定比例的工程款，作为开发项目的质量保证金，在计算土地增值税时，建筑安装施工企业就质量保证金对房地产开发企业开具发票的，按发票所载金额予以扣除；未开具发票的，扣留的质量保证金不得计算扣除。

(7) 房地产开发企业逾期开发缴纳的土地闲置费，不得扣除。

(8) 房地产开发企业为取得土地使用权所支付的契税，应视同"按国家统一规定缴纳的有关费用"，计入"取得土地使用权所支付的金额"中扣除。

5. 土地增值税清算应报送的资料

纳税人办理土地增值税清算应报送以下资料：

(1) 房地产开发企业清算土地增值税书面申请、土地增值税纳税申报表。

(2) 项目竣工决算报表、取得土地使用权所支付的地价款凭证、国有土地使用权出让合同、银行贷款利息结算通知单、项目工程合同结算单、商品房购销合同统计表等与转让房地产的收入、成本和费用有关的证明资料。

(3) 主管税务机关要求报送的其他与土地增值税清算有关的证明资料等。

纳税人委托税务中介机构审核鉴证的清算项目，还应报送中介机构出具的《土地增值税清算税款鉴证报告》。

6. 土地增值税的核定征收

在土地增值税清算中符合以下条件之一的，可实行核定征收：

(1) 依照法律、行政法规的规定应当设置但未设置账簿的。

(2) 擅自销毁账簿或者拒不提供纳税资料的。

(3) 虽设置账簿,但账目混乱或者成本资料、收入凭证、费用凭证残缺不全,难以确定转让收入或扣除项目金额的。

(4) 符合土地增值税清算条件,企业未按照规定的期限办理清算手续,经税务机关责令限期清算,逾期仍不清算的。

(5) 申报的计税依据明显偏低,又无正当理由的。

7. 清算后再转让房地产的处理

在土地增值税清算时未转让的房地产,清算后销售或有偿转让的,纳税人应按规定进行土地增值税的纳税申报,扣除项目金额按清算时的单位建筑面积成本费用乘以销售或转让面积计算。

单位建筑面积成本费用=清算时的扣除项目总金额÷清算的总建筑面积

6.4 土地增值税纳税申报表的填制

土地增值税的纳税主体不同,其申报表也不相同。现行申报表有七种,另外还有相关附表,本章仅列示前三种申报表(见表6-2至表6-4)。

6.4.1 土地增值税纳税申报表(一)的填制

表6-2 土地增值税纳税申报表(一)

(从事房地产开发的纳税人预征适用)

税款所属时间:　年　月　日至　年　月　日　　　　填表日期:　年　月　日

项目名称:　　　　项目编号:　　　　金额单位:元至角分;面积单位:平方米

纳税人识别号

房产类型	房产类型子目	收入				预征率(%)	应纳税额	税款缴纳	
		应税收入	货币收入	实物收入及其他收入	视同销售收入			本期已缴税额	本期应缴税额计算
	1	2=3+4+5	3	4	5	6	7=2×6	8	9=7-8
普通住宅									
非普通住宅									
其他类型房地产									
合　计	—					—			

以下由纳税人填写:

纳税人声明	此纳税申报表是根据《中华人民共和国土地增值税暂行条例》及其实施细则和国家有关税收规定填报的,是真实的、可靠的、完整的。				
纳税人签章		代理人签章		代理人身份证号	

以下由税务机关填写:

受理人		受理日期	年　月　日	受理税务机关签章	

本表一式两份,一份纳税人留存,一份税务机关留存。

税务直通车 6-1

土地增值税纳税申报表(一)(从事房地产开发的纳税人预征适用)的填表说明

1. 本表适用于从事房地产开发并转让的土地增值税纳税人,在每次转让时填报,也可按月或按各省、自治区、直辖市和计划单列市地方税务局规定的期限汇总填报。

2. 凡从事新建房及配套设施开发的纳税人,均应在规定的期限内,据实向主管税务机关填报本表所列内容。

3. 本表栏目的内容如果没有,可以空置不填。

4. 纳税人在填报土地增值税预征申报表时,应同时向主管税务机关提交《土地增值税项目登记表》等有关资料。

5. 项目编号是在进行房地产项目登记时,税务机关按照一定的规则赋予的编号,此编号会跟随项目的预征清算全过程。

6. 表第1列"房产类型子目"是主管税务机关规定的预征率类型,每一个子目唯一对应一个房产类型。

7. 表第3栏"货币收入",按纳税人转让房地产开发项目所取得的货币形态的收入额(不含增值税)填写。

8. 表第4栏"实物收入及其他收入",按纳税人转让房地产开发项目所取得的实物形态的收入和无形资产等其他形式的收入额(不含增值税)填写。

9. 表第5栏"视同销售收入",纳税人将开发产品用于职工福利、奖励、对外投资、分配给股东或投资人、抵偿债务、换取其他单位和个人的非货币性资产等,发生所有权转移时应视同销售房地产,其收入不含增值税。

10. 本表一式两份,送主管税务机关审核盖章后,一份由税务机关留存,一份退纳税人。

6.4.2 土地增值税纳税申报表(二)的填制

表 6-3 土地增值税纳税申报表(二)

(从事房地产开发的纳税人清算适用)

税款所属时间: 年 月 日至 年 月 日 填表日期: 年 月 日 金额单位:元至角分 面积单位:平方米

纳税人识别号

纳税人名称		项目名称		项目编号		项目地址	
所属行业		登记注册类型		纳税人地址		邮政编码	
开户银行		银行账号		主管部门		电 话	
总可售面积				自用和出租面积			
已售面积		其中:普通住宅已售面积		其中:非普通住宅已售面积		其中:其他类型房地产已售面积	

项 目	行次	金 额			
		普通住宅	非普通住宅	其他类型房地产	合计
一、转让房地产收入总额 1=2+3+4	1				
其中 货币收入	2				
其中 实物收入及其他收入	3				
其中 视同销售收入	4				
二、扣除项目金额合计 5=6+7+14+17+21+22	5				
1. 取得土地使用权所支付的金额	6				

（续表）

项目			行次	金额			
				普通住宅	非普通住宅	其他类型房地产	合计
2. 房地产开发成本 7＝8＋9＋10＋11＋12＋13			7				
其中	土地征用及拆迁补偿费		8				
	前期工程费		9				
	建筑安装工程费		10				
	基础设施费		11				
	公共配套设施费		12				
	开发间接费用		13				
3. 房地产开发费用 14＝15＋16			14				
其中	利息支出		15				
	其他房地产开发费用		16				
4. 与转让房地产有关的税金等 17＝18＋19＋20			17				
其中	营业税		18				
	城市维护建设税		19				
	教育费附加		20				
5. 财政部规定的其他扣除项目			21				
6. 代收费用			22				
三、增值额 23＝1－5			23				
四、增值额与扣除项目金额之比(%)24＝23÷5			24				
五、适用税率(%)			25				
六、速算扣除系数(%)			26				
七、应缴土地增值税税额 27＝23×25－5×26			27				
八、减免税额 28＝30＋32＋34			28				
其中	减免税(1)	减免性质代码(1)	29				
		减免税额(1)	30				
	减免税(2)	减免性质代码(2)	31				
		减免税额(2)	32				
	减免税(3)	减免性质代码(3)	33				
		减免税额(3)	34				
九、已缴土地增值税税额			35				
十、应补(退)土地增值税税额 36＝27－28－35			36				

以下由纳税人填写：					
纳税人声明	此纳税申报表是根据《中华人民共和国土地增值税暂行条例》及其实施细则和国家有关税收规定填报的，是真实的、可靠的、完整的。				
纳税人签章		代理人签章		代理人身份证号	
以下由税务机关填写：					
受理人		受理日期	年　月　日	受理税务机关签章	

本表一式两份，一份纳税人留存，一份税务机关留存。

税务直通车 6-2

关于土地增值税纳税申报表(二)(从事房地产开发的纳税人清算适用)的填表说明

一、适用范围

土地增值税纳税申报表(二),适用从事房地产开发并转让的土地增值税纳税人。

二、土地增值税纳税申报表

(一)表头项目

1. 税款所属期是项目预征开始的时间,截止日期是税务机关规定(通知)申报期限的最后1日(应清算项目达到清算条件起90天的最后1日/可清算项目税务机关通知书送达起90天的最后1日)。

2. 纳税人识别号:填写税务机关为纳税人确定的识别号。

3. 项目名称:填写纳税人所开发并转让的房地产开发项目全称。

4. 项目编号:是在进行房地产项目登记时,税务机关按照一定的规则赋予的编号,此编号会跟随项目的预征清算全过程。

5. 所属行业:根据《国民经济行业分类》(GB/T 4754—2011)填写。该项可由系统根据纳税人识别号自动带出,无须纳税人填写。

6. 登记注册类型:单位,根据税务登记证或组织机构代码证中登记的注册类型填写;纳税人是企业的,根据国家统计局《关于划分企业登记注册类型的规定》填写。该项可由系统根据纳税人识别号自动带出,无须纳税人填写。

7. 主管部门:按纳税人隶属的管理部门或总机构填写。外商投资企业不填。

8. 开户银行:填写纳税人开设银行账户的银行名称;如果纳税人在多个银行开户的,填写其主要经营账户的银行名称。

9. 银行账号:填写纳税人开设的银行账户的号码;如果纳税人拥有多个银行账户的,填写其主要经营账户的号码。

(二)表中项目

1. 表第1栏"转让房地产收入总额",按纳税人在转让房地产开发项目所取得的全部收入额(不含增值税)填写。

2. 表第2栏"货币收入",按纳税人转让房地产开发项目所取得的货币形态的收入额(不含增值税)填写。

3. 表第3栏"实物收入及其他收入",按纳税人转让房地产开发项目所取得的实物形态的收入和无形资产等其他形式的收入额(不含增值税)填写。

4. 表第4栏"视同销售收入",纳税人将开发产品用于职工福利、奖励、对外投资、分配给股东或投资人、抵偿债务、换取其他单位和个人的非货币性资产等,发生所有权转移时应视同销售房地产,其收入不含增值税。

5. 表第6栏"取得土地使用权所支付的金额",按纳税人为取得该房地产开发项目所需要的土地使用权而实际支付(补交)的土地出让金(地价款)及按国家统一规定交纳的有关费用的数额填写。

6. 表第8栏至表第13栏,应根据《中华人民共和国土地增值税暂行条例实施细则》(财法字〔1995〕6号,以下简称《细则》)规定的从事房地产开发所实际发生的各项开发成本的具体数额填写。

7. 表第15栏"利息支出",按纳税人进行房地产开发实际发生的利息支出中符合《细则》第七条(三)规定的数额填写。如果不单独计算利息支出的,则本栏数额填写为"0"。

8. 表第16栏"其他房地产开发费用",应根据《细则》第七条(三)的规定填写。

9. 表第18栏至表第20栏,按纳税人转让房地产时所实际缴纳的税金数额(不包括增值税)填写。

10. 表第21栏"财政部规定的其他扣除项目",是指根据《中华人民共和国土地增值税暂行条例》(国务院令第138号,以下简称《条例》)和《细则》等有关规定所确定的财政部规定的扣除项目的合计数。

11. 表第22栏"代收费用",应根据《财政部 国家税务总局关于土地增值税一些具体问题》(财税字〔1995〕48号)规定:"对于县级及县级以上人民政府要求房地产开发企业在售房时代收的各项费用,如果代收费用是计入房价中向购买方一并收取的,可作为转让房地产所取得的收入计税;如果代收费用未计入房价中,而是在房价之外单独收取的,可以不作为转让房地产的收入。对于代收费用作为转让收入计税的,在计算扣除项目金额时,可予以扣除,但不允许作为加计20%扣除的基数;对于代收费用未作为转让房地产的收入计税的,在计算增值额时不允许扣除代收费用"填写。

12. 表第25栏"适用税率",应根据《条例》规定的四级超率累进税率,按所适用的最高一级税率填写。

13. 表第26栏"速算扣除系数",应根据《细则》第十条的规定找出相关速算扣除系数来填写。

14. 表第29、31、33栏"减免性质代码":按照税务机关最新制发的减免税政策代码表中最细项减免性质代码填报。表第30、32、34栏"减免税额"填写相应"减免性质代码"对应的减免税金额,纳税人同时享受多个减免税政策应分别填写,不享受减免税的,不填写此项。

15. 表第35栏"已缴土地增值税税额",按纳税人已经缴纳的土地增值税的数额填写。

16. 表中每栏按照"普通住宅、非普通住宅、其他类型房地产"分别填写。

6.4.3 土地增值税纳税申报表(三)的填制

表6-4 土地增值税纳税申报表(三)

(非从事房地产开发的纳税人适用)

税款所属时间: 年 月 日至 年 月 日　　　　填表日期: 年 月 日

金额单位:元至角分　　　　面积单位:平方米

纳税人识别号																				

纳税人名称		项目名称		项目地址			
所属行业		登记注册类型		纳税人地址		邮政编码	
开户银行		银行账号		主管部门		电　话	

项　目			行次	金　额
一、转让房地产收入总额 1=2+3+4			1	
其中	货币收入		2	
	实物收入		3	
	其他收入		4	
二、扣除项目金额合计 (1) 5=6+7+10+15 (2) 5=11+12+14+15			5	
(1) 提供评估价格	1. 取得土地使用权所支付的金额		6	
	2. 旧房及建筑物的评估价格 7=8×9		7	
	其中	旧房及建筑物的重置成本价	8	
		成新度折扣率	9	
	3. 评估费用		10	

（续表）

项　目		行次	金　额
（2）提供购房发票	1.购房发票金额	11	
	2. 发票加计扣除金额 12＝11×5%×13	12	
	其中：房产实际持有年数	13	
	3. 购房契税	14	
4.与转让房地产有关的税金等 15＝16＋17＋18＋19		15	
其中	营业税	16	
	城市维护建设税	17	
	印花税	18	
	教育费附加	19	
三、增值额 20＝1－5		20	
四、增值额与扣除项目金额之比（%）21＝20÷5		21	
五、适用税率（%）		22	
六、速算扣除系数（%）		23	
七、应缴土地增值税税额 24＝20×22－5×23		24	
八、减免税额（减免性质代码：____）		25	
九、已缴土地增值税税额		26	
十、应补（退）土地增值税税额 27＝24－25－26		27	

以下由纳税人填写：

纳税人声明	此纳税申报表是根据《中华人民共和国土地增值税暂行条例》及其实施细则和国家有关税收规定填报的，是真实的、可靠的、完整的。				
纳税人签章		代理人签章		代理人身份证号	

以下由税务机关填写：

受理人		受理日期	年　月　日	受理税务机关签章	

本表一式两份，一份纳税人留存，一份税务机关留存。

税务直通车6-3

土地增值税纳税申报表（三）（非从事房地产开发的纳税人适用）的填表说明

一、适用范围

土地增值税纳税申报表（三）适用于非从事房地产开发的纳税人。该纳税人应在签订房地产转让合同后的七日内，向房地产所在地主管税务机关填报土地增值税纳税申报表（三）。

土地增值税纳税申报表（三）还适用于以下从事房地产开发的纳税人：将开发产品转为自用、出租等用途且已达到主管税务机关旧房界定标准后，又将该旧房对外出售的。

二、土地增值税纳税申报表（三）主要项目填表说明

（一）表头项目

1. 纳税人识别号：填写税务机关为纳税人确定的识别号。

2. 项目名称：填写纳税人转让的房地产项目全称。

3. 登记注册类型：单位，根据税务登记证或组织机构代码证中登记的注册类型填写；纳税人是企业的，根据国家统计局《关于划分企业登记注册类型的规定》填写。该项可由系统根据纳税人识别号自动带出，无须纳税人填写。

4. 所属行业：根据《国民经济行业分类》(GB/T4754—2011)填写。该项可由系统根据纳税人识别号自动带出，无须纳税人填写。

5. 主管部门：按纳税人隶属的管理部门或总机构填写。外商投资企业不填。

（二）表中项目

土地增值税纳税申报表(三)的各主要项目内容，应根据纳税人转让的房地产项目作为填报对象。纳税人如果同时转让两个或两个以上房地产的，应分别填报。

1. 表第1栏“转让房地产收入总额”，按纳税人转让房地产所取得的全部收入额(不含增值税)填写。

2. 表第2栏“货币收入”，按纳税人转让房地产所取得的货币形态的收入额(不含增值税)填写。

3. 表第3、4栏“实物收入”“其他收入”，按纳税人转让房地产所取得的实物形态的收入和无形资产等其他形式的收入额(不含增值税)填写。

4. 表第6栏“取得土地使用权所支付的金额”，按纳税人为取得该房地产开发项目所需要的土地使用权而实际支付(补交)的土地出让金(地价款)及按国家统一规定交纳的有关费用的数额填写。

5. 表第7栏“旧房及建筑物的评估价格”，是指根据《中华人民共和国土地增值税暂行条例》(国务院令第138号，以下简称《条例》)和《中华人民共和国土地增值税暂行条例实施细则》(财法字〔1995〕6号，以下简称《细则》)等有关规定，按重置成本法评估旧房及建筑物并经当地税务机关确认的评估价格的数额。本栏由第8栏与第9栏相乘得出。如果本栏数额能够直接根据评估报告填报，则本表第8、9栏可以不必再填报。

6. 表第8栏“旧房及建筑物的重置成本价”，是指按照《条例》和《细则》规定，由政府批准设立的房地产评估机构评定的重置成本价。

7. 表第9栏“成新度折扣率”，是指按照《条例》和《细则》规定，由政府批准设立的房地产评估机构评定的旧房及建筑物的新旧程度折扣率。

8. 表第10栏“评估费用”，是指纳税人转让旧房及建筑物时因计算纳税的需要而对房地产进行评估，其支付的评估费用允许在计算增值额时予以扣除。

9. 表第11栏“购房发票金额”，区分以下情形填写：提供营业税销售不动产发票的，按发票所载金额填写；提供增值税专用发票的，按发票所载金额与不允许抵扣进项税额合计金额数填写；提供增值税普通发票的，按照发票所载价税合计金额数填写。

10. 表第12栏“发票加计扣除金额”，是指购房发票金额乘以房产实际持有年数乘以5%的积数。

11. 表第13栏“房产实际持有年数”，是指按购房发票所载日期起至售房发票开具之日止，每满12个月计1年；未满12个月但超过6个月的，可以视同为1年。

12. 表第14栏“购房契税”，是指购房时支付的契税。

13. 表第15栏“与转让房地产有关的税金等”，为表第16栏至表第19栏的合计数。

14. 表第16栏至表第19栏，按纳税人转让房地产时实际缴纳的有关税金的数额填写。开具营业税发票的，按转让房地产时缴纳的营业税数额填写；开具增值税发票的，第16栏营业税为0。

15. 表第22栏“适用税率”，应根据《条例》规定的四级超率累进税率，按所适用的最高一级税率填写。

16. 表第23栏“速算扣除系数”，应根据《细则》第十条的规定找出相关速算扣除系数填写。

本章小结

本章主要讲解了土地增值税的征税范围、纳税人、计税依据、税率及税额的计算方法；土地增值税的会计处理、征收管理及纳税申报表的填制；重点掌握土地增值税的计算与会计处理。

重要概念

土地增值税　扣除项目　重置成本　增值额　增值率

本章练习

一、单选题

1. 下列房地产交易行为中，应当计算缴纳土地增值税的是(　　)。

A. 县城居民之间互换自有居住用房屋

B. 非营利的慈善组织将合作建造的房屋转让

C. 房地产开发企业代客户进行房地产开发，开发完成后向客户收取代建收入

D. 房地产公司出租高档住宅

2. 某房地产开发公司转让5年前购入的一块土地，取得转让收入1 800万元，该土地购进价1 200万元，取得土地使用权时缴纳相关税费40万元，转让该土地时缴纳相关税费35万元。该房地产开发公司计算土地增值税时可扣除项目金额为(　　)万元。

A. 1 200　　B. 1 240　　C. 1 275　　D. 1 800

3. 某房地产开发企业开发一个房地产项目并销售，取得土地使用权所支付的金额1 000万元；房地产开发成本6 000万元；向金融机构借入资金利息支出400万元，能提供贷款证明，其中超过国家规定上浮幅度的金额为100万元；该省规定能提供贷款证明的其他房地产开发费用扣除比例为5%；计算土地增值税时该企业允许扣除的房地产开发费用为(　　)万元。

A. 400　　B. 350　　C. 650　　D. 750

4. 以下属于主管税务机关可要求纳税人进行土地增值税清算，而不是纳税人应进行土地增值税的清算的是(　　)。

A. 已竣工验收的房地产开发项目，已转让的房地产建筑面积占整个项目可售建筑面积的比例在85%以上

B. 整体转让未竣工决算房地产开发项目的

C. 房地产开发项目全部竣工、完成销售的

D. 直接转让土地使用权的

5. 房地产开发企业进行土地增值税清算时，下列各项中，允许在计算增值额时扣除的是(　　)。

A. 加罚的利息

B. 已售精装修房屋的装修费用

C. 逾期开发土地缴纳的土地闲置费

D. 未取得建筑安装施工企业开具发票的扣留质量保证金

二、多选题

1. 下列单位中，属于土地增值税纳税人的有(　　)。

A. 建造房屋的施工单位　　B. 中外合资房地产开发公司

C. 转让国有土地的事业单位　　D. 房地产管理的物业公司

2. 土地增值税清算时，房地产开发企业开发建造的与清算项目配套的会所等公共设施，其成本费用可以扣除的情形有(　　)。

A. 建成后开发企业转为自用的　　B. 建成后开发企业用于出租的

C. 建成后有偿转让的　　D. 建成后产权属于全体业主所有的

3. 在计算转让旧房的土地增值税时，以下可作为扣除项目金额的有(　　)。

A. 房屋及建筑物的评估价格

B. 取得土地使用权支付的地价款和按国家规定缴纳的有关费用

C. 房地产开发成本

D. 房地产开发费用

4. 下列行为中，应缴纳土地增值税的有(　　)。

A. 将使用过的旧房卖给某单位作办公室　　B. 将使用过的旧房赠与子女

C. 将使用过的旧房出租　　D. 将使用过的旧房换取债券

5. 下列各项中，不征或免征土地增值税的有(　　)。

A. 以房地产使用权抵债而尚未发生房地产权属转让的

B. 以房地产对外出租的

C. 被兼并企业的房地产在企业兼并中转让到兼并方的

D. 以出地、出资双方合作建房，建成后又转让给其中一方的

三、判断题

1. 土地增值税纳税人转让房地产取得的收入为含税收入。(　　)

2. 为取得土地使用权所支付的契税，应计入取得土地使用权所支付的金额进行扣除。(　　)

3. 对房地产的抵押，在抵押期间不征收土地增值税。(　　)

4. 房地产开发公司为客户代建房产应缴纳土地增值税。(　　)

5. 土地增值税纳税人应在签订房地产转让合同的7日内，到房地产所在地税务机关办理纳税申报。(　　)

四、简答题

1. 简述主管税务机关可要求纳税人进行土地增值税清算的情形。

2. 简述土地增值税的计算步骤。

五、业务题

1. A房地产公司有偿转让住宅楼一栋，共取得销售收入3 500万元，开发房地产的扣除项目金额合计为2 000万元，以上金额均不含增值税。

要求：计算企业应交土地增值税，并作相应的会计处理。

2. 甲房地产开发公司开发建造了商品住宅楼一批，在工程全部竣工结算前已预售一批商品房。按规定，预缴土地增值税1 000万元。在工程全部竣工结束后，该批商品住宅的全部销售收入共计12 000万元。公司为取得土地使用权支付的金额为800万元，开发土地、建造房屋和配套设施支付3 000万元，开发费用为300万元。

要求：计算其应缴土地增值税、应补缴(或退回)税款，并作出相应的会计分录(注：所有金额均不含增值税，暂不考虑其他相关税费)。

第 7 章　其他税种的会计核算

内容提要

本章主要讲解了其他税种的会计核算，包括关税、资源税、印花税、车辆购置税、城镇土地使用税、房产税、车船税、耕地占用税、契税、城市维护建设税及教育费附加的会计核算；以及相关税种的确认、计量、记录与申报。

重点难点

本章重点为资源税、印花税、房产税、城市维护建设税及教育费附加的会计核算；难点为相关税种的确认、计量、记录与申报。

学习目标

通过本章学习，学生应掌握相关税种的确认、计量、记录与申报；理解其他税种会计处理的特点；了解财产税、行为税的特点。

知识框架

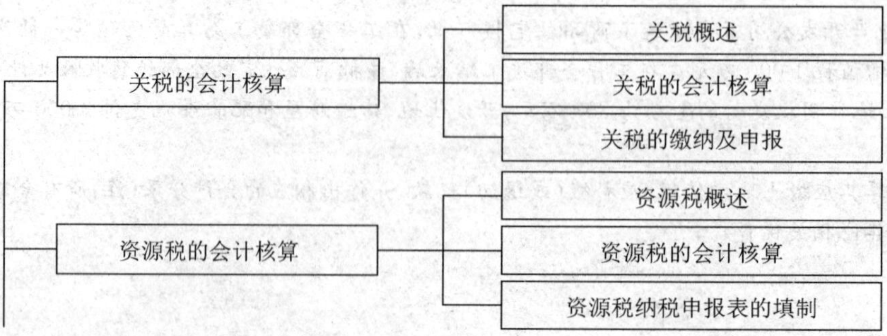

引入案例　有关税费的分析与计算

某企业2019年年初房产原值3 000万元，其中厂房原值2 600万元(含土地价款，下同)，厂办幼儿园房产原值300万元，独立的地下工业用仓库原价100万元。该企业占地面积8 400平方米，其中厂内绿化面积1 000平方米，厂房占地面积6 000平方米，厂办幼儿园占地面积400平方米，地下工业用仓库垂直投影面积1 000平方米。该企业2019年发生下列业务：

(1) 6月30日将原值为400万元的厂房出租，合同约定每年租金24万元(不含增值税)，7月1日起租，租赁期3年，考虑承租方租期较长，给予承租方2个月的免租期用于装修。

(2) 7月份出资购买新建的独立地下商铺用于商业用途，该商铺占地垂直投影面积为400平方米，购买合同注明不含增值税金额200万元，增值税18万元，9月份该商铺交付使用。

(3) 10月份接受甲公司委托加工一批产品，签订的加工承揽合同中注明原材料由受托方提供，金额为100万元(不含增值税，下同)，收取加工劳务费30万元。该产品由本企业负责运输，合同中注明运费2万元，仓储保管费2 000元，装卸费1 100元(其他相关资料：当地政府规定的计算房产余值的扣除比例是30%，工业用途地下房产以原价的60%作为应税房产原值，商业用途地下房产以原价的80%作为应税房产原值。当地城镇土地使用税每平方米年税额为8元)。

根据上述资料，回答下列问题：

(1) 当年该企业地下房产应缴纳的房产税。

(2) 当年该企业地上房产应缴纳的房产税。

(3) 当年该企业应缴纳的城镇土地使用税。

(4) 10 月份该企业与加工业务相关的合同应缴纳的印花税。

(5) 该企业与房产相关的合同应缴纳的印花税。

7.1 关税的会计核算

7.1.1 关税概述

1. 关税的基本概念

关税是由海关依法对进出境的货物、物品征收的一种税。

其中，"境"是指关境，通常也称海关境域或者关税领域，是国家海关法全面实施的领域。国境是一国政府以国家边界为限，全面行使主权的境域。关境是海关征收关税的领域。在一般情况下，国境与关境是一致的，国境就是关境，关境就是国境。但是，有时两者也会有一定的区别，如存在自由港或自由贸易区时，关境就会小于国境；如果几个国家组成关税同盟，成员国之间的贸易无须缴纳关税，此时的关境便大于国境，如欧洲联盟。

关税通常分为进口关税、出口关税和过境关税。我国目前对进出境货物征收的关税分为进口关税和出口关税两类。

2. 关税的纳税人

根据《中华人民共和国海关法》（以下简称《海关法》）以及《中华人民共和国进出口关税条例》的规定，进口货物的收货人、出口货物的发货人、进境物品的所有人为关税的纳税人。

特别提示 7-1

关税的纳税人是货物或物品的所有者，接受纳税人委托办理货物报关等有关手续的代理人，可以代办纳税手续，但不是纳税义务人。

3. 关税的征税对象和税目

关税的征税对象是指准许进出我国关境的货物和物品。凡准许进出口的货物，除国家另有规定的以外，均应由海关征收进口关税或出口关税。对从境外采购进口的原产于中国境内的货物，也应按规定征收进口关税。

关税的税目、税率都由《中华人民共和国海关进出口税则》（简称《海关进出口税则》）规定。它主要包括三个部分：归类总规则、进口税率表、出口税率表，其中归类总规则是对进出口货物分类具有法律效力的原则和方法。

进出口税则中的商品分类目录为关税税目。按照税则归类总规则及其归类方法，每一种商品都能找到一个最适合的对应税目。

4. 关税的税率

1) 税率的种类

关税的税率分为进口税率和出口税率两种。其中，进口税率又分为普通税率、最惠国税率、协定税率、特惠税率、关税配额税率等。对进口货物在一定期限内可以实行暂定税率。

2）税率的确定

进出口货物应当依照《海关进出口税则》规定的归类原则归入合适的税号，按照适用的税率征税。

(1) 进出口货物，应按纳税义务人申报进口或者出口之日实施的税率征税。

(2) 进口货物到达之前，经海关核准先行申报的，应该按照装载此货物的运输工具申报进境之日实施的税率征税。

(3) 进出口货物的补税和退税，应按该进出口货物原申报进口或者出口之日所实施的税率征税，特例情况除外。

5. 关税的计税依据

我国对进口商品基本上都实行从价税，关税的计税依据是完税价格。《海关法》第五十五条规定：进出口货物的完税价格，由海关以该货物的成交价格为基础审查确定。成交价格不能确定时，完税价格由海关依法估定。进出境物品的完税价格，由海关依法确定。同时，从1997年7月1日起，我国对部分产品实行从量税、复合税和滑准税。

应纳关税税额的计算关键是完税价格的确定：

(1) 对于进口货物，其完税价格由海关以该货物的成交价格为基础审查确定，并且应当包括货物运抵中华人民共和国境内输入地点起卸前的运输及其相关费用、保险费。由买方负担的除购货佣金以外的佣金和经纪费、与该货物视为一体的容器费用以及包装材料费用和包装劳务费用也应当计入完税价格。

如果进口货物的成交价格不符合规定成交价格条件或者成交价格不能确定，海关经了解有关情况，并且与纳税人进行价格磋商后，依次以相同货物成交价格估价方法、类似货物成交价格估价方法、倒扣价格估价方法、计算价格估价方法及其他合理方法审查确定该货物的完税价格。纳税人向海关提供有关资料后，可以提出申请，调整价格估价方法和计算价格估价方法的适用次序。

(2) 对于出口货物，其完税价格由海关以该货物的成交价格为基础审查确定，并且应当包括货物运至中华人民共和国境内输出地点装载前的运输及其相关费用、保险费，但是其中包含的出口关税税额，应当予以扣除。此外，在货物价款中单独列明的货物运至中华人民共和国境内输出地点装载后的运输及其相关费用、保险费也不应计入出口货物的完税价格。

如果出口货物的成交价格不能确定，海关经了解有关情况，并且与纳税人进行价格磋商后，依次以下列价格审查确定该货物的完税价格：

① 同时或者大约同时向同一国家或者地区出口的相同货物的成交价格。

② 同时或者大约同时向同一国家或者地区出口的类似货物的成交价格。

③ 根据境内生产相同或者类似货物的成本、利润和一般费用(包括直接费用和间接费用)、境内发生的运输及其相关费用、保险费计算所得的价格。

④ 按照合理方法估定的价格。

6. 关税应纳税额的计算

1）从价计税法

应交关税税额＝应税进(出)口货物数量×单位完税价格×适用税率

2）从量计税法

应交关税税额＝应税进(出)口货物数量×单位货物税额

3）复合计税法

$$\text{应交关税税额}=\text{应税进(出)口货物数量}\times\text{单位货物税额}+\text{应税进(出)口货物数量}\times\text{单位完税价格}\times\text{适用税率}$$

4）滑准税计税法

应交关税税额＝应税进(出)口货物数量×单位完税价格×滑准税税率

7.1.2 关税的会计核算

企业对关税的核算分为两种情况：一种是单独核算，另一种是不单独核算。

对于单独核算关税的企业，通过在“应交税费”科目下设置“应交进口关税”和“应交出口关税”明细科目进行。“应交税费——应交进口关税”和“应交税费——应交出口关税”科目贷方核算应当缴纳的关税金额，借方核算已经缴纳的关税金额，期末贷方余额反映尚未缴纳的关税金额，期末借方余额反映多缴纳的关税金额。对于不单独核算关税的企业，不用设置“应交税费——应交进口关税”和“应交税费——应交出口关税”科目，直接贷记“银行存款”等科目。

1. 工业企业关税的会计核算

1）进口关税的会计核算

单独核算关税的工业企业在对进口关税进行核算时，应在“在途物资”科目下设“应交进口关税”明细科目；同时，在“应交税费”科目下设“应交进口关税”明细科目。“在途物资”科目下的“应交关税”明细科目反映企业进口材料应缴纳的关税，并分摊到该批材料的采购成本中。“应交税费”科目下设的“应交进口关税”明细科目，其贷方记录企业应缴纳的进口材料关税，贷方余额表示应缴未缴的关税；其借方记录已经上缴的关税，借方余额表示多缴纳的关税。

对于不单独核算关税的工业企业，对进口关税进行核算时，通过外贸企业代理或直接从国外进口原材料，应支付的进口关税不通过“应交税费”科目核算，而是将其与进口原材料的价款、国外运费、保费、国内费用一并直接计入进口原材料的采购成本，借记“在途物资”“材料采购”科目，贷记“银行存款”“应付账款”等科目。

【例 7-1】 2019 年 8 月，某工业企业（该企业单独核算关税）进口材料一批，经计算，应缴进口关税 200 000 元人民币。

企业计提应交关税时：

借：在途物资——应交进口关税　　200 000
　　贷：应交税费——应交进口关税　　200 000

企业实际缴纳关税时：

借：应交税费——应交进口关税　　200 000
　　贷：银行存款　　200 000

2）出口关税的会计核算

单独核算关税的工业企业在对出口关税进行核算时，应在“税金及附加”科目核算企业出口产品应缴纳的关税，并在期末将发生的关税转入"本年利润"科目。同时，在"应交税费"科目下设"应交出口关税"明细科目。

不单独核算关税的工业企业在对出口关税进行核算时，应在"税金及附加"科目核算企业出口产品应缴纳的关税，并在期末将发生的关税转入"本年利润"科目；同时，贷记"银行存款"科目，不再通过"应交税费"科目核算。

【例7-2】 某工业企业（该企业单独核算关税）出口一批应税产品，经海关审定的出口关税为88 000元，企业已在出口时如数缴纳。

企业计提应交出口产品关税时：

借：税金及附加　　88 000
　贷：应交税费——应交出口关税　　88 000

企业实际缴纳关税时：

借：应交税费——应交出口关税　　88 000
　贷：银行存款　　88 000

期末，企业结转上缴关税时：

借：本年利润　　88 000
　贷：税金及附加　　88 000

2. 商业企业关税的会计核算

商业企业关税的会计核算是按照进出口商品经营方式的不同分别处理的，即按照自营和代理两种不同经营方式采用不同的核算方法。

1）自营进口业务关税的核算

单独核算关税的商业企业自营进口业务关税的会计核算需要通过"在途物资——应交进口关税"和"应交税费——应交进口关税"等科目进行。"在途物资——应交进口关税"科目反映企业进口商品应缴纳的关税，并分摊到该批商品的经营成本中。"应交税费——应交进口关税"科目的贷方记录企业应缴纳的进口商品关税，借方记录已上缴的关税，贷方余额反映应交未交的关税。

不单独核算关税的商业企业自营进口业务关税的会计核算不通过"应交税费——应交进口关税"科目，而是直接贷记"银行存款"科目。

【例7-3】 某商业企业（该企业不单独核算关税）从国外进口一批货物，经海关审定的进口关税税额为102 000元。企业如数上缴。

企业缴纳关税时：

借：在途物资　　102 000
　贷：银行存款　　102 000

2）自营出口业务关税的核算

单独核算关税的商业企业自营出口业务关税的会计核算需要运用的科目有"税金及附加"和"应交税费——应交出口关税"。计算应交出口关税时，借记"税金及附加"科目，贷记"应交税费——应交出口关税"科目。实际缴纳税金时，借记"应交税费——应交出口关税"科目，贷记"银行存款"科目。

不单独核算关税的商业企业自营出口业务关税的会计核算不通过"应交税费——应交

出口关税”科目，而是直接贷记“银行存款”科目。

【例 7-4】 某商业企业（该企业单独核算关税）自营出口一批商品，经海关审定的出口关税为 58 000 元，企业以银行存款支付。

计算应交关税时：

借：税金及附加　　58 000
　　贷：应交税费——应交出口关税　　58 000

实际缴纳时：

借：应交税费——应交出口关税　　58 000
　　贷：银行存款　　58 000

3. 代理进出口业务关税的核算

1）代理进口业务关税的核算

代理进出口业务，对受托方来说，一般不垫付货款，多以成交价格的一定比例收取劳务费作为其收入。因进出口商品而计缴的关税应由委托单位负担，受托单位即使向海关缴纳了关税，也只是代垫或代付，日后仍要与委托方结算。在会计处理上通过“应交税费”“应收账款”“应付账款”或“预收账款”等科目进行核算。

【例 7-5】 某进出口公司受某单位委托代理进口商品一批，进口货款 1 780 000 元已汇入进出口公司的开户银行。该进口商品我国口岸 CIF 价折合人民币 1 440 000 元，进口关税税率为 20%，代理劳务费按货价 2%收取。该批商品已运达指定口岸，公司与委托单位办理有关结算。

应交进口关税税额 = 1 440 000 × 20% = 288 000(元)

代理劳务费 = 1 440 000 × 2% = 28 800(元)

收到委托方划来货款时：

借：银行存款　　1 780 000
　　贷：应付账款——××单位　　1 780 000

用外汇进口商品时：

借：应收账款——××外商　　1 440 000
　　贷：银行存款　　1 440 000

支付进口关税时：

借：应付账款——××单位　　288 000
　　贷：应交税费——应交进口关税　　288 000

借：应交税费——应交进口关税　　288 000
　　贷：银行存款　　288 000

将进口商品交付委托单位并收取劳务费时：

借：应付账款——××单位　　1 468 800
　　贷：其他业务收入——劳务费　　28 800
　　　　应收账款——××外商　　1 440 000

将委托单位余款退回时：

借：应付账款——××单位　　23 200
　　贷：银行存款　　23 200

2）代理出口业务关税的核算

代理出口业务是指进出口企业代委托方办理对外销售、发运、制单及结汇的全过程。代理出口企业按计算代缴的出口关税税额，借记“应收账款”科目，贷记“应交税费——应交出口关税”科目；实际缴纳出口关税时，借记“应交税费——应交出口关税”科目，贷记“银行存款”科目。日后再与委托方结算。

【例 7-6】 某外贸公司代理 A 厂出口一批货物，出口离岸价格为 880 000 元，出口货物适用关税 10%，协议收取手续费 5%。

应交出口关税税额＝880 000÷(1＋10%)×10%＝80 000(元)

代理劳务费＝880 000÷(1＋10%)×5%＝40 000(元)

计算出口关税时：

借：应收账款——A 厂(出口关税)　　80 000
　　贷：应交税费——应交出口关税　　80 000

收到出口货物的货款时(同时支付出口关税)：

借：银行存款　　880 000
　　贷：应付账款——A 厂(货款)　　880 000

借：应交税费——应交出口关税　　80 000
　　贷：银行存款　　80 000

向 A 厂支付代销货款时：

借：应付账款——A 厂(货款)　　880 000
　　贷：银行存款　　760 000
　　　　其他业务收入——手续费　　40 000
　　　　应收账款——A 厂(出口关税)　　80 000

7.1.3 关税的缴纳及申报

1. 关税的缴纳

1）关税的基本缴纳方式

由接受进(出)口货物通关手续申报的海关逐票计算应征关税并填发关税缴款书，纳税人凭以向海关或指定的银行办理税款交付或转账入库手续后，海关凭银行回执联办理结关放行手续。征税手续在前，结关放行手续在后，有利于税款及时入库，防止拖欠税款。因此，各国海关都以这种方式作为基本纳税方式。

2）关税的后纳方式

海关允许某些纳税人在办理有关关税手续后，先行办理放行货物的手续，然后再办理征纳关税手续。后纳方式是针对某些易腐、急需产品或有关手续无法立即办理结算等特殊情况采取的一种变通措施，海关在提取货样、收取保证金或接受纳税人其他担保后即可放行有关货物。

3）关税的纳税地点

海关征收关税时，根据纳税人的申请及进出口货品的具体情况，既可以在关境地缴税，也可以在主管地缴税。

2. 关税的申报

纳税人缴纳关税时，需要填制海关（进出口关税）专用缴款书，并需要携带报关单等相关文件，自填写缴款书次日起，15 日内缴纳关税。

海关（进出口关税）专用缴款书一式六联（见表 7-1）。其中，第一联为收据联，国库收款签章后交缴款单位或纳税人作为证明完税的法律文书，也是关税会计核算的原始凭证。

第二联为付款凭证联，由缴库单位开户银行作为付出税款的法律文书，也是开户行的会计凭证。

第三联为收款凭证联，由收款国库单位作为收到关税时会计核算的原始凭证。

第四联为回执联，由国库收到关税税款盖章后退回海关财务部门作为海关会计核算的原始凭证。

第五联为报查联，国库收到关税税款后退回海关，由海关交送当地税务机关作为检查纳税人纳税情况的法律文件。

第六联为存根联，由填发单位存档备查。

表 7-1　海关(进出口关税)专用缴款书

收入系统：　　　　　　　　　填发日期：　　年　　月　　日　　　　　　　　　　号码 NO.

<table>
<tr><td rowspan="3">收款单位</td><td>收入机关</td><td></td><td rowspan="3">缴款单位
(人)</td><td>名　　称</td><td colspan="3"></td></tr>
<tr><td>科　　目</td><td></td><td>账　　号</td><td colspan="3"></td></tr>
<tr><td>收款国库</td><td></td><td>开户银行</td><td colspan="3"></td></tr>
<tr><td>税号</td><td colspan="2">货物名称</td><td>数量</td><td>单位</td><td>完税价格(¥)</td><td>税率(%)</td><td>税款金额(¥)</td></tr>
<tr><td></td><td colspan="2"></td><td></td><td></td><td></td><td></td><td></td></tr>
<tr><td></td><td colspan="2"></td><td></td><td></td><td></td><td></td><td></td></tr>
<tr><td></td><td colspan="2"></td><td></td><td></td><td></td><td></td><td></td></tr>
<tr><td colspan="5">金额人民币(大写)：　万　仟　佰　拾　元　角　分</td><td>合计(¥)</td><td colspan="2"></td></tr>
<tr><td>申请单位编号</td><td colspan="2"></td><td>报关单编号</td><td></td><td rowspan="4">填制单位
制单人
复核人
单证专用章</td><td colspan="2" rowspan="4">收款国库(银行)
业务公章</td></tr>
<tr><td>合同(批文)号</td><td colspan="2"></td><td>运输工具(号)</td><td></td></tr>
<tr><td>缴款期限</td><td colspan="2">年　月　日</td><td>提/装货单号</td><td></td></tr>
<tr><td colspan="5">备注</td></tr>
</table>

7.2 资源税的会计核算

7.2.1 资源税概述

1. 资源税的纳税人及扣缴义务人

1）资源税的纳税人

资源税的纳税人是在我国境内开采矿产资源和特定自然资源的单位和个人。单位是指企业、行政单位、事业单位、军事单位、社会团体及其他单位；个人是指个体工商户和其他个人。

2）资源税的扣缴义务人

收购未税矿产品的单位为资源税的扣缴义务人。规定资源税扣缴义务人的目的是对零星、分散、不定期开采的行为加强征收管理，避免漏税，由扣缴义务人在收购矿产品时代扣代缴资源税。收购未税矿产品的单位是指独立矿山、联合企业、其他收购未税矿产品的单位。

资源税代扣代缴适用范围是除原油、天然气、煤炭以外的，税源小、零散、不定期开采等难以在采矿地申报缴纳资源税的矿产品。对已纳入开采地正常税务管理或者在销售矿产品时开具增值税发票的纳税人，不采用代扣代缴的征管方式。

2. 资源税的征税范围

资源税是指对在中华人民共和国领域及管辖海域从事应税矿产品开采和生产盐的单位及个人课征的一种税。

现行资源税的征税范围只限于矿产资源和盐。从 2016 年 7 月 1 日开始，在河北省开展水资源税改革试点工作，将地表水和地下水纳入资源税的征税范围。纳税人为利用取水工程或者设施直接从江河、湖泊（含水库）和地下取用地表水、地下水的单位和个人。

为全面贯彻落实党的十九大精神，推进资源全面节约和循环利用，推动形成绿色发展方式和生活方式，按照党中央、国务院决策部署，自 2017 年 12 月 1 日起，在北京、天津、山西、内蒙古、山东、河南、四川、陕西、宁夏 9 个省（自治区、直辖市）扩大水资源税改革试点。

3. 资源税的税目与税率

资源税采用从量定额和从价定率的办法征收，实施“普遍征收，级差调节”的征收原则。

资源税的税目、税额分为六大类，在税目下又设有若干个子目，税目与子目是根据资源税应税产品和纳税人开采资源的行业特点设置的。

（1）原油，是指开采的天然原油。人造石油不征税。

（2）天然气，是指专门开采的天然气和与原油同时开采的天然气。

（3）煤炭，是指原煤和以未税原煤加工的洗选煤。

（4）金属矿，包括稀土、钨、钼、铁矿、金矿、铜矿、铝土矿、铅锌矿、镍矿、锡矿以及未列举名称的其他金属矿产品。

（5）非金属矿，包括石墨、硅藻土、高岭土、萤石、石灰石、硫铁矿、磷矿、氯化钾、硫酸钾、井矿盐、湖盐、提取地下卤水晒制的盐、煤层（成）气、黏土、砂石以及未列举名称的其他非金属矿产品。

(6) 海盐。

纳税人在开采主矿产品的过程中伴采的其他应税矿产品，凡未单独规定适用税额的，应按主矿产品或视同主矿产品税目征收资源税。

资源税税目税率表如表 7-2 所示。

表 7-2　资源税税目税率表

税目		税率
一、原油		销售额的 5%～10%(实际适用税率为 6%)
二、天然气		销售额的 5%～10%(实际适用税率为 6%)
三、煤炭		销售额的 2%～10%
四、金属矿	稀土	轻稀土:按地区执行不同的适用税率(内蒙古为 11.5%、四川为 9.5%、山东为 7.5%)中重稀土:精矿销售额的 27%
	钨矿	精矿销售额的 6.5%
	钼矿	精矿销售额的 11%
	铁矿	精矿销售额的 1%～6%
	金矿	金锭销售额的 1%～4%
	铜矿	精矿销售额的 2%～8%
	铝土矿	原矿销售额的 3%～9%
	铅锌矿	精矿销售额的 2%～6%
	镍矿	精矿销售额的 2%～6%
	锡矿	精矿销售额的 2%～6%
	未列举名称的其他金属矿产品	不超过原矿或精矿销售额的 20%
五、非金属矿	石墨	精矿销售额的 3%～10%
	硅藻土	精矿销售额的 1%～6%
	高岭土	原矿销售额的 1%～6%
	萤石	精矿销售额的 1%～6%
	石灰石	原矿销售额的 1%～6%
	硫铁矿	精矿销售额的 1%～6%
	磷矿	原矿销售额的 3%～8%

（续表）

税目		税率
五、非金属矿	氯化钾	精矿销售额的3%～8%
	硫酸钾	精矿销售额的6%～12%
	井矿盐	氯化钠初级产品销售额的1%～6%
	湖盐	氯化钠初级产品销售额的1%～6%
	提取地下卤水晒制的盐	氯化钠初级产品销售额的3%～15%
	煤层(成)气	原矿销售额的1%～2%
	黏土、砂石	每吨或立方米0.1～5元
	未列举名称的其他非金属矿产品	从量税率每吨或立方米不超过30元；从价税率不超过原矿或精矿销售额的20%
六、海盐		氯化钠初级产品销售额的1%～5%

4. 资源税的计税依据

资源税应分为从价定率征收和从量定额征收。

1）从价定率征收的计税依据

实行从价定率征收的，以销售额作为资源税的计税依据。销售额是指纳税人销售应税产品向购买方收取的全部价款和价外费用，但不包括收取的增值税销项税额。

2）从量定额征收的计税依据

实行从量定额征收的，以销售数量作为资源税的计税依据。销售数量包括纳税人开采或者生产应税产品的实际销售数量和视同销售的自用数量。

5.资源税应纳税额的计算

(1) 实行从价定率征收资源税的应税产品，根据其销售额和规定的适用税率计算应纳税额，具体计算公式如下：

应纳税额＝销售额×适用税率

代扣代缴应纳税额＝收购未税矿产品的销售额×适用税率

(2) 实行从量定额征收资源税的应税产品，根据其课税数量和规定的单位税额计算应纳税额，具体计算公式如下：

应纳税额＝课税数量×单位税额

代扣代缴应纳税额＝收购未税矿产品的数量×适用的单位税额

特别提示7-2

在实际生产经营活动中，有些情况需要作特殊考虑。对此，税法的规定如下：

(1) 纳税人开采或者生产应税产品，自用于连续生产应税产品的，不缴纳资源税；自用于其他方面的，视同销售,应按规定缴纳资源税。

(2) 纳税人开采或者生产不同税目应税产品的,应当分别核算不同税目应税产品的销售额或者销售数量;未分别核算或者不能准确提供不同税目应税产品的销售额或者销售数量的,从高适用税率。

6. 资源税的减免

有下列情形之一的,减征或者免征资源税:

(1) 开采原油过程中用于加热、修井的原油,免税。

(2) 对油田范围内运输稠油过程中用于加热的原油、天然气免征资源税。

(3) 纳税人开采或者生产应税产品过程中,因意外事故或者自然灾害等原因遭受重大损失的,由省、自治区、直辖市人民政府酌情决定减税或者免税。

(4) 对符合条件的采用充填开采方式采出的矿产资源,资源税减征 50%;对符合条件的衰竭期矿山开采的矿产资源,资源税减征 30%。

(5) 对鼓励利用的低品位矿、废石、尾矿、废渣、废水、废气等提取的矿产品,由省级人民政府根据实际情况确定是否减税或免税,并制定具体办法。

(6) 国务院规定的其他减税、免税项目。

为促进页岩气开发利用,有效增加天然气供给,经国务院同意,自 2018 年 4 月 1 日至 2021 年 3 月 31 日,对页岩气资源税(按 6%的规定税率)减征 30%。

纳税人的减税、免税项目,应当单独核算销售额或者销售数量;未单独核算或者不能准确提供销售额或者销售数量的,不予减税或者免税。

7. 资源税的纳税期限与纳税地点

1) 纳税期限

纳税人以月为纳税期的,自期满之日起 10 日内申报纳税,以日为纳税期的(1 日、3 日、5 日、10 日、15 日),自期满之日起 5 日内预缴税款,于次月 1 日起 10 日内申报纳税,并结清上月税款。

2) 纳税环节和纳税地点

资源税在应税产品销售或自用环节计算缴纳。

纳税人以自采原矿加工精矿产品的,在原矿移送使用时不缴纳资源税,在精矿销售或者自用时缴纳资源税。

纳税人以自采原矿直接加工为非应税产品或者以自采原矿加工的精矿连续生产非应税产品的,在原矿或者精矿移送环节计算缴纳资源税。

以应税产品投资、分配、抵债、赠与、以物易物等,在应税产品所有权转移时计算缴纳资源税。

纳税人开采或者生产资源税应税产品,应当依法向开采地或者生产地主管税务机关申报缴纳资源税。

7.2.2 资源税的会计核算

按照税法规定,企业因开采或销售应税产品而缴纳的资源税应计入企业生产经营成本费用,因此在会计处理中应通过成本费用类账户进行核算。同时,又因为资源税应纳税额在计算上存在不同情况,故在账务处理上应用的具体科目也不同。

1. 直接销售应税产品的会计核算

企业计提直接销售的应税产品应交资源税时，借记“税金及附加”科目，贷记“应交税费——应交资源税”科目；实际缴纳资源税时，借记“应交税费——应交资源税”科目，贷记“银行存款”等科目。

【例7-7】 2019年8月，某油田生产原油100吨，当月已对外销售80吨，每吨不含税售价为4 000元，货款已收到。资源税税率为6%。计算该油田当月增值税销项税额和应纳资源税，并作出相应的会计分录。

增值税销项税额＝4 000×80×13%＝41 600(元)

应纳资源税＝4 000×80×6%＝19 200(元)

借：银行存款	361 600	
贷：主营业务收入		320 000
应交税费——应交增值税(销项税额)		41 600
借：税金及附加	19 200	
贷：应交税费——应交资源税		19 200

2. 纳税人生产自用应税产品的会计核算

纳税人开采或生产应税产品自用于连续生产应税产品，不缴纳资源税；用于其他方面，按视同销售缴纳资源税，计税时借记“生产成本”“制造费用”“税金及附加”等科目，贷记“应交税费——应交资源税”科目；实际缴纳资源税时，借记“应交税费——应交资源税”科目，贷记“银行存款”等科目。

【例7-8】 某铜矿山1月开采铜矿石原矿5 000吨，全部移送用于加工生产铜精矿，所生产的铜精矿已于当月全部售出，销售额为100万元。该铜矿山适用的资源税税率为2%，计算该铜矿山当月应纳资源税，并作出相应的会计分录。

以自采原矿加工精矿产品的，在原矿移送使用时不缴纳资源税，在精矿销售或自用时缴纳资源税。

应纳资源税＝1 000 000×2%＝20 000(元)

借：税金及附加	20 000	
贷：应交税费——应交资源税		20 000
借：应交税费——应交资源税	20 000	
贷：银行存款		20 000

3. 收购未税矿产品的会计核算

资源税扣缴义务人在收购未税矿产品时，应按矿产品的收购款加上代扣代缴的资源税税款，借记“在途物资”科目，按支付的收购款，贷记“银行存款”科目，按代扣代缴的资源税，贷记“应交税费——应交资源税”科目；实际缴纳资源税时，借记“应交税费——应交资源税”科目，贷记“银行存款”等科目。

【例7-9】 某企业收购未税铁矿石230吨，支付收购款18 400元，代收资源税税金460元(暂不考虑增值税)。

其会计分录如下：

借：在途物资　18 860
　　贷：银行存款　18 400
　　　　应交税费——应交资源税　460

代交资源税时：

借：应交税费——应交资源税　460
　　贷：银行存款　460

7.2.3　资源税纳税申报表的填制

资源税的纳税人不论本期是否发生应税行为，均应按期进行纳税申报，在规定时间内向主管税务机关报送《资源税纳税申报表》主表和附表，填制按从价定率办法计算应纳税额的纳税人适用的资源税纳税申报表(一)(见表7-3)，按从量定额办法计算应纳税额的纳税人适用的资源税纳税申报表(二)(见表7-4)。

表7-3　资源税纳税申报表(一)

(按从价定率办法计算应纳税额的纳税人适用)

栏次	征收品目	征收子目	销售量	销售额	折算率	适用税率或实际征收率	本期应纳税额	减征比例	本期减免税额	本期已缴税额	本期应补(退)税额
	1	2	3	4	5	6	7	8	9=7×8	11	12=7—9—11

以下由纳税人填写：

纳税人声明	此纳税申报表是根据《中华人民共和国资源税暂行条例》及其实施细则的规定填报的，是真实的、可靠的、完整的。				
纳税人签章		代理人签章		代理人身份证号	

以下由税务机关填写：

受理人		受理日期	年　月　日	受理税务机关签章	

表 7-4 资源税纳税申报表(二)

(按从量定额办法计算应纳税额的纳税人适用)

栏次	征收品目	征收子目	计税单位	销售量	单位税额	本期应纳税额	本期减免销量	本期减免税额	减免性质代码	本期已缴税额	本期应补(退)税额
	1	2	3	4	5	6=4×5	7	8	9	10	11=6−8−10
合计											

以下由纳税人填写:					
纳税人声明	此纳税申报表是根据《中华人民共和国资源税暂行条例》及其实施细则的规定填报的,是真实的、可靠的、完整的。				
纳税人签章		代理人签章		代理人身份证号	
以下由税务机关填写:					
受理人		受理日期	年 月 日	受理税务机关签章	

7.3 印花税的会计核算

7.3.1 印花税概述

印花税是指对经济活动和经济交往中书立、领受、使用的应税经济凭证所征收的一种税。因纳税人主要是通过在应税凭证上粘贴印花税票来完成纳税义务,故名印花税。

1. 印花税的纳税人

在中华人民共和国境内书立、领受、使用所列举凭证以及从事证券交易的单位和个人,都是印花税的纳税人,应当按照规定缴纳印花税。

(1) 立合同人。立合同人是指合同的当事人,或者对凭证有直接权利、义务关系的单位和个人,但不包括合同的担保人、证人、鉴定人。各类合同的纳税人是立合同人。各类合同包括购销合同、加工承揽合同、建设工程勘察设计合同、建筑安装工程承包合同、财产租赁合同、货物运输合同、仓储保管合同、借款合同、财产保险合同、技术合同或者具有合同性质的凭证。

(2) 立据人。产权转移书据的纳税人是立据人。

（3）立账簿人。营业账簿的纳税人是立账簿人，是指设立并使用营业账簿的单位和个人。

（4）领受人。权利、许可证照的纳税人是领受人，是指领取或接受并持有该项凭证的单位和个人。

（5）使用人。在国外书立、领受，但在国内使用的应税凭证，其纳税人是使用人。凡由两方或两方以上当事人共同书立的应税凭证，其当事人各方都是印花税的纳税人。

（6）各类电子应税凭证的签订人，即以电子形式签订的各类应税凭证的当事人。

（7）交易人。证券交易的纳税人是交易人。

2. 印花税的征税范围

（1）合同以及具有合同性质的凭证。其中，合同是指根据《中华人民共和国合同法》和其他有关合同法规订立的合同；具有合同性质的凭证是指具有合同效力的协议、契约、合约、单据、确认书及其他各种名称的凭证。税法列举的应税合同包括买卖合同、借款合同、融资租赁合同、租赁合同、承揽合同、建设工程合同、运输合同、技术合同、保管合同、仓储合同、财产保险合同。

（2）产权转移书据，是指单位和个人产权的买卖、继承、赠与、交换、分割等所立的书据，包括财产所有权和版权、商标专用权、专利权、专有技术使用权等转移书据。

（3）营业账簿，是指单位或者个人记载生产经营活动的财务会计核算账簿，按照营业账簿反映的内容不同，在税目中分为记载资金的账簿（简称资金账簿）和其他营业账簿两类。自 2018 年 5 月 1 日起，对按 0.5‰税率贴花的资金账簿减半征收印花税，对按件贴花 5 元的其他账簿免征印花税。

（4）权利、许可证照，包括政府部门发给的房屋产权证、工商营业执照、商标注册证、专利证、土地使用证等。

（5）经财政部确定征税的其他凭证。

对于在我国境外书立、领受但在我国境内使用的凭证，在中国境内具有法律效力，受中国法律保护，也是印花税的征收范围。

3. 印花税的税率

印花税的税率有两种形式，即比例税率和定额税率。

1）比例税率

在印花税的 15 个税目中，各类合同以及具有合同性质的凭证、产权转移书据、营业账簿、证券交易，适用比例税率。

（1）借款合同、融资租赁合同，适用 0.05‰税率。

（2）营业账簿，适用 0.25‰税率。

（3）买卖合同、建设工程合同、运输合同、技术合同等，适用 0.3‰税率。

（4）承揽合同、土地使用权出让和转让书据；房屋等建筑物、构筑物所有权、股权（不包括上市和挂牌公司股票）、商标专用权、著作权、专利权、专有技术使用权转让书据，适用 0.5‰税率。

（5）租赁合同、保管合同、仓储合同、财产保险合同、证券交易，适用 1‰税率。

2）定额税率

为了简化征管手续，便于操作，对无法计算金额的凭证，采用定额税率，以件为单位缴纳一定数额的税款。不动产权证书、营业执照、商标注册证、专利证书，均为按件贴花，单位税额为每件 5 元。

4. 印花税的计税依据

对于适用比例税率的应税凭证，其印花税计税依据为其所记载的计税金额；对于适用定额税率的应税凭证，其印花税计税依据为应税凭证件数。

具体规定如下：

(1) 应税合同的计税依据，为合同列明的价款或者报酬(不含增值税税款)；合同中价款或者报酬与增值税税款未分开列明的，按照合计金额确定。

(2) 应税产权转移书据的计税依据，为产权转移书据列明的价款(不含增值税税款)；产权转移书据中价款与增值税税款未分开列明的，按照合计金额确定。

(3) 应税营业账簿的计税依据，为营业账簿记载的实收资本(股本)、资本公积合计金额。

(4) 应税权利、许可证照的计税依据，按件确定。

(5) 证券交易的计税依据，为成交金额。

(6) 应税合同、产权转移书据未列明价款或者报酬的，按照订立合同、产权转移书据时的市场价格确定；依法应当执行政府定价的，按照其规定确定；除上述情况外，按照实际结算的价款或者报酬确定。

5. 印花税应纳税额的计算

印花税按应税凭证的不同，分别采用比例税率和定额税率两种形式，其应纳税额的计算相应地适用不同的公式。

1) 适用比例税率的应税凭证

$$应纳税额=应税凭证计税金额\times适用税率$$

2) 适用定额税率的应税凭证

$$应纳税额=应税凭证件数\times定额税率(5元)$$

【例 7-10】 某公司于2019年1月1日开业，新启用“实收资本”和“资本公积”账簿的余额分别为240万元和80万元。当年12月追加投资，“实收资本”和“资本公积”账簿的余额分别是280万元和120万元，计算1月和12月分别缴纳的印花税。

$$1月应交印花税=(2\,400\,000+800\,000)\times0.25‰=800(元)$$

$$12月应交印花税=(2\,800\,000-2\,400\,000+1\,200\,000-800\,000)\times0.25‰=200(元)$$

7.3.2 印花税的会计核算

印花税的会计处理与该税种特殊的缴纳方式相关。按照税法规定，印花税采用在纳税人书立、领受或使用应税凭证时自行计算应交税额、自行到税务机关购买税票、自行贴花并自行注销的“三自”方式完成纳税义务。

纳税人的会计处理可根据一次领购税票数额的大小，采用不同的方式。一次购买税票数额不大的，可直接计入税金及附加，在购买印花税票时，借记“税金及附加”科目，贷记“银行存款”科目；一次购买印花税票或缴纳印花税数额较大的，可通过“预付账款”科目处理。实际购买税票时，借记“预付账款”科目，贷记“银行存款”科目。每次摊销时，借记“税金及附加”科目，贷记“预付账款”科目。

【例 7-11】 华夏有限责任公司 2019 年 8 月一次购买印花税票 500 元，其中 84 元用于当月签订的购销合同(两份)。

购买税票时：

借：预付账款　　500

　贷：银行存款　　500

在合同上与营业账簿上贴花时：

借：税金及附加　　84

　贷：预付账款　　84

7.3.3 印花税纳税申报表的填制

印花税的纳税人在进行纳税申报时，应填制《印花税纳税申报(报告)表》(见表 7-5)，《印花税纳税申报(报告)表》适用于中国境内各类印花税纳税人填报。它能够将应税凭证当月申报与及时贴花完税的情况作全面综合的反映。

表 7-5 印花税纳税申报(报告)表

税款所属期限：自　年　月　日至　年　月　日　填表日期：　年　月　日

纳税人识别号：　　　　金额单位：元(列至角分)

纳税人信息	名称		□单位	□个人
	登记注册类型		所属行业	
	身份证件类型		身份证件号码	
	联系方式			

应税凭证名称	件数	计税金额	适用税率	应纳税额	已纳税额	应补(退)税额	贴花情况			
							上期结存	本期购进	本期贴花	本期结存
1	2	3	4	5=2×4 或 5=3×4	6	7=5−6	8	9	10	11=8+9−10

如纳税人填报，由纳税人填写以下各栏		如委托代理人填报，由代理人填写以下各栏			备注
会计主管(签章)	纳税人(公章)	代理人名称	代理人(公章)		
		代理人地址			
		经办人姓名	电话		

以下由税务机关填写：					
受理人		受理日期	年　月　日	受理税务机关签章	

7.4 车辆购置税的会计核算

7.4.1 车辆购置税概述

车辆购置税是指在中华人民共和国境内购置规定车辆为课税对象,并在特定环节向应税车辆购置的单位和个人征收的一种税。

1. 车辆购置税的纳税人

2018 年 12 月 29 日第十三届全国人大常委会第七次会议通过了《中华人民共和国车辆购置税法》。在中华人民共和国境内购置汽车、有轨电车、汽车挂车、排气量超过 150 毫升的摩托车(以下统称"应税车辆")的单位和个人,为车辆购置税的纳税人。

所谓购置,包括购买、进口、自产、受赠、获奖或者以其他方式取得并自用应税车辆的行为。

所称单位,包括国有企业、集体企业、私营企业、股份制企业、外商投资企业、外国企业以及其他企业和事业单位、社会团体、国家机关、部队以及其他单位;所称个人,包括个体工商户以及其他个人。

2. 车辆购置税的征税范围

车辆购置税的征收范围包括汽车、摩托车、电车、挂车、农用运输车。

3. 车辆购置税的税率

车辆购置税采用 10%的比例税率。

4. 车辆购置税的计税依据

(1) 纳税人购买自用的应税车辆的计税依据,为纳税人购买应税车辆而支付给销售者的全部价款和价外费用,不包括增值税销项税款。

(2) 纳税人进口自用的应税车辆以组成计税价格为计税依据。组成计税价格的计算公式如下:

组成计税价格=关税完税价格+关税+消费税

(3) 纳税人自产、受赠、获奖或者以其他方式取得并自用的应税车辆的计税依据。凡不能或不能准确提供车辆价格的,由主管税务机关依国家税务总局核定的、相应类型的应税车辆的最低计税价格确定。

(4) 纳税人购买自用或者进口自用的应税车辆,申报的计税价格低于同类型应税车辆的最低计税价格,又无正当理由的,按照最低计税价格征收车辆购置税。最低计税价格由国家税务总局依据全国市场的平均销售价格确定。

特别提示 7-3

最低计税价格的确定

最低计税价格是指国家税务总局依据机动车生产企业或者经销商提供的车辆价格信息,参照市场平均交易价格核定的车辆购置税计税价格。

(5) 纳税人以外汇结算应税车辆价款的,按照申报纳税之日中国人民银行公布的人民币基准汇价，折合成人民币计算应纳税额。

5. 车辆购置税应纳税额的计算

车辆购置税实行从价定率的办法计算应纳税额，其应纳税额的计算公式如下：

应纳车辆购置税＝计税依据×税率

进口应税车辆应纳车辆购置税＝(关税完税价格＋关税＋消费税)×税率

【例 7-12】 华夏有限责任公司 2019 年 9 月份购买一辆进口轿车，关税完税价格 500 000 元，消费税税率 12%，关税税率 15%。计算应交车辆购置税。

应交关税 ＝ 500 000 × 15% ＝ 75 000(元)

应交消费税 ＝ (500 000 ＋ 75 000) ÷ (1 － 12%) × 12% ＝ 78 409(元)

应交车辆购置税 ＝ (500 000 ＋ 75 000 ＋ 78 409) × 10% ＝ 65 341(元)

7.4.2 车辆购置税的会计核算

为了规范相关会计核算，在《车辆购置税暂行条例》正式颁布后，财政部对车辆购置税的会计处理作出以下规定：

(1) 企业购置(包括购买、进口、自产、受赠、获奖或者以其他方式取得并自用)应税车辆，按规定缴纳的车辆购置税，借记“固定资产”等科目，贷记“银行存款”科目。

(2) 企业购置的减税、免税车辆改制后用途发生变化的，按规定应补交的车辆购置税，借记“固定资产”科目，贷记“银行存款”科目。

【例 7-13】 华夏有限责任公司 2019 年 9 月份购进一辆小汽车，增值税专用发票所列价款 220 000 元，增值税额 28 600 元，9 月份到主管税务机关缴纳车辆购置税。

应交车辆购置税 ＝ 220 000 × 10% ＝ 22 000(元)

① 购置时：

借：固定资产	242 000	
应交税费——应交增值税(进项税额)	28 600	
贷：银行存款		248 600
应交税费——应交车辆购置税		22 000

② 下个月公司缴纳车购税时：

借：应交税费——应交车辆购置税	22 000	
贷：银行存款		22 000

7.4.3 车辆购置税的申报缴纳

纳税人购置应税车辆，应当向车辆登记地的主管税务机关申报缴纳车辆购置税；购置不需要办理车辆登记的应税车辆的，应当向纳税人所在地的主管税务机关申报缴纳车辆购置税。

车辆购置税实行一车一申报制度。纳税人购买自用应税车辆的，应自购买之日起 60 日内申报纳税；进口自用应税车辆的，应自进口之日起 60 日内申报纳税；自产、受赠、获奖或者以其他方式取得并自用应税车辆的，应自取得之日起 60 日内申报纳税。车辆购置税纳税申报表如表 7-6 所示。

表 7-6　车辆购置税申报表

纳税人识别号		纳税人名称		证件名称		证件号码	
联系电话		行业代码		注册类型代码			
地址							

车辆购置税申报——车辆信息

合格证编号（或货物进口证明书号）		无车辆合格证电子信息类型		车辆识别代号		发动机号	
厂牌		型号		车辆类别代码		车辆类型	
吨位（KG）		座位数		排量（CC）		燃料（能源）种类	
主要配置						生产企业名称	
最低计税价格		核定计税价格		产地属性		购置地属性	境内
申报类型	新办申报	退税类型		计税方式	正常计税	特殊计税类型	
补税类型		退车发票号码		退车发票开具日期		免（减）税条件	
初次纳税申报日期		免税条件消失日期		购置日期		税款限缴日期	
原完税证明号码		海关关税专用缴款书（或进出口货物征免税证明）号码		机动车销售统一发票不含税价格合计		二手车销售统一发票不含税价格合计	
价外费用合计		关税完税价格		关税		消费税	
新能源汽车类型代码		其他有效凭证名称		其他有效凭证号码		其他有效价格证明金额	

车辆购置税申报——计税信息

申报计税价格		计税价格		税率	0.1	应纳税额		免（减）税额	
已缴税额		实纳金额		滞纳金金额		应缴交合计		首次免税征收省局	
人工比对结果								申请退税金额	

车辆购置税申报——机动车销售统一发票信息

机动车销售统一发票代码	机动车销售统一发票号码	发票开具日期	机动车销售统一发票不含税价格	机动车销售统一发票价格
合计	—	—		

车辆购置税申报——二手车销售统一发票信息

二手车销售统一发票代码	二手车销售统一发票号码	发票开具日期	二手车销售统一发票不含税价格	二手车销售统一发票含税价格
合计	—	—		

车辆购置税申报——已缴税信息

票证种类	票证字轨	票证号码	实缴金额
合计	—	—	

车辆购置税申报——其他信息

代理人名称		经办人姓名		经办人证件名称		经办人证件号码	
代理人联系地址		代理人联系电话		受理人		受理日期	
受理税务机关							

7.5 城镇土地使用税的会计核算

7.5.1 城镇土地使用税概述

城镇土地使用税是指以国有土地或集体土地为征税对象，对拥有土地使用权的单位和个人征收的一种税。

1. 城镇土地使用税的纳税人

城镇土地使用税的纳税人是在我国境内使用土地的单位和个人，具体包括：

(1) 拥有土地使用权的纳税人不在土地所在地的，由该土地的代管人或实际使用人承担纳税义务。

(2) 土地使用权未确定或权属纠纷未解决的，由实际使用人纳税。

(3) 土地使用权为多方共有的，由共有各方分别纳税。

2. 城镇土地使用税的征税范围

城镇土地使用税的征税范围包括在城市、县城、建制镇和工矿区内的国家所有和集体所有的土地。

(1) 城市是指经国务院批准设立的市。城市的征税范围为市区和郊区。

(2) 县城是指县人民政府所在地。

(3) 建制镇是指经省、自治区、直辖市人民政府批准设立的建制镇。

(4) 工矿区是指工商业比较发达、人口比较集中、符合国务院规定的建制镇标准，但尚未设立建制镇的大中型工矿企业所在地，工矿区须经省、自治区、直辖市人民政府批准。

建立在城市、县城、建制镇和工矿区以外的工矿企业不需要缴纳城镇土地使用税。

3. 城镇土地使用税的税率

城镇土地使用税采用定额税率，并在一定幅度内确定差额税额，具体方法是按大、中、小城市和县城、建制镇、工矿区分别确定每平方米土地使用税的年应纳税额，标准为：

(1) 大城市 1.5～30 元。

(2) 中等城市 1.2～24 元。

(3) 小城市 0.9～18 元。

(4) 县城、建制镇、工矿区 0.6～12 元。

各省、自治区、直辖市人民政府可根据市政建设情况和经济繁荣程度，在规定税额幅度内确定所辖地区的适用税额幅度。经济落后地区可适当降低适用税额标准，但降低额不得超过规定最低税额的 30%。经济发达地区土地使用税的适用税额标准可适当提高，但须报财政部批准。

4. 城镇土地使用税的计税依据

城镇土地使用税以纳税人实际占用的土地面积为计税依据，土地面积以平方米为计量标准，具体可采用以下几种办法：

(1) 凡由省、自治区、直辖市人民政府确定的单位组织测定土地面积的，以测定的面积为准。

(2) 尚未组织测量,但纳税人持有政府部门核发的土地使用证的,以书面确认的土地面积为准。

(3) 尚未核发土地使用证的,应由纳税人申报土地面积,据以纳税,待核发土地使用证后再作调整。

5. 城镇土地使用税应纳税额的计算

城镇土地使用税的应纳税额可以通过纳税人实际占用的土地面积乘以该土地所在地段的适用税额求得。

其计算公式如下:

全年应纳税额=实际占用应税土地面积(平方米)×适用税额

【例7-14】 设在某城市的一企业使用土地面积为10 000平方米,经税务机关核定,该土地为应税土地,每平方米的年税额为2元。请计算其全年应纳的土地使用税税额。

年应纳土地使用税税额=10 000×2=20 000(元)

7.5.2 城镇土地使用税的会计核算

城镇土地使用税的应纳税额是以使用者实际使用的土地面积乘以按等级适用的税额。

缴纳城镇土地使用税的单位,年终计算应交城镇土地使用税时,借记"税金及附加"科目,贷记"应交税费——应交城镇土地使用税"科目;实际上缴时,借记"应交税费——应交城镇土地使用税"科目,贷记"银行存款"科目。

若纳税人由于某些原因漏交土地使用税,应及时补缴,并相应支付滞纳金和税务罚款;补缴税款时,借记"应交税费——应交城镇土地使用税"科目,贷记"银行存款"科目;结转已纳税款时,借记"税金及附加"科目,贷记"应交税费——应交城镇土地使用税"科目;上缴滞纳金和税务罚款时,借记"营业外支出——上缴滞纳金(税务罚款)"科目,贷记"银行存款"科目。

【例7-15】 上海市某工厂2019年实际占用土地60 000平方米。其中,厂办托儿所占地500平方米,职工子弟小学占地4 000平方米。上海市政府核定的单位土地税额为9元/平方米。计算该厂年度应纳土地使用税税额(托儿所、子弟小学占地免征城镇土地使用税),并作出会计分录(税款按年一次缴纳)。

应纳城镇土地使用税税额=(60 000-500-4 000)×9=55 500×9=499 500(元)

计提应缴税款时:

借:税金及附加　　499 500
　贷:应交税费——应交城镇土地使用税　　499 500

上缴税款时:

借:应交税费——应交城镇土地使用税　　499 500
　贷:银行存款　　499 500

7.5.3 城镇土地使用税纳税申报

城镇土地使用税按年计算,分期缴纳。缴纳期限由省、自治区、直辖市人民政府确定。

各省、自治区、直辖市税务机关结合当地情况，一般分别确定按月、季、半年或1年等不同期限缴纳。

纳税人依照当地税务机关规定的期限，填写《城镇土地使用税纳税申报表》，将其占用的土地权属、位置、用途、面积和税务机关规定的其他内容，据实向当地税务机关办理纳税申报登记，并提供有关的证明文件资料。

纳税人新征用的土地，必须于批准新征用之日起30日内申报登记。

纳税人如有住址变更、土地使用权属转换等情况，从转移之日起，按规定期限办理申报变更登记。

城镇土地使用税的纳税地点为土地所在地，由土地所在地的税务机关负责征收。

纳税人使用的土地不属于同一省（自治区、直辖市）管辖范围内的，由纳税人分别向土地所在地的税务机关申报纳税，在同一省（自治区、直辖市）管辖范围内，纳税人跨地区使用的土地，由各省、自治区、直辖市税务局确定纳税地点。

7.6 房产税的会计核算

7.6.1 房产税概述

房产税是指以房屋为课税对象，以房产的计税余值或租金收入为计税依据，向房屋产权所有人征收的一种税。

1. 房产税的纳税人

凡在我国境内城市、县城、建制镇和工矿区内拥有房屋产权的单位和个人均为房产税的纳税人，具体包括：

（1）产权属于国家所有的，由经营管理的单位缴纳。

（2）产权属于集体和个人所有的，由集体单位和个人缴纳。

（3）产权出典的，由承典人缴纳。

（4）产权所有人、承典人不在房产所在地的，或产权未确定及租典纠纷未解决的，由房产代管人或者使用人缴纳。

（5）融资租赁的房产，由承租人自融资租赁合同约定开始日的次月起依照房产余值缴纳房产税；合同未约定开始日的，由承租人自合同签订的次月起依照房产余值缴纳房产税。

（6）纳税单位和个人无租使用房产管理部门、免税单位及纳税单位的房产，应由使用人代为缴纳房产税。

（7）自2009年1月1日起，外商投资企业、外国企业和组织以及外籍个人，依照《中华人民共和国房产税暂行条例》缴纳房产税。

2. 房产税的征税范围

房产税的征税范围是城市、县城、建制镇和工矿区的房屋，不包括农村。

“房产”是以房屋形态表现的财产。房屋是指有屋面和围护结构（有墙或两边有柱），能够遮风挡雨，可供人们在其中生产、工作、学习、娱乐、居住或储藏物资的场所。

特别提示 7-4

不属于房产税征税范围的项目

独立于房屋之外的建筑物，如围墙、烟囱、水塔、菜窖、室外游泳池等不属于房产税的征税范围。

城市是指国务院批准设立的市，其范围为市区、郊区和市辖县县城，不包括农村。县城是指县人民政府所在地的地区。建制镇是指经省、自治区、直辖市人民政府批准设立的建制镇，其范围为镇人民政府所在地，不包括所辖的行政村。工矿区是指工商业比较发达、人口比较集中、符合国务院规定的建制镇的大中型工矿企业所在地。

3. 房产税的税率

我国现行房产税采用比例税率。从价计征和从租计征实行不同标准的比例税率。

(1) 从价计征的，税率为1.2%。

(2) 从租计征的，税率为12%。

根据《关于廉租住房经济适用住房和住房租赁有关税收政策的通知》(财税〔2008〕24号)的规定，对个人出租住房，不区分用途，按4%的税率征收房产税；对企事业单位、社会团体以及其他组织按市场价格向个人出租用于居住的住房，减按4%的税率征收房产税。

4. 房产税的计税依据

房产税的计税依据是房产的计税价值或房产的租金收入。按照房产计税价值征税的，称为从价计征；按照房产租金收入计征的，称为从租计征。

1) 房产计税价值的确定

房产的计税价值是房产税计税余值。

房产税计税余值是指房产原值一次减除10%～30%损耗价值后的余值。在确定计税余值时，房产原值的具体减除比例，由省、自治区、直辖市人民政府在税法规定的减除幅度内自行确定。

房产原值是指纳税人按照会计制度规定，在会计账簿"固定资产"科目中记载的房屋原价。会计账簿中记载有房屋原价的，以房屋原价按规定减除一定比例后作为房产余值计征房产税；没有记载房屋原价的，按照上述原则，参照同类房屋确定房产原值，计征房产税。房产原值应包括与房屋不可分割的各种附属设备或一般不单独计算价值的配套设施。纳税人对原有房屋进行改建、扩建的，要相应增加房屋的原值。

2) 房产租金收入的确定

房产的租金收入是指房屋产权所有人出租房产使用权所得的报酬，包括货币收入和实物收入。

5. 房产税应纳税额的计算

(1) 从价计征是按房产的原值减除一定比例后的余值计征，其计算公式如下：

应纳税额＝应税房产原值×(1－扣除比例)×1.2%

(2) 从租计征是按房产的租金收入计征，其计算公式如下：

应纳税额＝租金收入×12%(或4%)

【例7-16】 华夏有限责任公司拥有自有房屋40栋，其中30栋为经营用房，房产原值为

2 000万元，所在省规定允许按减除30%后的余值计税；10栋房屋出租给某公司作为经营用房，年租金收入水平为100万元(不含增值税)。计算该企业应纳的房产税。

自用房产应纳税额 = 2 000 × (1 − 30%) × 1.2% = 16.8(万元)

租金收入应纳税额 = 100 × 12% = 12(万元)

全年应纳房产税税额 = 16.8 + 12 = 28.8(万元)

税务直通车 7-1

财政部、税务总局

关于高校学生公寓房产税、印花税政策的通知

各省、自治区、直辖市、计划单列市财政厅(局)，国家税务总局各省、自治区、直辖市、计划单列市税务局，新疆生产建设兵团财政局：

为支持高校办学，优化高校后勤保障服务，现就高校学生公寓房产税和印花税政策通知如下：

一、对高校学生公寓免征房产税。

二、对与高校学生签订的高校学生公寓租赁合同，免征印花税。

三、本通知所称高校学生公寓，是指为高校学生提供住宿服务，按照国家规定的收费标准收取住宿费的学生公寓。

四、企业享受本通知规定的免税政策，应按规定进行免税申报，并将不动产权属证明、载有房产原值的相关材料、房产用途证明、租赁合同等资料留存备查。

五、本通知自2019年1月1日至2021年12月31日执行。

财政部　税务总局

2019年1月31日

7.6.2 房产税的会计核算

1. 企业经营自用的房屋

纳税人期末按规定计算当期应纳房产税时，借记“税金及附加”科目，贷记“应交税费——应交房产税”科目；申报缴纳房产税时，借记“应交税费——应交房产税”科目，贷记“银行存款”科目。

2. 企业出租的房屋

对于出租的房屋，纳税人按规定计算应缴的房产税时，借记“税金及附加”科目，贷记“应交税费——应交房产税”科目；缴纳房产税时，借记“应交税费——应交房产税”科目，贷记“银行存款”科目。

【例7-17】 华夏有限责任公司拥有经营性房产50 000平方米，“固定资产——房屋”账面原值为3 500万元(税务机关核定的计税余值扣除比例为30%)。其中，用于对外出租的房屋6 000平方米，房产原值为420万元，每月收取租金25 000元(不含增值税)。税务机关核定房产税每年征收一次。计算该企业当年应交的房产税金额，并作出会计分录。

自用房屋应纳房产税 = (3 500 − 420) × (1 − 30%) × 1.2% × 10 000 = 258 720(元)

房租收入应纳房产税 = 25 000 × 12 × 12% = 36 000(元)

应纳房产税总额 = 258 720 + 36 000 = 294 720(元)

计提房产税时：

借：税金及附加 294 720

　　贷：应交税费——应交房产税 294 720

缴纳房产税时：

借：应交税费——应交房产税 294 720

　　贷：银行存款 294 720

引入案例解析

有关税费的分析与计算

引例中，相关税费的分析与计算如下所示：

(1) 该企业地下房产应缴纳的房产税＝1 000 000×60%×(1－30%)×1.2%＋2 000 000×80%×(1－30%)×1.2%×3÷12＝8 400(元)

(2) 该企业地上房产应缴纳的房产税＝(26 000 000－4 000 000)×(1－30%)×1.2%＋4 000 000×(1－30%)×1.2%×8÷12＋240 000×4÷12×12%＝216 800(元)

分析：免租期间，产权所有人从价缴纳房产税。

(3) 该企业应缴纳的城镇土地使用税＝(1 000＋6 000)×8＋1 000×8×50%＋400×8×50%×3÷12＝60 400(元)

(4) 该企业与加工业务相关的合同应缴纳印花税＝1 000 000×0.3‰＋300 000×0.3‰＋20 000×0.3‰＋2 000×1‰＝300＋90＋6＋2＝398(元)

分析：原材料由受托方提供，则该委托加工合同中的原材料金额100万元按照买卖合同的税率计税贴花；加工劳务费30万元按照承揽合同的税率计税贴花；运输合同中的运费金额按照运输合同的税率计税贴花；合同注明的仓储保管费按照仓储保管合同的税率计税贴花；装卸费不在印花税征税范围内。

(5) 该企业与房产相关的合同应缴纳印花税＝240 000×3×1‰＋2 000 000×0.5‰＝720＋1 000＝1 720(元)

分析：厂房出租按照合同约定的3年租期的租金合计计税贴花；购买商铺按照合同金额依产权转移书据的税率计税贴花。

7.6.3 房产税纳税申报表的填制

房产税的纳税人不论本期是否发生应税行为，均应按期进行纳税申报，在规定时间内向主管税务机关报送《房产税纳税申报表》。

1. 房产税纳税申报表的填写说明

(1) 本表适用于在中华人民共和国境内申报缴纳房产税的单位和个人。

(2) 本表依据《中华人民共和国税收征收管理法》《中华人民共和国房产税暂行条例》制定，为房产税纳税申报表主表。本表包括三个附表，附表一为《房产税减免税明细申报表》，附表二为《从价计征房产税税源明细表》、附表三为《从租计征房产税税源明细表》。首次申报或变更申报时纳税人提交《从价计征房产税税源明细表》和《从租计征房产税税源明细表》后，本表由系统自动生成，无需纳税人手工填写，仅需签章确认。申报房产数量大于10个(不含10)的纳税人，建议采用网络申报方式，并可选用木表的汇总版进行申报。后续申报，纳税人税源明细无变更的，税务机关提供免填单服务，根据纳税人识别号，系统根据当期有效的房产税源明细信息自动生成本表，纳税人签章确认即可完成申报。

(3) 纳税人识别号：填写税务机关赋予的纳税人识别号。

(4) 纳税人名称：党政机关、企事业单位、社会团体的，应按照国家人事、民政部门批准设立或者工商部门注册登记的全称填写；纳税人是自然人的，应当按照本人有效身份证件上标注的姓名填写。

(5) 纳税人分类：分为单位和个人，个人含个体工商户。

(6) 登记注册类型 *：单位，根据税务登记证或组织机构代码证中登记的注册类型填写；纳税人是企业的，根据国家统计局《关于划分企业登记注册类型的规定》填写。内资企业、国有企业、集体企业、股份合作企业、联营企业、国有联营企业、集体联营企业、国有与集体联营企业、其他联营企业、有限责任公司、国有独资公司、其他有限责任公司、股份有限公司、私营企业、私营独资企业、私营合伙企业、私营有限责任公司、私营股份有限公司、其他企业、港、澳、台商投资企业、合资经营企业(港或澳、台资)、合作经营企业(港或澳、台资)、港、澳、台商独资经营企业、港、澳、台商投资股份有限公司、其他港、澳、台商投资企业、外商投资企业、中外合资经营企业、中外合作经营企业、外资企业、外商投资股份有限公司、其他外商投资企业。该项可由系统根据纳税人识别号自动带出，无须纳税人填写。

(7) 所属行业 *：根据《国民经济行业分类》(GB/T 4754—2011)填写。该项可由系统根据纳税人识别号自动带出，无须纳税人填写。

(8) 身份证件类型：填写能识别纳税人唯一身份的有效证照名称。纳税人为自然人的，必选。选择类型为：身份证、护照、其他，必选一项，选择"其他"的，请注明证件的具体类型。

(9) 身份证件号码：填写纳税人身份证件上的号码。

(10) 联系人、联系方式：填写单位法定代表人或纳税人本人姓名、常用联系电话及地址。

(11) 房产编号 *：纳税人不必填写。由税务机关的管理系统赋予编号，以识别。

(12) 房产原值：本项为《从价计征房产税税源明细表》相应数据项的汇总值。

(13) 出租房产原值：本项为《从价计征房产税税源明细表》相应数据项的汇总值。

(14) 计税比例：系统应当允许各地自行配置。配置好后，系统预设在表单中。

(15) 税率：系统预设，无需纳税人填写，并允许各地自行配置。从价配置默认 1.2%，从租配置默认 12%。

(16) 所属期起：税款所属期内税款所属的起始月份。起始月份不同的房产应当分行填写。默认为税款所属期的起始月份。但是，当《从价计征房产税税源明细表》中取得时间晚于税款所属期起始月份的，所属期起为"取得时间"的次月；《从价计征房产税税源明细表》中经核准的困难减免的起始月份晚于税款所属期起始月份的，所属期起为"经核准的困难减免的起始月份"；《从价计征房产税税源明细表》中变更类型选择信息项变更的，变更时间晚于税款所属期起始月份的，所属期起为"变更时间"。

(17) 所属期止：税款所属期内税款所属的终止月份。终止月份不同的房产应当分行填写。默认为税款所属期的终止月份。但是，当《从价计征房产税税源明细表》中变更类型选择“纳税义务终止”的，变更时间早于税款所属期终止月份的，所属期止为“变更时间”；《从价计征房产税税源明细表》中“经核准的困难减免的终止月份”早于税款所属期终止月份的，所属期止为“经核准的困难减免的终止月份”。

(18) 本期应纳税额：本项为《从价计征房产税税源明细表》和《从租计征房产税税源明细表》相应数据项的汇总值。

(19) 本期减免税额：本项为按照税目分别从《从价计征房产税税源明细表》或《从租计征房产税税源明细表》月减免税额与税款所属期实际包含的月份数自动计算生成。

(20) 带星号(*)的项目不需要纳税人填写。

(21) 逻辑关系：

① 从价计征房产税的本期应纳税额＝∑(房产原值－出租房产原值)×计税比例×税率÷12×(所属期止月份－所属期起月份＋1)；

② 从价计征房产税的本期应补(退)税额＝本期应纳税额－本期减免税额－本期已缴税额；

③ 从租计征房产税的本期应纳税额＝∑本期应税租金收入×适用税率；

④ 从租计征房产税的本期应补(退)税额＝本期应纳税额－本期减免税额－本期已缴税额；

⑤ 从价计征本期减免税额＝∑《从价计征房产税税源明细表》月减免税额×(所属期止月份－所属期起月份＋1)；

⑥ 从租计征本期减免税额＝∑《从租计征房产税税源明细表》月减免税额×(所属期止月份－所属期起月份＋1)。

2.《房产税纳税申报表》的填制

房产税的纳税人应按照条例的有关规定，及时办理纳税申报，并如实填写《房产税纳税申报表》(见表7-7)。

7.7 车船税的会计核算

7.7.1 车船税概述

车船税是对在我国境内拥有的车辆、船舶，按其种类、数量和吨位实行定额征收的一种税。

1. 车船税的纳税人

车船税的纳税人是指在中华人民共和国境内拥有《中华人民共和国车船税法》(以下简称《车船税法》)规定的车辆、船舶的所有人或者管理人。

2. 车船税的征税范围

车船税的征税范围是指在中华人民共和国境内属于《车船税法》所附《车船税税目税额表》规定的车辆、船舶。

3. 车船税的计税依据和单位税额

(1) 采用从量定额计税，计税依据是车船的排气量、整备质量、核定载客人数、净吨位、千瓦、艇身长度，以车船登记管理部门核发的车船登记证书或者行驶证所载数据为准。

表 7-7　房产税纳税申报表

税款所属期：自　　年　　月　　日至　　年　　月　　日　　　　填表日期：　　年　　月　　日

纳税人识别号□□□□□□□□□□□□□□□□□□□□　　　　金额单位：元至角分；面积单位：平方米

纳税人信息	名称		纳税人分类	单位□　个人□
	登记注册类型	*	所属行业	*
	身份证件类型	身份证□　护照□　其他□	身份证件号码	
	联系人		联系方式	

一、从价计征房产税

	房产编号	房产原值	其中：出租房产原值	计税比例	税率	所属期起	所属期止	本期应纳税额	本期减免税额	本期已缴税额	本期应补（退）税额
1	*										
2	*										
3	*										
4	*										
5	*										
6	*										
7	*										
8	*										
9	*										
10	*										
合计	*	*	*	*	*	*	*				

二、从租计征房产税

	本期申报租金收入	税率	本期应纳税额	本期减免税额	本期已缴税额	本期应补（退）税额
1						
2						
3						
合计		*				

以下由纳税人填写：					
纳税人声明	此纳税申报表是根据《中华人民共和国房产税暂行条例》和国家有关税收规定填报的，是真实的、可靠的、完整的。				
纳税人签章		代理人签章		代理人身份证号	
以下由税务机关填写：					
受理人		受理日期	年月日	受理税务机关签章	

本表一式三份，一份返还纳税人，一份作为资料归档，一份作为税收会计核算的原始凭证。

（2）依法不需要办理登记的车船和依法应当登记而未办理登记或者不能提供车船登记证书、行驶证的车船，以车船出厂合格证明或者进口凭证标注的技术参数、数据为准。

（3）不能提供车船出厂合格证明或者进口凭证的，由主管税务机关参照国家相关标准核定，没有国家相关标准的参照同类车船核定。

4. 车船税应纳税额的计算

车船税按车船的种类确定计税依据，以所确定的计税依据和规定的单位税额计算应纳税额。

（1）乘用车、客车、摩托车的应纳税额为：

应纳税额＝应纳税车辆数量×适用单位税额

（2）货车、挂车、其他车辆（专用作业车）、其他车辆（轮式专用机械车）的应纳税额为：

应纳税额＝整备质量×适用单位税额

（3）机动船舶的应纳税额为：

应纳税额＝净吨位数×适用单位税额（拖船、非机动驳船分别按照机动船舶税额的50％计算）

（4）游艇的应纳税额为：

应纳税额＝艇身长度×适用单位税额

（5）购置的新车船，购置当年的应纳税额自纳税义务发生的当月起按月计算。其计算公式如下：

应纳税额＝（年应纳税额÷12）×应纳税月份数

已缴纳车船税的车船在同一纳税年度内办理转让过户的，不另纳税，也不退税。

【例7-18】 某航运公司共有机动船15艘，净吨位均为600吨，核定的年单位税额为4元/吨。此外，该公司还拥有各种车辆42辆。其中，货车35辆，每辆整备质量为8吨，核定的年单位税额为50元/吨；46座以上大客车3辆，核定的年单位税额为500元/辆；摩托车4辆，核定的年单位税额为100元/辆。计算该航运公司应纳的车船税。

① 机动船15艘，分别按净吨位计算应纳税额：

应纳税额＝600×15×4＝36 000（元）

② 载货车，按整备质量吨位计算应纳税额：

应纳税额＝8×35×50＝14 000（元）

③ 客车，按车辆辆数计算应纳税额：

应纳税额＝500×3＝1 500（元）

④ 摩托车，按车辆辆数计算应纳税额：

应纳税额＝4×100＝400（元）

⑤ 该航运公司应缴纳的车船税总计：

36 000＋14 000＋1 500＋400＝51 900（元）

5. 车船税的减免

下列车辆免纳车船税：

（1）捕捞、养殖渔船。

（2）军队、武装警察部队专用的车船。

（3）警用车船。

（4）依照法律规定应当予以免税的外国驻华使领馆、国际组织驻华代表机构及其有关人员的车船。

（5）对节约能源的车船，减半征收车船税；对使用新能源的车辆，免征车船税。对于受严重自然灾害影响，纳税困难以及有其他特殊原因确需减税、免税的，可以减征或者免征车船税。

（6）省、自治区、直辖市人民政府根据当地实际情况，可以对公共交通车船，农村居民拥有并主要在农村地区使用的摩托车、三轮汽车和低速载货汽车定期减征或者免征车船税。

7.7.2　车船税的会计核算

1. 车船税的会计科目设置

为核算企业应缴纳的车船税，企业应在“应交税费”科目下设置“应交车船税”明细科目。该科目的借方发生额反映企业已缴纳的车船税，贷方发生额反映企业应缴纳的车船税，期末贷方余额反映企业应交未交的车船税。

2. 车船税的会计处理

（1）计提车船税时：

借：税金及附加

　　贷：应交税费——应交车船税

（2）缴纳车船税时：

借：应交税费——应交车船税

　　贷：银行存款

7.7.3　车船税的缴纳

车船税按年申报缴纳，具体申报纳税期限由省、自治区、直辖市人民政府规定。

车船税的纳税地点为车船的登记地或者车船税扣缴义务人所在地。依法不需要办理登记的车船，车船税的纳税地点为车船的所有人或者管理人所在地。车船税纳税申报表见表7-8。

7.8　耕地占用税的会计核算

7.8.1　耕地占用税概述

耕地占用税是指国家对占用耕地建房或者从事其他非农业建设的单位和个人，就其实

表 7-8 车船税纳税申报表

纳税人识别号							纳税人名称						
纳税人身份证照类型							纳税人身份证照号码						
税款所属期起					税款所属期止						填表日期		
居住(单位)地址					联系人						联系方式		
序号	(车辆)号牌号码/(船舶)登记号码	车船识别代码(车架号/船舶识别号)	征收品目	计税单位	计税单位的数量	单位税额	年应缴税额	本年减免税额	减免性质代码	减免税证明号	当年应缴税额	本年已缴税额	本期年应补(退)税额
	1	2	3	4	5	6	7=5*6	8	9	10	11=7−8	12	13=11−12
合计	—	—	—	—	—	—			—	—			
申报车辆总数(辆)							申报船舶总数(艘)						
代理人名称							代理人身份证						
受理人							受理日期						
受理税务机关													

际占用的耕地面积一次性征收的一种税。开征耕地占用税的主要目的是合理利用土地资源,加强土地管理,保护农用耕地。

1. 耕地占用税的纳税人

耕地占用税的纳税人是在中华人民共和国境内占用耕地建设建筑物、构筑物或者从事非农业建设的单位和个人,为耕地占用税的纳税人。

2. 耕地占用税的征税范围

耕地占用税的征税对象是指建房或者从事其他非农业生产建设所占用的国家所有和集体所有的耕地。

耕地是指用于种植农作物的土地,占用前3年内曾用于农作物的土地,也视同耕地。具体包括:

(1) 种植粮食作物、经济作物和油料作物的土地,包括粮田、棉田、烟田、蔗田等。

(2) 菜地,包括种植各种蔬菜的土地。

(3) 园地,包括苗圃、花圃、菜园、果园和其他种植经济林木的土地。

(4) 鱼塘。

(5) 其他农用土地是指已经开发从事种植、养殖的滩涂、草场、水面和林地等。

此外，耕地占用税的征税范围还包括以下两种情况：

(1) 占用园地建房或者从事非农业建设的，视同占用耕地征收耕地占用税。

(2) 占用林地、牧草地、农田水利地、养殖水面以及渔业水域滩涂等其他农用地建房或者从事非农业建设，比照占用耕地征收耕地占用税。

3. 耕地占用税的计税依据和税率

1) 耕地占用税的计税依据

耕地占用税以纳税人实际占用的耕地面积为计税依据。

2) 耕地占用税的税率

耕地占用税采用定额税率，实行有幅度的地区差别税额。

(1) 人均耕地不超过 1 亩的地区(以县级行政区域为单位，下同)，每平方米为 10～50 元。

(2) 人均耕地超过 1 亩但不超过 2 亩的地区，每平方米为 8～40 元。

(3) 人均耕地超过 2 亩但不超过 3 亩的地区，每平方米为 6～30 元。

(4) 人均耕地超过 3 亩的地区，每平方米为 5～25 元。

特别提示 7-5

在人均耕地低于 0.5 亩的地区，省、自治区、直辖市，可以根据当地经济发展情况，适当提高耕地占用税的适用税额，提高部分不得超过国家统一规定税额幅度的 50%。占用基本农田的，应按国家统一规定的税额幅度确定当地适用税额，加按 150%征收。

4. 耕地占用税应纳税额的计算

耕地占用税的计税依据是企业实际占用的耕地面积。其计算公式如下：

应纳税额＝实际占用耕地面积×适用定额税率

【例 7-19】 华夏有限责任公司征用耕地 2 万平方米，其中 5 000 平方米用于免税项目的建设。该地区耕地占用税的适用税额为 5 元/平方米。计算该企业应缴纳的耕地占用税。

实际占用的应税耕地面积 ＝ 20 000 － 5 000 ＝ 15 000(平方米)

应纳税额 ＝ 15 000 × 5 ＝ 75 000(元)

5. 耕地占用税的减免

(1) 军事设施、学校、幼儿园、社会福利机构、医疗机构占用耕地，免征耕地占用税。

(2) 铁路线路、公路线路、飞机场跑道、停机坪、港口、航道、水利工程占用耕地，减按每平方米 2 元的税额征收耕地占用税。

(3) 农村居民在规定用地标准以内占用耕地新建自用住宅，按照当地适用税额减半征收耕地占用税；其中农村居民经批准搬迁，新建自用住宅占用耕地不超过原宅基地面积的部分，免征耕地占用税。

(4) 农村烈士遗属、因公牺牲军人遗属、残疾军人以及符合农村最低生活保障条件的农村居民，在规定用地标准以内新建自用住宅，免征耕地占用税。

7.8.2 耕地占用税的会计核算

1. 耕地占用税的会计科目设置

耕地占用税是企业占用耕地建房或从事其他非农业建设时依法缴纳的税款，这部分税款应计入企业的固定资产价值。耕地占用税不通过“应交税费”科目核算。

2. 耕地占用税的会计核算

(1) 计算应缴纳的耕地占用税时：

借：在建工程

　　贷：银行存款

(2) 工程竣工后汇算清缴时，如果预缴的税款少于应缴税款：

借：在建工程

　　贷：银行存款

(3) 如果有多交的预缴税款退回：

借：银行存款

　　贷：在建工程

【例 7-20】 华夏有限责任公司新占用 2 000 平方米耕地用于厂房建设，所占耕地适用的定额税率为 20 元/平方米。计算该公司应缴纳的耕地占用税，并作出会计分录。

应缴纳的耕地占用税＝2 000×20＝40 000(元)

其会计分录如下：

借：在建工程　　40 000

　　贷：银行存款　　40 000

7.8.3 耕地占用税的缴纳

耕地占用税由税务机关负责征收，采用从量定额、一次课征制。其纳税义务发生时间为纳税人收到自然资源主管部门办理占用耕地手续的书面通知的当日。纳税人应当自纳税义务发生之日起 30 日内申报缴纳耕地占用税。自然资源主管部门凭耕地占用税完税凭证或者免税凭证和其他有关文件发放建设用地批准书。

纳税人因建设项目施工或者地质勘查临时占用耕地，应当依照本法的规定缴纳耕地占用税。纳税人在批准临时占用耕地期满之日起 1 年内依法复垦，恢复种植条件的，全额退还已经缴纳的耕地占用税。

7.9 契税的会计核算

7.9.1 契税概述

契税是以所有权发生转移的不动产为征税对象，向产权承受人征收的一种财产税。征收契税有利于通过法律形式确定房产的产权关系。

1. 契税的征税对象

契税的征税对象为在我国境内转移的土地、房屋权属，具体包括以下五项内容：

(1) 国有土地使用权出让，是指土地使用者向国家交付土地使用权出让费用，国家将国有土地使用权在一定年限内让予土地使用者的行为。

(2) 土地使用权的转让，是指土地使用者以出售、赠与、交换或者其他方式将土地使用权转移给其他单位和个人的行为。土地使用权的转让，不包括农村集体土地承包经营权的转移。

(3) 房屋买卖，是指房屋所有者将其房屋出售，由承受者交付货币、实物、无形资产或者其他经济利益的行为。

(4) 房屋赠与，是指房屋所有者将房屋无偿转让给受赠者的行为。

(5) 房屋交换，是指房屋所有者之间互相交换房屋的行为。

采用下列特殊方式转移土地、房屋产权的，也视同土地使用权转让、房屋买卖或者房屋赠与征收契税：

(1) 以土地、房屋权属作价投资、入股。

(2) 以土地、房屋权属抵债。

(3) 以获奖方式承受土地、房屋权属。

(4) 以预购方式或者预付集资建房款方式承受土地、房屋权属。

2. 契税的纳税人

契税的纳税人是指在我国境内转移土地、房屋权属，承受的单位和个人。土地、房屋权属是指土地使用权和房屋所有权。

单位是指企业单位、事业单位、国家机关、军事单位和社会团体以及其他组织。个人是指个体经营者和其他个人，包括中国公民和外籍人员。

3. 契税的计税依据和税率

1) 契税的计税依据

契税的计税依据为不动产的价格。由于土地、房屋权属的转移方式不同，定价方法不同，因而具体计税依据视不同情况而决定。

(1) 国有土地使用权出让、土地使用权出售、房屋买卖，以成交价格为计税依据。

(2) 土地使用权赠与、房屋赠与，由征收机关参照土地使用权出售、房屋买卖的市场价格核定。

(3) 土地使用权交换、房屋交换，为所交换的土地使用权、房屋的价格差额。

成交价格明显低于市场价格并且无正当理由的，或者所交换土地使用权、房屋价格的差额明显不合理并且无正当理由的，由征收机关参照市场价格核定。

2) 契税的税率

契税实行3%～5%的幅度税率，具体税率由省、自治区、直辖市人民政府根据本地区实际情况，在规定的幅度范围内确定。

4. 契税应纳税额的计算

契税应纳税额的计算公式如下：

$$应纳税额=计税依据\times适用税率$$

特别提示 7-6

在土地使用权、房屋交换时，当交换价格相等时，免征契税；当交换价格不等时，由多交付货币、实物、无形资产或者其他经济利益的一方缴纳契税。

【例 7-21】 居民甲将一栋私有房屋出售给居民乙，房屋的成交价格为 20 万元（不含增值税，下同）；此外，居民甲将一处两居室住房与居民丙交换成两处一居室住房，并支付换房差价款 5 万元。计算居民甲、居民乙两人应缴纳的契税（当地适用税率为 5%）。

房屋买卖时，契税的纳税人为房屋权属的承受人，故

居民乙应缴纳的契税＝200 000×5%＝10 000（元）

房屋交换时价格相等的，免征契税；交换价格不等时，由多交付货币、实物、无形资产或者其他经济利益的一方缴纳契税。因此，

居民甲应缴纳的契税＝50 000×5%＝2 500（元）

5. 契税的减免

（1）国家机关、事业单位、社会团体、军事单位承受土地、房屋用于办公、教学、医疗、科研和军事设施的，免征契税。

（2）城镇职工按规定第一次购买公有住房，免征契税。

（3）因不可抗力灭失住房而重新购买住房的，酌情减免。

（4）土地、房屋被县级以上人民政府征用、占用后，重新承受土地、房屋权属的，由省级人民政府确定是否减免。

（5）承受荒山、荒沟、荒丘、荒滩土地使用权，并用于农、林、牧、渔业生产的，免征契税。

（6）经外交部确认，依照我国有关法律规定以及我国缔结或者参加的双边和多边条约或协定，应当予以免税的外国驻华大使馆、领事馆、联合国驻华机构及其外交代表、领事官员和其他外交人员承受土地、房屋权属，免征契税。

7.9.2 契税的会计核算

1. 契税的会计科目设置

契税的应纳税款通过“应交税费——应交契税”科目进行核算。该科目的借方发生额反映实际已纳的税款，贷方发生额反映应缴纳的契税；期末余额在贷方，反映应缴未缴的契税。

企业在取得房产所有权、按规定计算应纳契税税额时，应借记“固定资产”“在建工程”“无形资产”等科目，贷记“应交税费——应交契税”科目；实际缴纳契税时，借记“应交税费——应交契税”科目，贷记“银行存款”等科目。

2. 契税的会计核算

（1）预提税金时：

借：固定资产、无形资产

　　贷：应交税费——应交契税

（2）缴纳税金时：

借：应交税费——应交契税

　　贷：银行存款

【例 7-22】 2019 年 6 月，华夏有限责任公司接受捐赠房产一幢，房屋按市场售价计算应为 500 万元(不含税)，取得的增值税专用发票上注明税额 45 万元。计算企业应缴纳的契税(当地政府规定的契税税率为 5%)，并作出会计分录。

应纳税额＝5 000 000×5%＝250 000(元)

其会计分录如下：

借：固定资产　　5 250 000
　　应交税费——应交增值税(进项税额)　　450 000
　　贷：营业外收入　　5 450 000
　　　　应交税费——应交契税　　250 000

实际缴纳契税时：

借：应交税费——应交契税　　250 000
　　贷：银行存款　　250 000

7.9.3 契税的缴纳

纳税人签订土地、房屋权属转移合同的当天，或者取得其他具有土地、房屋权属转移合同性质凭证的当天，为契税的纳税义务发生时间。纳税人应当自纳税义务发生之日起 10 日内，向土地、房屋所在地的契税征收机关办理纳税申报，并在契税征收机关核定的期限内缴纳税款。

7.10 城市维护建设税及教育费附加的会计核算

7.10.1 城市维护建设税

城市维护建设税是对从事工商经营，缴纳增值税、消费税的单位和个人，按其实际缴纳的增值税和消费税税额的一定比例征收，专门用于城市维护建设的一种税。

城市维护建设税属于特定目的税，是国家为加强城市的维护建设，扩大和稳定城市维护建设资金的来源而采取的一项税收措施。

1. 城市维护建设税的纳税人

凡缴纳增值税和消费税的单位及个人，都是城市维护建设税的纳税人。

但是，海关对进口产品代征的增值税和消费税不征收城市维护建设税。自 2010 年 12 月 1 日起，对外商投资企业、外国企业及外籍个人征收城市维护建设税。

2. 城市维护建设税的税率

(1) 纳税人所在地在市区的，税率为 7%。

(2) 纳税人所在地不在市区的，税率为 5%。

城市维护建设税的适用税率应当按纳税人所在地的规定税率执行。但是，对以下两种情况，可按缴纳增值税和消费税所在地的规定税率就地缴纳城市维护建设税。

(1) 由受托方代扣代缴、代收代缴增值税和消费税的单位和个人，其代扣代缴、代收代缴的城市维护建设税按受托方所在地适用税率执行。

(2) 流动经营等无固定纳税地点的单位和个人，在经营地缴纳增值税和消费税的，其城市维护建设税的缴纳按经营地适用税率执行。

3. 城市维护建设税的计算和缴纳

1) 城市维护建设税的计税依据

(1) 城市维护建设税的计税依据为纳税人实际缴纳的增值税、消费税税额，以及出口货物、劳务或者跨境销售服务、无形资产增值税免抵税额。

(2) 纳税人违反有关税法而加收的滞纳金和罚款，是税务机关对纳税人违法行为的经济制裁，不作为城市维护建设税的计税依据，但纳税人在被查补增值税和消费税以及被处以罚款时，应同时对其偷漏的城市维护建设税进行补税并征收滞纳金和罚款。

(3) 城市维护建设税以增值税和消费税税额为计税依据并同时征收，如果要免征或者减征增值税和消费税，就会同时免征或者减征城市维护建设税。

(4) 对实行增值税期末留抵退税的纳税人，允许其从城市维护建设税的计税依据中扣除退还的增值税税额。

(5) 对出口货物、劳务和跨境销售服务、无形资产以及因优惠政策退还增值税、消费税的，不退还已缴纳的城市维护建设税。

2) 城市维护建设税的计算公式如下：

应纳税额＝纳税人实际缴纳的增值税、消费税税额之和×适用税率

【例 7-23】 某公司位于市区，2019 年 10 月缴纳增值税 5 万元，缴纳消费税 4 万元。计算该企业应缴纳的城市维护建设税。

企业位于市区，适用税率为 7%，则：

应纳税额＝(50 000＋40 000)×7%＝6 300(元)

4. 城市维护建设税的会计核算

城市维护建设税通过“应交税费——应交城市维护建设税”科目进行核算。该科目的借方发生额反映企业已缴纳的城市维护建设税，贷方发生额反映企业应缴纳的城市维护建设税，期末贷方余额反映企业应缴未缴的城市维护建设税。

具体的账务处理如下：

(1) 计算应缴纳的城市维护建设税时：

借：税金及附加
　　贷：应交税费——应交城市维护建设税

(2) 实际缴纳税款时：

借：应交税费——应交城市维护建设税
　　贷：银行存款

【例 7-24】 接[例 7-23]，该企业应缴纳的城市维护建设税的会计分录如下：

计算应缴纳的城市维护建设税时：

借：税金及附加　　6 300
　　贷：应交税费——应交城市维护建设税　　6 300

实际缴纳税款时：

借：应交税费——应交城市维护建设税　　6 300
　贷：银行存款　　6 300

7.10.2　教育费附加

教育费附加是随增值税和消费税征收的一种地方附加费。征收教育费附加是为了加快发展地方教育事业，扩大地方教育经费的资金来源。

1. 教育费附加的纳税人

凡缴纳增值税和消费税的单位及个人，都是教育费附加的纳税人。

海关对进口货物征收的增值税、消费税不附征教育费附加。

2. 教育费附加的计算和缴纳

教育费附加和地方教育费附加以纳税人实际缴纳的增值税、消费税之和为计税依据，与增值税和消费税同时缴纳。

现行教育费附加的征收比率为3%，地方教育费附加的征收率统一为2%。地方征收的教育费附加按专项资金管理，用于改善中小学的教学设施和办学条件。

【例7-25】　某公司2019年11月缴纳增值税3万元、消费税2万元。计算该企业应缴纳的教育费附加和地方教育费附加。

计税依据为企业所缴纳的增值税、消费税之和，附加率为3%：

则应缴纳的教育费附加＝(30 000＋20 000)×3%＝1 500(元)

应缴纳的地方教育费附加＝(30 000＋20 000)×2%＝1 000(元)

3. 教育费附加的会计核算

企业应缴纳的教育费附加，通过“应交税费——教育费附加”科目进行核算；

应缴纳的地方教育费附加，通过“应交税费——地方教育费附加”科目进行核算。

【例7-26】　接[例7-25]，该企业2018年11月应缴纳教育费附加和地方教育费附加的会计分录如下：

计算应缴纳的教育费附加时：

借：税金及附加　　2 500
　贷：应交税费——教育费附加　　1 500
　　　　　　——地方教育费附加　　1 000

实际缴纳教育费附加时：

借：应交税费——教育费附加　　1 500
　　　　　——地方教育费附加　　1 000
　贷：银行存款　　2 500

7.10.3　城市维护建设税及教育费附加的纳税申报

城市维护建设税与教育费附加是由纳税人在缴纳增值税、消费税时同时缴纳的，所以其纳税环节与纳税期限分别与增值税、消费税一致。纳税人在进行纳税申报时，需填制《城建税、教育费附加、地方教育附加税(费)申报表》(见表7-9)。

表7-9 《城建税、教育费附加、地方教育附加税(费)申报表》

纳税人识别号(统一社会信用代码)：　　税款所属期限：自　年　月　日至　年　月　日

纳税人名称：　　金额单位：人民币元(列至角分)

<table>
<tr><td colspan="6">本期是否适用增值税小规模纳税人优惠政策</td><td colspan="2">□是 ☑否</td><td colspan="10"></td></tr>
<tr><td colspan="6" rowspan="3">本期是否适用产教融合型企业减征政策</td><td colspan="2" rowspan="3">□是 ☑否</td><td colspan="4">当期新增投资额</td><td colspan="6">0.00</td></tr>
<tr><td colspan="4">上期留抵可抵免金额</td><td colspan="6">0.00</td></tr>
<tr><td colspan="4">结转下期可抵免金额</td><td colspan="6">0.00</td></tr>
<tr><td rowspan="3">征收项目</td><td rowspan="3">征收品目</td><td colspan="5">计税(费)依据</td><td rowspan="3">税率(征收率)</td><td rowspan="3">本期应纳税(费)额</td><td colspan="2" rowspan="2">本期减免税(费)额</td><td colspan="3" rowspan="2">增值税小规模纳税人减征额</td><td colspan="2" rowspan="2">试点建设培育产教融合型企业</td><td rowspan="3">本期已缴税(费)额</td><td rowspan="3">本期应补(退)税(费)额</td></tr>
<tr><td colspan="2">增值税</td><td rowspan="2">消费税</td><td rowspan="2">营业税</td><td rowspan="2">合计</td></tr>
<tr><td>一般增值税</td><td>免抵税额</td><td>减免性质代码</td><td>减免额</td><td>减免性质代码</td><td>减征比例</td><td>增值税小规模纳税人减征额</td><td>减免性质</td><td>本期抵免额</td></tr>
<tr><td></td><td></td><td></td><td></td><td></td><td></td><td></td><td></td><td></td><td></td><td></td><td></td><td></td><td></td><td></td><td></td><td></td><td></td></tr>
<tr><td colspan="2">合计</td><td colspan="5">—</td><td>—</td><td>—</td><td colspan="2">—</td><td colspan="5">—</td><td>—</td><td>0.00</td></tr>
<tr><td colspan="18">谨声明：本纳税申报表是根据国家税收法律法规及相关规定填报的，是真实的、可靠的、完整的。
纳税人(签章)：　　年　月　日</td></tr>
<tr><td colspan="9">经办人：
经办人身份证号：
代理机构签章：
代理机构统一社会信用代码：</td><td colspan="9">受理人：
受理税务机关(章)：
受理日期：　年　月　日</td></tr>
</table>

本章小结

本章主要学习其他税种的会计核算，包括关税的会计核算、资源税的会计核算、印花税的会计核算、车辆购置税的会计核算、城镇土地使用税的会计核算、房产税的会计核算、车船税的会计核算、耕地占用税的会计核算、契税的会计核算、城市维护建设税及教育费附加的会计核算。通过讲授要求掌握关税、印花税、城市维护建设税等税种的会计处理，熟悉关税、印花税、城市维护建设税等税种的纳税人、征税范围、计税依据、税率与税额计算。

重要概念

关税　资源税　印花税　车辆购置税　城镇土地使用税　房产税　车船税　耕地占用税　契税　城市维护建设税　教育费附加

本章练习

一、单选题

1. 以下属于房产税纳税人的是(　　)。

A. 房屋的出典人

B. 拥有农村房产的农民

C. 允许他人无租使用房产的房管部门

D. 产权不明的房屋使用人

2. 纳税人开采应税矿产品销售的，其资源税的征税数量为(　　)。

A. 开采数量　　B. 实际产量　　C. 计划产量　　D. 销售数量

3. 下列关于矿产资源享受资源税减免优惠的说法中，正确的是(　　)。

A. 对符合条件的采用充填开采方式采出的矿产资源，资源税减征40%

B. 对符合条件的衰竭期矿山开采的矿产资源，资源税减征50%

C. 铁矿石减按60%征收

D. 开采原油过程中用于加热、修井的原油，免税

4. 下列车辆中，不属于车辆购置税征税范围的有(　　)。

A. 电动自行车　　B. 排气量200毫升的摩托车

C. 有轨电车　　D. 汽车挂车

5. 下列关于车船税计税单位确认的表述中，正确的是(　　)。

A. 专业作业车按"整备质量每吨"作为计税单位

B. 摩托车按"排气量"作为计税单位

C. 游艇按"净吨位每吨"作为计税单位

D. 商用货车按"每辆"作为计税单位

二、多选题

1. 下列各项中，应当计入进口货物关税完税价格的有(　　)。

A. 由买方负担的与进口货物视为一体的容器费用

B. 由买方负担的购货佣金

C. 由买方负担的境外包装劳务费用

D. 由买方负担的境外包装材料费用

2. 下列各项中，按照"产权转移书据"科目缴纳印花税的有(　　)。

A. 土地使用权出让合同　　B. 土地使用权转让合同

C. 商品房销售合同　　D. 专利申请权转让合同

3. 下列各项中，属于车辆购置税应税行为的有(　　)。

A. 购买使用行为　　B. 获奖使用行为

C. 进口使用行为　　D. 受赠使用行为

4. 根据耕地占用税有关规定，下列各项土地中属于耕地的有(　　)。

A. 果园　　B. 花圃　　C. 茶园　　D. 菜地

5. 下列各项中，应计入城市维护建设税计税依据的有(　　)。

A. 偷逃增值税而被查补的税款　　B. 偷逃消费税而被加收的滞纳金

C. 出口货物免抵的增值税税额　　D. 出口货物征收的消费税税额

三、判断题

1. 产权未确定以及租典纠纷未解决的，暂不征收房产税。 （ ）

2. 王某转让位于市中心的一套房产，该交易涉及的契税应由王某申报缴纳。 （ ）

3. 对由于减免增值税、消费税而发生退税的，已征收的城市维护建设税不予退还。 （ ）

4. 财产所有权人将财产赠给政府所立的书据免征印花税。 （ ）

5. 对于从境外采购进口的原产于中国境内的货物，应按规定征收进口关税。 （ ）

四、简答题

1. 房产税的计税依据是什么？

2. 哪些单位和个人是城市维护建设税的纳税人？

五、计算题

1. 某油田1月生产原油50万吨，其中20万吨用于销售，单价5 000元/吨。

要求：计算该油田当月应交资源税。

2. 某城市乙企业7月份销售应税货物缴纳增值税34万元、缴纳消费税12万元。进口货物向海关缴纳增值税8万元，出售房产缴纳增值税10万元、土地增值税4万元。已知该企业所在地适用的城市维护建设税税率为7%。

要求：计算该企业7月份应缴纳的城市维护建设税。

六、业务题

某生产企业当年发生以下业务：

(1) 签订原材料采购合同一份，采购金额8 000万元；签订以货换货合同一份，用库存的3 000万元A材料换取对方相同金额的B材料；签订销售合同一份，销售金额15 000万元。

(2) 公司作为受托方签订甲、乙两份加工承揽合同，甲合同约定：由委托方提供主要材料(金额300万元)，受托方只提供辅助材料(金额20万元)，受托方另收取加工费50万元；乙合同约定：由受托方提供主要材料(金额200万元)并收取加工费40万元。

(3) 企业作为承包方签订建筑安装工程承包合同一份，承包金额300万元，企业随后又将其中的10万元业务分包给另一单位，并签订相关合同。

(4) 公司新增实收资本2 000万元，资本公积500万元。

要求：

(1) 计算购销合同应缴纳的印花税；

(2) 计算加工承揽合同应缴纳的印花税；

(3) 计算建筑安装工程承包合同应缴纳的印花税；

(4) 计算企业当年新增记载资金的营业账簿应缴纳的印花税。

作出计提印花税的会计分录。

练习题参考答案

第1章　纳税会计概述

一、单项选择题

1	2	3	4	5
C	A	A	D	B

二、多选题

1	2	3	4	5
ABCDE	ABCDE	ABC	ABCDE	ABCD

三、判断题

1	2	3	4	5
×	×	×	×	√

四、简答题

1.(1) 纳税会计和财务会计的联系：纳税会计的信息以财务会计的信息为基础；纳税会计与财务会计之间的协调性同时反映在企业对外制定的财务报告上。

(2) 纳税会计和财务会计的区别：

① 会计目标不同。

② 会计对象不同。

③ 会计核算法律依据不同。

④ 提供的信息不同。

⑤ 会计核算基础不同。

2.(1) 基本目标：

基本目标是遵守或不违反税法，即达到税收遵从(正确计税、纳税、退税等)，从而降低税法遵从成本。

(2) 最终目标：

最终目标是向纳税会计信息使用者提供有助于其进行税务决策、实现最大涉税利益的会计信息。

(3) 特定目标：

特定目标则是根据纳税会计信息使用者的不同，提供具有决策相关性的信息：

首先，各级税务机关可以凭纳税会计信息进行税款征收、监督、检查，并作为税收立法的主要依据。

其次，企业的经营者、投资人、债权人等可以据以从中了解企业纳税义务的履行情况和税收负担，并为其进行经营决策、投融资决策等提供涉税因素的会计信息，最大限度地争取企业的税收利益。

最后，社会公众通过企业提供的纳税会计报告，了解企业纳税义务的履行情况，对社会的贡献额、诚信度和社会责任感等。

五、案例分析题

应该确认。该设备按照会计规定计提折旧50万元，计税时允许扣除的折旧是100万元，则该设备的账面价值450万元与其计税基础400万元的差额构成应纳税暂时性差异。因此，应该确认递延所得税负债。

第2章　增值税的会计核算

一、单项选择题

1	2	3	4	5
B	A	C	B	D

【解释】

第1题：B中的销项税额是指纳税人发生应税行为后，按（不含增值税）销售额和增值税税率计算并收取的增值税税额。

因此选择B。

第5题：企业缴纳当月应交增值税，借记“应交税费——应交增值税（已交税金）”科目，贷记“银行存款”科目。

因此选择D。

二、多选题

1	2	3	4	5
ABCD	ABCDE	ABCDE	CDE	ABCD

第3题：增值税一般纳税人应在“应交增值税”明细账内设置“进项税额”“销项税额抵减”“已交税金”“转出未交增值税”“减免税款”“出口抵减内销产品应纳税额”“销项税额”“出口退税”“进项税额转出”“转出多交增值税”等专栏。

因此选择ABCDE。

三、判断题

1	2	3	4	5
√	√	√	×	√

第4题：如果销项税额大于应抵扣税额，实际抵扣税额就是应抵扣税额；如果销项税额小于应抵扣税额，实际抵扣税额就是销项税额，当期销项税额与同期应抵扣税额的差额为本期留抵税额。

因此答案为×。

四、简答题

1.（略）

2.（略）

五、业务题

(1) 购进原材料时：

借：原材料	700 000
应交税费——应交增值税（进项税额）	91 000
贷：银行存款	791 000

(2) 内销货物时：

借：银行存款 565 000

贷：主营业务收入 500 000

应交税费——应交增值税（销项税额） 65 000

(3) 出口货物时：

货款折合成人民币为：

$$50\ 000 \times 6.2 = 310\ 000(\text{元})$$

借：应收账款 310 000

贷：主营业务收入 310 000

(4) 计算不得免征和抵扣税额：

$$50\ 000 \times 6.2 \times (13\% - 11\%) - 0 = 6\ 200(\text{元})$$

借：主营业务成本 6 200

贷：应交税费——应交增值税（进项税额转出） 6 200

(5) 计算并比较当期应纳税额和当期免、抵、退税额：

a. 当期应纳税额＝65 000－(91 000－6 200)＝－19 800＜0

所以，期末留抵税额＝19 800(元)

b. 当期免、抵、退税额＝50 000×6.2×11%－0＝34 100(元)

c. 当期期末留抵税额 19 800(元)＜当期免、抵、退税额 34 100 元

所以，

当期应退税额＝当期期末留抵税额＝19 800(元)

当期免、抵税额＝当期免、抵、退税额－当期应退税额＝34 100－19 800＝14 300(元)

借：应收出口退税款 19 800

应交税费——应交增值税（出口抵减内销产品应纳税额） 14 300

贷：应交税费——应交增值税（出口退税） 34 100

(6) 收到退税款时：

借：银行存款 19 800

贷：应收出口退税款 19 800

六、案例分析题

1. 财务会计分录

(1) 销售产品：

借：银行存款——中国银行城阳区支行 8910 180 800

贷：主营业务收入 160 000

应交税费——应交增值税（销项税额） 20 800

(2) 销售产品：

借：应收账款——创盛商场 723 200

贷：主营业务收入 640 000

应交税费——应交增值税（销项税额） 83 200

(3) 购进原材料：

借：原材料　803 000
　应交税费——应交增值税(进项税额)　104 000
　　　　——应交增值税(进项税额)　270
　贷：应付账款　904 000
　　库存现金　3 270

(4) 支付电费时：

① 取得增值税专用发票时：

借：制造费用　8 100
　应付职工薪酬　900
　应交税费——待认证进项税额　1 170
　贷：银行存款——中国银行城阳区支行 8910　10 170

② 经税务机关认证后：

借：应交税费——应交增值税(进项税额)　1 170
　贷：应交税费——待认证进项税额　1 170

不得抵扣的进项税额＝1 170×10％＝117(元)

借：应付职工薪酬　117
　贷：应交税费——应交增值税(进项税额转出)　117

(5) 购进办公用品：

借：管理费用　2 000
　应交税费——应交增值税(进项税额)　60
　贷：银行存款——中国银行城阳区支行 8910　2 060

(6) 领用原材料：

借：应付职工薪酬　1 130
　贷：原材料　1 000
　　应交税费——应交增值税(进项税额转出)　130

(7) 计算本月应纳增值税额：

销项税额＝20 800＋83 200＝104 000(元)

应抵扣税额合计＝进项税额＋上期留抵税额－进项税额转出－免、抵、退应退税额＋按适用税率计算的纳税检查应补缴税款＝(104 000＋270＋1 170＋60)－(117＋130)＝105 500－247＝105 253(元)

当期应纳税额＝104 000－105 253＝－1 253(元)＜0

所以，期末留抵税额＝1 253(元)

对于期末留抵税额不作会计处理。

2. 纳税申报表附列资料的填列

(1)《增值税纳税申报表附列资料(一)》(本期销售情况明细)。

第 1 栏，第 1 至 2 列“开具增值税专用发票”情形下的销售额、销项税额：反映本期开具增值税专用发票(含税控机动车销售统一发票，下同)的情况，金额分别为 640 000、83 200。

第 1 栏，第 3 至 4 列“开具其他发票”情形下的销售额、销项税额：反映除增值税专用发票以外本期开具的其他发票的情况，金额分别为 160 000、20 800。

第 1 栏，第 9 至 10 列“合计”下的销售额、销项税额：反映本期销售额、销项税额的合计情况，金额分别为 800 000、104 000。

(2)《增值税纳税申报表附列资料(二)》(本期进项税额明细)。

第 2 栏“本期认证相符且本期申报抵扣”情形下的“份数”“金额”“税额”：反映纳税人取得的认证相符本期申报抵扣的增值税专用发票情况，分别为 4、814 000、105 500。

第 1 栏“认证相符的增值税专用发票”、第 12 栏“当期申报抵扣进项税额合计”、第 35 栏“本期认证相符的增值税专用发票”的“份数”“金额”“税额”：同第 1 栏，分别为 4、814 000、105 500。

第 15 栏“集体福利、个人消费” 情形下的“税额”：反映用于集体福利或者个人消费，按规定应在本期转出的进项税额，税额为 247。

第 3 章　消费税的会计核算

一、单项选择题

1	2	3	4	5
C	A	B	B	D

二、多选题

1	2	3	4	5
BCD	AB	ABD	CD	ABCD

三、判断题

1	2	3	4	5
×	√	√	√	√

四、简答题

1. 销售数量是指纳税人生产、加工和进口应税消费品的数量。具体规定如下：

(1) 销售应税消费品的，以销售数量为计税依据。

(2) 自产自用应税消费品的，以移送使用数量为计税依据。

(3) 委托加工应税消费品的，以加工收回数量为计税依据。

(4) 进口应税消费品的，以海关核定的进口数量为计税依据。

2. 增值税和消费税抵扣的不同点：在计算增值税一般纳税人的当期增值税应纳税额时，如果取得了增值税专用发票并通过认证的，可以全额抵扣，与当期生产领用数量无关，增值税采用的是“购进扣税法”；但在计算消费税时，对于外购或委托加工收回的应税消费品用于连续生产应税消费品的，准予抵扣的消费税与当期生产领用数量有关，强调的是配比原则。

增值税和消费税抵扣的相同点：消费税抵扣的目的和增值税一样，也是避免重复征税。

五、业务题

1. (1) 应纳消费税＝700 000×4%＝28 000(元)

(2) 借：应交税费——应交消费税　　28 000

　　贷：银行存款　　28 000

2. (1) 从价定率应纳消费税＝(200＋160)×20%＝72(万元)

(2) 从量定额应纳消费税＝(50＋40)×1 000×2×0.5÷10 000＝9(万元)

(3) 应纳消费税合计＝72＋9＝81(万元)

六、案例分析题

(1) 组成计税价格＝成本×(1＋成本利润率)÷(1－消费税税率)

＝18 000×(1＋5%)÷(1－10%)

＝21 000(元)

(2) 应纳消费税＝21 000×10%＝2 100(元)

纳税人将自己生产的应税消费品用于连续生产应税消费品以外的其他方面，即用于生产非应税消费品和在建工程、管理部门、非生产机构、提供劳务以及用于馈赠、赞助、广告、样品、职工福利、奖励等方面。对这种用于其他方面的自产自用的应税消费品，均视同对外销售，按照纳税人生产的同类消费品的销售价格纳税。没有同类消费品价格的，以组成计税价格作为计税销售额。

第4章　企业所得税的会计核算

一、单项选择题

1	2	3	4	5
D	B	B	C	A

【解释】

第1题：企业所得税的征税对象是指企业的生产经营所得、其他所得、清算所得，个人独资企业、合伙企业不适用《企业所得税法》。

因此选择D。

第2题：《企业所得税法》规定的转让财产收入包括转让固定资产、生物资产、无形资产、股权、债权等财产取得的收入。

因此选择B。

第3题：税法规定企业因购买国债所得的利息收入，免征企业所得税；居民企业直接投资于其他居民企业取得的投资收益，免征企业所得税；符合条件的非营利组织从事非营利活动取得的收入，免征企业所得税。

因此选择B。

第4题：A属于不得扣除项目中的“赞助支出”；B属于不得扣除项目中的“向投资者支付的股息、红利等权益性投资收益款项”；D属于不得扣除项目中的“罚金、罚款和被没收财物的损失”。

因此选择C。

二、多选题

1	2	3	4	5
AB	AB	CD	AB	ABCD

三、判断题

1	2	3	4	5
√	√	×	√	√

四、简答题

1. 资产负债表债务法的核算程序如下：

(1) 计算当期应缴纳的所得税。

(2) 确定资产、负债的账面价值和计税基础。

(3) 比较资产、负债的账面价值和计税基础，确定暂时性差异。

(4) 根据暂时性差异的情况，确定本期递延所得税资产和递延所得税负债的期末余额，并根据期初余额情况作出相应的会计处理。

2. 企业所得税的核算方法有直接法和间接法。

(1) 直接法：按照税法规定的范围和标准，确定法定收入和税法允许扣除的成本、费用、损失的金额，然后据以计算应纳税所得额，进而计算所得税的方法。

(2) 间接法：在分析财务会计核算资料中与税法规定不符的收入和成本、费用、损失等项目及其金额后，将会计利润调整为应纳税所得额，进而计算所得税的方法。

五、业务题

1. 2019 年 12 月 31 日设备的账面价值 = 1 500 − 1 500 ÷ 5 × 3 = 600(万元)

计税基础 = 1 500 − 1 500 ÷ 3 × 3 = 0

应纳税暂时性差异的余额 = 600 − 0 = 600(万元)

2. (1) 2×18 年 12 月 31 日，由于可变现净值小于账面价值，应计提存货跌价准备 100 000 元。

借：资产减值损失——存货减值损失　　100 000
　　贷：存货跌价准备　　100 000

纳税调整：2×18 年 12 月 31 日，甲商品的账面价值调整为 900 000 元，而其计税基础仍为 1 000 000 元，产生可抵扣暂时性差异 100 000 元，应调增应纳税所得额 100 000 元。

递延所得税资产 = 100 000 × 25% = 25 000(元)

借：递延所得税资产　　25 000
　　贷：所得税费用　　25 000

(2) 2×19 年 7 月 10 日，甲商品售出。

借：银行存款　　1 152 600
　　贷：主营业务收入　　1 020 000
　　　　应交税费——应交增值税(销项税额)　　132 600

借：主营业务成本　　900 000
　　存货跌价准备　　100 000
　　贷：库存商品　　1 000 000

纳税调整：调减应纳税所得额 100 000 元。在资产负债表日，该项资产的账面价值与计税基础均为 0，递延所得税资产余额为 0，因此递延所得税资产的期初余额为 25 000 元。

借：所得税费用　　25 000
　　贷：递延所得税资产　　25 000

六、案例分析题

(1)

项目	账面价值	计税基础	应纳税暂时性差异	可抵扣暂时性差异
无形资产	200	180	20	
交易性金融资产	140	150		10
存货	1 000	1 200		200

(2) 纳税调整:

① 外购取得专利,由于会计未摊派成本,产生应纳税暂时性差异 20 万元,应调减应纳税所得额 20 万元。

② 取得国债利息收入 20 万元,国债利息收入为免税收入,应调减应纳税所得额 20 万元。

③ 持有的交易性金融资产,会计账面价值为 140 万元,计税基础为 150 万元,产生可抵扣暂时性差异,应调增应纳税所得额 10 万元。

④ 存货的账面价值为 1 000 万元,计税基础为 1 200 万元,产生可抵扣暂时性差异 200 万元,应调增应纳税所得额 200 万元。

⑤ 根据税法部分扣除项目的具体标准要求,企业发生与生产经营活动有关的业务招待费支出,按照发生额的 60%扣除,最高不得超过当年销售(营业)收入的 5‰进行扣除。该企业业务招待费发生额为 80 万元,发生额的 60% 为 48 万元(800 000 × 60%),当年销售(营业)收入的 5‰ 为 50 万元(100 000 000×5‰),按照税法业务招待费应扣除 48 万元,因此应调增应纳税所得额 32 万元(800 000 − 480 000)。

本年应纳税所得额 = 1 798 − 20 − 20 + 10 + 200 + 32 = 2 000(万元)

应交企业所得税税额 = 2 000 × 25% = 500(万元)

(3) ① 递延所得税资产 = (10 + 200) × 25% = 52.5(万元)

② 递延所得税负债 = 20 × 25% = 5(万元)

(4) 所得税费用 = 500 + 5 − 52.5 = 452.5(万元)

借:所得税费用	4 525 000
递延所得税资产	525 000
贷:应交税费——应交所得税	5 000 000
递延所得税负债	50 000

第 5 章　个人所得税的会计核算

一、单项选择题

1	2	3	4	5
D	B	A	C	B

【解释】

第 3 题:应扣缴税额=(20 000−20 000×20%)×20%−1 410=1 790(元)

因此选择 A。

二、多选题

1	2	3	4	5
ABCDE	AB	ABCD	ABCDE	CD

三、判断题

1	2	3	4	5
√	√	√	√	×

四、简答题

1. 建账建制的个体工商户及个人独资企业、合伙企业的投资者取得经营所得，按年计算个人所得税，由纳税人在月度或季度终了后15日内向税务机关报送纳税申报表，并预缴税款；在取得所得的次年3月31日前办理汇算清缴。可以通过“应交税费——应交个人所得税”科目和“留存收益”或“以前年度损益调整”科目核算。

2. 财产租赁所得的费用扣除计算方法与劳务报酬所得、稿酬所得、特许权使用费所得的费用扣除计算方法相同。财产租赁所得以1个月内取得的收入为一次。

财产租赁所得，每次收入不超过4 000元的，减除费赁用为800元；在4 000元以上的，减除20%的费用，其余额为应纳税所得额。在确定财产租赁的应纳税所得额时，纳税人在出租财产过程中缴纳的税金和教育费附加，可持完税(缴款)凭证，从其财产租赁收入中扣除。此外，准予扣除的项目除了规定费用和有关税费外，还准予扣除能够提供有效、准确凭证，证明由纳税人负担的该出租财产实际开支的修缮费用。

五、业务题

1. 收入额＝2 000－800＝1 200(元)

应预扣预缴的个人所得税税额＝1 200×20%＝240(元)

2. 个人转让房屋的个人所得税应税收入不含增值税，其取得房屋时所支付价款中包含的增值税计入财产原值，计算转让所得时可扣除的税费不包括本次转让缴纳的增值税。免征增值税的，确定计税依据时，转让房地产取得的收入不扣减增值税额。

应纳个人所得税＝(310－170－10)×20%＝26(万元)

六、案例分析题

1. 计算A公司预扣预缴的个人所得税：

张某劳务报酬所得的应纳税所得额＝28 000×(1－20%)＝22 400(元)

A公司预扣预缴的个人所得税＝22 400×30%－2 000＝4 720(元)

2. 支付劳务报酬的同时预扣个人所得税时：

借：管理费用	28 000	
贷：银行存款		23 280
应交税费——代扣代缴个人所得税		4 720

实际缴纳预扣的个人所得税时：

借：应交税费——代扣代缴个人所得税	4 720	
贷：银行存款		4 720

第6章　土地增值税的会计核算

一、单项选择题

1	2	3	4	5
B	C	C	A	B

二、多选题

1	2	3	4	5
BC	CD	AB	AD	ABC

【解释】

第2题:房地产开发企业开发建造的与清算项目配套的会所等公共设施,建成后产权属于全体业主所有的,其成本、费用可以扣除;建成后有偿转让的,应计算收入,并准予扣除成本、费用。

三、判断题

1	2	3	4	5
×	√	√	×	√

四、简答题

1. 符合下列情形之一的,主管税务机关可要求纳税人进行土地增值税清算:

(1) 已竣工验收的房地产开发项目,已转让的房地产建筑面积占整个项目可售建筑面积的比例在85%以上,或该比例虽未超过85%,但剩余的可售建筑面积已经出租或自用的。

(2) 取得销售(预售)许可证满3年仍未销售完毕的。

(3) 纳税人申请注销税务登记但未办理土地增值税清算手续的。

(4) 省税务机关规定的其他情况。

2. (1) 计算增值额。

增值额=房地产转让收入-扣除项目金额

(2) 计算增值率。

增值率=增值额÷扣除项目金额×100%

(3) 确定适用税率。

按照计算出的增值率,从土地增值税税率表中确定适用税率。

(4) 计算应纳税额。

应纳土地增值税=增值额×适用税率-扣除项目金额×速算扣除系数

五、业务题

1. (1) 土地增值额=3 500-2 000=1 500(万元)

增值率=1 500÷2 000×100%=75%

应交土地增值税=1 500×40%-2 000×5%=500(万元)

(2) 计提土地增值税时:

借:税金及附加　　5 000 000

　　贷:应交税费——应交土地增值税　　5 000 000

(3) 实际缴纳时:

借:应交税费——应交土地增值税　　5 000 000

　　贷:银行存款　　5 000 000

2. (1) 房地产全部竣工结算前,预缴土地增值税时:

借:应交税费——应交土地增值税　　10 000 000

　　贷:银行存款　　10 000 000

(2) 工程竣工结算后,计提应交土地增值税时:

准予扣除项目金额=800+3 000+300+(800+3 000)×20%=4 860(万元)

增值额=12 000-4 860=7 140(万元)

增值率-7 140÷4 860×100%=146.91%

应交土地增值税=7 140×50%-4 860×15%=2 841(万元)

借:税金及附加　　28 410 000
　贷:应交税费——应交土地增值税　　28 410 000

(3) 补缴土地增值税时:

应补税额=2 841−1 000=1 841(万元)

借:应交税费——应交土地增值税　　18 410 000
　贷:银行存款　　18 410 000

第7章　其他税种的会计核算

一、单项选择题

1	2	3	4	5
D	D	D	A	A

二、多选题

1	2	3	4	5
ACD	ABC	ABCD	ABCD	ACD

【解释】

第2题:ABC项属于“产权转移书据”范畴,D项属于“技术合同”范畴。

因此选择ABC。

三、判断题

1	2	3	4	5
×	×	×	√	√

四、简答题

1. 房产税的计税依据是房产的计税价值或房产的租金收入。

按照房产计税价值征税的,称为从价计征;

按照房产租金收入计征的,称为从租计征。

2. 凡缴纳增值税和消费税的单位及个人,都是城市维护建设税的纳税人。

但是,海关对进口产品代征的增值税和消费税不征收城市维护建设税。自2010年12月1日起,对外商投资企业、外国企业及外籍个人征收城市维护建设税。

五、计算题

1. 应纳资源税=5 000×20×5%=5 000(万元)

2. (1) 计税依据=34(应税货物增值税)+12(消费税)+10(出售房产增值税)=56(万元)

(2) 应缴纳城市维护建设税=56×7%=3.92(万元)

六、业务题

(1) 企业当年签订的购销合同应缴纳的印花税=80 000 000×0.3‰+(30 000 000+30 000 000)×0.3‰+150 000 000×0.3‰=24 000+18 000+45 000=87 000(元)。

(2) 企业当年签订的加工承揽合同应缴纳的印花税=(200 000+500 000)×0.5‰+2 000 000×0.3‰

+400 000×0.5‰=350+600+200=1 150(元)。

(3) 企业当年签订的建筑安装工程承包合同应缴纳的印花税=3 000 000×0.3‰+100 000×0.3‰=900+30=930(元)。

(4) 企业当年新增记载资金的营业账簿应缴纳的印花税=(20 000 000+5 000 000)×0.25‰=6 250(元)。

计提印花税的会计分录如下:

借:税金及附加　　95 330

　　贷:银行存款　　95 330

参 考 文 献

[1] 盖地.税务会计学[M].12 版.北京:中国人民大学出版社,2019.
[2] 梁俊娇,王怡璞.税务会计[M].2 版.北京:中国人民大学出版社,2019.
[3] 注册会计师全国统一考试精编教材编委会.注册会计师全国统一考试精编教材,税法[M].北京:企业管理出版社,2020.
[4] 梁文涛,苏杉,耿红玉.税务会计[M].2 版.北京:中国人民大学出版社,2019.
[5] 杜凯龙,刘冬青,徐永红.纳税会计实务[M].成都:西南交通大学出版社,2019.
[6] 企业所得税纳税申报表丛书编写组.企业所得税汇算清缴涉税风险实务[M].上海:立信会计出版社,2019.